Cómo una Realidad Olvidada

Puede Cambiar Todo lo que

Vemos, Esperamos y Creemos

HABLAN DE RICHARD ROHR Y "EL CRISTO UNIVERSAL"

"El Padre Richard nos desafía a buscar por debajo de la superficie de nuestra fe y mirar lo sagrado en todos y en todo. Cualquiera que se esfuerce en poner su fe en acción encontrará aliento e inspiración en las páginas de este libro".
—MELINDA GATES, autora de *The Moment of Lift*.

"Rohr ve al Cristo en todos lados y no solo en las personas. Nos recuerda que la primera encarnación de Dios está en la Creación misma, y nos dice que 'Dios ama a las cosas convirtiéndose en ellas'. Solamente por esa oración, y hay muchas más, no puedo dejar este libro".
—BONO.

"Aquí, el Padre Richard, nos ayuda a ver y escuchar a Jesús de Nazaret en aquello que enseñó, en lo que hizo y en quien es -la expresión y presencia amorosa, liberadora y dadora de vida de Dios. Al hacerlo está ayudando al cristianismo a reclamar nuevamente su alma".
—MICHAEL CURRY, obispo presidente de la *Iglesia Episcopal en U.S.*

"Se necesita un cambio importante en nuestra cultura, y el desempaque del Cristo Universal de Richard Rohr es un paso crítico en la dirección correcta. El recordar nuestra conexión con 'cada cosa' tiene implicancias para nuestras tradiciones religiosas, sociedades —y me atrevo a decirlo— incluso para nuestras políticas".
—KIRSTEN POWERS, analista política de la *CNN* y columnista *USA Today*.

"Cualquiera que haya hecho una confesión de fe en Jesucristo debería leer este libro para comprender más a fondo las vastas y sorprendentes implicaciones de esta creencia. Este es Richard Rohr en su mejor momento, proveyendo un resumen general de estas ideas teológicas que han cambiado la vida de tantos".
—WESLEY GRANBERG-MICHAELSON, secretario general emérito de la *Iglesia Reformada en U.S.*

EL CRISTO UNIVERSAL

CON NUEVO EPÍLOGO DEL AUTOR

RICHARD ROHR

- PREFACIO DE BRIAN D. MCLAREN -

Copyright © 2019, 2021 by Center for Action and Contemplation, Inc.

EL CRISTO UNIVERSAL
Cómo una Realidad Olvidada Puede Cambiar Todo lo que Vemos, Esperamos y Creemos
de Richard Rohr. 2021, JUANUNO1 Ediciones.

Título de la publicación original en inglés *The Universal Christ*. This translation published by arrangement with Convergent Books, an imprint of Random House, a division of Penguin Random House LLC. / Esta traducción es publicada por acuerdo con Convergent Books, un sello de Random House, una división de Penguin Random House LLC.

ALL RIGHTS RESERVED. | TODOS LOS DERECHOS RESERVADOS.
Published in the United States by JUANUNO1 Ediciones,
an imprint of the JuanUno1 Publishing House, LLC.
Publicado en los Estados Unidos por JUANUNO1 Ediciones,
un sello editorial de JuanUno1 Publishing House, LLC.
www.juanuno1.com

JUANUNO1 EDICIONES, logos and its open books colophon, are registered trademarks of JuanUno1 Publishing House, LLC. / JUANUNO1 EDICIONES, los logotipos y las terminaciones de los libros, son marcas registradas de JuanUno1 Publishing House, LLC.

Library of Congress Cataloging-in-Publication Data
Name: Rohr, Richard, author
El Cristo universal: cómo una realidad olvidada puede cambiar todo lo que vemos, esperamos y creemos / Richard Rohr.
Published: Miami : JUANUNO1 Ediciones, 2021
Identifiers: LCCN 2021931416
LC record available at https://lccn.loc.gov/2021931416

REL067040 RELIGION / Christian Theology / Christology
REL062000 RELIGION / Spirituality
REL012120 RELIGION / Christian Living / Spiritual Growth

Paperback ISBN 978-1-63753-004-7
Ebook ISBN 978-1-63753-005-4

Traducción
Ian Bilucich
Nueva Corrección
Tomás Jara
Créditos Portada
Equipo de Media y Redes JuanUno1 Publishing House
Concepto diagramación interior & ebook
Ma. Gabriela Centurión
Crédito foto de Richard Rohr
Nicholas Kramer
Director de Publicaciones
Hernán Dalbes

Second Edition | Segunda Edición
Miami, FL. USA.
Febrero 2021

Dedico este libro a mi labradora negra de 15 años, Venus, a quien tuve que entregar a Dios mientras comenzaba a escribirlo. Sin disculpas, teología liviana o miedo a herejía alguno, puedo decir, de manera apropiada, que Venus también fue Cristo para mí.

"Los únicos misterios absolutos en el cristianismo son la autocomunicación de Dios en las profundidades de la existencia, a la que llamamos gracia, y en la historia, a la que llamamos Cristo".

—Fr. Karl Rahner, sacerdote Jesuita y teólogo, 1904-1984

"No adoro la materia. Adoro al Dios de la materia, que se hizo materia por amor a mí y se dignó a habitar la materia, y que elaboró mi salvación a través de la materia. No dejaré de honrar esa materia que obra para mi salvación".

—San Juan Damasceno, 675-753

"Ninguno de nuestros desánimos puede alterar la realidad de las cosas, ni manchar el gozo de la danza cósmica, que siempre está ahí".

—Thomas Merton, 1915-1968

CONTENIDO

Prefacio de Brian McLaren 13
Antes de empezar 17

Parte 1
OTRO NOMBRE PARA TODAS LAS COSAS

   1: Cristo no es el apellido de Jesús 27
   2: Aceptando que eres totalmente aceptado 39
   3: Revelado en nosotros, como nosotros 51
   4: Bondad Original 65
   5: El Amor es el Sentido 79
   6: Una plenitud sagrada 91
   7: Yendo a un buen lugar 99

Parte 2
LA GRAN COMA

   8: Hacer y decir 111
   9: Las cosas en su profundidad 117
  10: La encarnación femenina 127
  11: Este es mi cuerpo 135
  12: ¿Por qué murió Jesús? 143
  13: No podemos solos 161
  14: El viaje de la resurrección 171
  15: Dos testigos de Jesús y de Cristo 189
  16: Transformación y Contemplación 201
  17: Más allá de la mera teología: dos prácticas 217

Epílogo para la nueva edición 245

PALABRAS FINALES: El amor después del amor 229
APÉNDICES: Mapeo del viaje del alma hacia Dios 231
APÉNDICE I: Las cuatro cosmovisiones 233
APÉNDICE II: Modelo de Transformación Espiritual 239
Bibliografía 245

PREFACIO

En años recientes, he llegado a ver algo que quizás para muchos ha sido obvio hace mucho: *Cuando discutimos de religión y de teología, en realidad estamos discutiendo sobre el tipo de mundo en el que queremos vivir.*

A muchos de nosotros se nos enseñó que la religión y la teología no hacían sino revelar la verdad objetiva sobre cómo son las cosas. Por ejemplo, la religión nos dice cómo llegaron a existir las cosas, cuándo, y por qué. Nos dice quiénes son los buenos y quiénes los malos. Nos dice quién irá al infierno y quién al cielo. Define qué creencias son legítimas y cuáles son falsas.

Sin embargo, estoy llegando a ver que la religión trata sobre algo mucho más profundo, mucho más práctico, mucho más subversivo, e incluso peligroso. *La religión es crear el mundo que habitaremos nosotros, nosotras, y las futuras generaciones.*

Si quieres un mundo donde los hombres están al mando y las mujeres no, la religión puede ayudarte a conseguirlo. Si quieres un mundo donde las personas blancas se dan un banquete y donde las personas no blancas suplican por sobras, la religión puede ayudarte a hacerlo. Si quieres un mundo donde se te permita destruir, digamos, una montaña que tardó millones de años en formarse, para cortar sus árboles por dinero y luego extraer el carbón para obtener más dinero, y luego hacer *fracking* con el sustrato restante para obtener aún más dinero… la religión puede ayudarte a conseguir lo que quieres.

Eso explica por qué muchas personas están hartas del complejo industrial teológico: ha ayudado a ciertas personas a crear un mundo que está dañando a otra gente y al planeta.

También me ayuda a entender por qué las personas se enojan tanto, hasta llegar a la violencia, por argumentos religiosos: se dan cuenta de que tales no son simples abstracciones, teorías o conversaciones sobre temas esotéricos. No, son debates con consecuencias políticas, económicas y personales: debates que afectan nuestras vidas, y no solo las nuestras, sino también las de nuestros vecinos. Y va más allá de nosotros y de nuestros vecinos, estos debates moldearán la vida de nuestros hijos y nietos durante generaciones en el futuro.

Pero he aquí lo que pocos entienden: así como la religión y la teología pueden usarse para dañar, también pueden usarse para sanar. Si quieres un mundo donde hombres y mujeres sean iguales y copartícipes; o un mundo donde todas las personas de todas las etnias sean iguales en valor, no a pesar de sus diferencias, sino gracias a ellas; o un mundo donde las montañas, los arrecifes de coral y el clima de la tierra tengan un valor intrínseco que trascienda el dinero, la religión y la teología te pueden ayudar.

Sí, la mala religión puede dañarte (de verdad). Pero la buena religión puede ayudarte (también de verdad), incluso salvar tu vida y nuestro futuro, en especial cuando la mala religión dirige el espectáculo, como ahora.

La vida del Fr. Richard Rohr ha estado dedicada a la articulación, defensa y encarnación de la buena religión y la buena teología; una teología que nos puede ayudar a crear un futuro mejor. Y, de todos los libros de Richard, este se siente de una importancia especial en este sentido.

Cuando voltees las páginas para sumergirte de lleno en los capítulos de este libro, serás invitado a ver la fe cristiana de un modo radicalmente nuevo y fresco. Serás desafiada a ver de manera diferente los credos, la Eucaristía y las doctrinas de la Encarnación, Resurrección y Expiación.

Aún más importante: serás invitado a mirar de manera diferente la vida, el universo y el cosmos a través de todos los tiempos, y el hacerlo te llevará a mirar diferente a tu propio perro, gato, pez o jardín.

Bien podrías desear que Richard te lleve por un proceso simple, lineal, paso a paso, hasta llegar allí, como cuando sigues una receta o un conjunto de instrucciones que vienen con los muebles que "requieren un poquito de ensamblaje". Pero no creo que ese sea el modo en que suceden este tipo de transformaciones. Lo que hace Richard es más parecido a lo que hizo Jesús cuando habló en parábolas: te lleva a ver desde un ángulo, luego retrocede y te lleva a verlo desde otro ángulo, y luego desde otro, y luego desde otro, hasta que comienza a surgir en ti una forma de ver completamente nueva.

Este proceso puede llegar a resultarte frustrante, placentero, o un poco de ambos. La introspección puede sucederte lenta y gradualmente, o puede golpearte de repente, en un momento clave. Incluso al principio puede desilusionarte y solo tener sentido mucho después de que hayas terminado el libro.

Pero si eres como yo, y como una buena parte de nosotros y nosotras, no importa la manera en la que las nuevas percepciones lleguen; una vez que lo veas, serás incapaz de no verlo, y cambiará el modo en que ves todas las cosas.

De eso se trata la mejor religión y la mejor teología. Si ves con nuevos ojos, nuevas y mejores cosas se vuelven posibles.

—Brian D. McLaren

ANTES DE EMPEZAR

En su autobiografía, *Rocking Horse Catholic*,[1] Caryll Houselander, la mística[2] inglesa del siglo XX, describe la manera en la que un viaje ordinario de subterráneo en Londres se transformó en una visión que cambió su vida. Comparto la descripción de Houselander de esta experiencia impactante, porque demuestra de forma conmovedora lo que llamaré "el Misterio de Cristo", la morada de la Presencia Divina en todos, todas y todo desde el comienzo de los tiempos tal como lo conocemos:

> *Estaba en un subterráneo, un tren tumultuoso en el que se compactaban todo tipo de personas, sentadas y colgadas de las correas, trabajadores de todas las clases yendo a casa al final del día. Absolutamente de la nada, vi con mi mente, tan vívido como en una gran pintura, a Cristo en todos ellos y ellas. Pero vi más que eso; Cristo no solo estaba en cada una de esas personas, viviendo y muriendo en ellas, regocijándose y lamentándose en ellas, sino que, al estar en ellas, y al estar ellas aquí, todo el mundo estaba aquí, en este tren; no solo el mundo estaba en ese momento, no solo toda la gente de todos los países del planeta, sino, además, todas las personas que vivieron en el pasado y todas aquellas que han de venir.*
>
> *Salí a la calle y caminé mucho tiempo entre la multitud. Era lo mismo, en todos lados, en cada transeúnte, en cada lugar: Cristo.*
>
> *Hacía mucho que venía atormentada con el concepto ruso del Cristo humillado, el Cristo patético que cojea por Rusia, mendigando Su pan; el Cristo que, a través de las eras, podría regresar a la tierra y*

---

1 Puede traducirse como "Una católica fuera de serie" (nota del traductor).
2 Cuando uso la palabra "místico/a" me estoy refiriendo a un saber experiencial en vez de un saber dogmático o de manual. La diferencia tiende a ser que los místicos ven las cosas en su totalidad, su conexión, su marco universal y divino, en lugar de ver solo su particularidad. Estas personas reciben toda la *gestalt* en una imagen, por así decirlo. Por consiguiente, suelen puentear nuestra forma más secuencial y compartimentada de ver el momento. Así, tienden a estar más cerca de los poetas y artistas que de los pensadores lineales. Obviamente, hay lugar para ambos, pero desde el Iluminismo de los siglos XVII y XVIII hubo cada vez menos apreciación de tales formas integrales de ver. Sin dudas, los místicos fueron considerados "excéntricos" (fuera del centro), pero ¿puede que sean los más centrados de todos?

venir incluso a los pecadores para ganar su compasión mediante Su necesidad. Ahora, en un destello de un segundo, supe que este sueño es un hecho; no un sueño, no la fantasía o la leyenda de una persona devota, no la prerrogativa de los rusos, sino Cristo en la humanidad...

También vi la reverencia que todos y todas debemos tener por los pecadores; en vez de condonar su pecado, que es en realidad su más profunda pena, tenemos que confortar al Cristo que sufre en esas personas. Y esta veneración debe ser concedida incluso a esos pecadores cuyas almas parecen estar muertas, porque es Cristo, la vida del alma, quien está muerto en ellos y ellas; esas personas son Su tumba, y Cristo en la tumba es, potencialmente, el Cristo resucitado...

Cristo está en todos lados; en Él, toda clase de vida tiene un sentido y una influencia en los demás tipos de vida. No es el pecador insensato, como yo, corretea por el mundo con sus réprobos y sentimientos magnánimos, quien más se acerca a ellos y ellas y les trae sanación; es la mujer contemplativa en su confinamiento la que nunca ha puesto un ojo en ellos, pero mediante la cual Cristo ayuna y ora por ellos; o puede ser una sirvienta en quien Cristo se hace sirviente otra vez, o un rey cuya corona de oro esconde una corona de espinas. El entendimiento de nuestra unidad en Cristo es la única cura para la soledad humana. Para mí, además, es el único sentido supremo de la vida, lo único que da sentido y propósito a cada existencia.

Algunos días después, la "visión" se desvaneció. La gente lucía igual otra vez, ya no tenía disponible esa misma sacudida de introspección al estar cara a cara con otro ser humano. Cristo estaba oculto de nuevo; de hecho, en los años siguientes, lo buscaría y, en general, lo encontraría en otros y otras —más aún, en mí misma— solo a través de un ciego y deliberado acto de fe.

La pregunta para mí —y para nosotros y nosotras— es: ¿quién es este "Cristo" al que Caryll Houselander vio permearse e irradiar desde todos sus compañeros y compañeras de viaje? Para ella, claramente, Cristo no era solo Jesús de Nazaret sino algo de una relevancia mucho más inmensa, incluso cósmica. Cómo es eso posible, y por qué importa, es materia de este libro. Una vez encontrada, creo que esta visión tiene el poder de alterar radicalmente lo que creemos, la manera en que vemos y nos relacionamos con otros y otras, nuestro sentido de cuán grande puede ser Dios, y nuestro entendimiento de lo que el Creador está haciendo en nuestro mundo.

¿Te resulta demasiado? Observa de nuevo las palabras que usa Houselander para capturar el diáfano alcance de lo que cambió para ella después de su visión:

> En todos lados, Cristo
> Entendimiento de unidad
> Reverencia
> Todo tipo de vida tiene sentido
> Toda vida tiene influencia en todos los demás tipos de vida

¿Quién no querría experimentar estas cosas? Y si, de alguna manera, la visión de Houselander hoy nos parece exótica, sin dudas, los primeros cristianos no habrían pensado lo mismo. La revelación del Cristo Resucitado como ubicuo y eternal ya estaba claramente afirmada en las Escrituras (Colosenses 1, Efesios 1, Juan 1, Hebreos 1) y en la iglesia primitiva cuando la euforia de la fe cristiana todavía estaba en plena creación y expansión. Sin embargo, en nuestro tiempo, este profundo modo de ver debe ser abordado como una especie de proyecto de recuperación. Cuando la iglesia occidental se separó de la oriental en el Gran Cisma de 1054, gradualmente perdimos este entendimiento profundo de la manera en que Dios ha estado liberando y amando todo lo que existe. En su lugar, fuimos limitando la presencia divina al cuerpo individual de Jesús, *cuando quizás es tan ubicua como la luz, e imposible de circunscribir por los límites humanos.*

Podríamos decir que la puerta de la fe se cerró al entendimiento más amplio y hermoso de lo que los primeros cristianos y cristianas llamaron "la Manifestación", la Epifanía, o la más famosa "Encarnación" (y también a su forma final y completa, que todavía llamamos "la Resurrección"). Pero, originalmente, las iglesias orientales y ortodoxas tenían un entendimiento mucho más amplio de ambos, una intuición que nosotros y nosotras en iglesias de occidente, tanto católicas como protestantes, recién ahora empezamos a reconocer. Seguramente, esto es lo que Juan quiso decir cuando, en su Evangelio, escribió "La Palabra se hizo carne" (Juan 1:14), usando un término universal y genérico (*sarx*) en vez de referirse a un cuerpo humano específico.[3] ¡De hecho, la palabra "Jesús" nunca es mencionada en el prólogo! ¿Alguna vez lo notaron? No es hasta el penúltimo verso que "Jesucristo" es finalmente mencionado.

No podemos sobrestimar el daño que se hizo a nuestro mensaje del Evangelio cuando las iglesias orientales ("griegas") y occidentales ("latinas") se separaron, empezando por la mutua excomunión de sus patriarcas en 1054. No hemos conocido a la iglesia "única, santa y sin divisiones" en más de mil años.

No obstante, tú y yo podemos reabrir esa puerta antigua de la fe con una llave, y esa llave es el entendimiento apropiado de una palabra que muchos de nosotros y nosotras usamos a diario, pero, en general, de manera muy liviana. Esa palabra es *Cristo*.

¿Qué si "Cristo" es el nombre para *lo trascendente dentro* de cada "cosa" del universo?

¿Qué si "Cristo" es el nombre para la inmensa amplitud de todo el Amor verdadero?

¿Qué si Cristo remite a un horizonte infinito que nos arrastra desde adentro y también nos empuja hacia adelante?

¿Qué si Cristo es *otro nombre para todo* en su totalidad?

Creo que es eso lo que la "Gran Tradición" ha estado tratando de decir, incluso sin saberlo. Pero la mayoría de nosotros y nosotras nunca fuimos expuestos a la Gran y Completa Tradición, a la que me refiero como la Tradición Perenne, la sabiduría de todo el Cuerpo de Cristo y, específicamente para este libro, la integración de las temáticas autocorrectivas que se repiten constantemente y se reafirman en la ortodoxia, en el catolicismo, y en muchas ramas del protestantismo. Sé que es una meta gigante, pero ¿tenemos opción? Si enfatizamos en los elementos verdaderamente esenciales de la fe, y no en los accidentales, en realidad no es algo tan difícil.

Si me lo permites, quiero ser tu guía en las siguientes páginas al

---

[3] John Dominic Crossan deja en claro esto de manera bastante convincente en su libro *Resurrecting Easter* [Resucitando la Pascua] (San Fransciso: HarperOne, 2018), un estudio de cuán diferente entendieron y representaron la Resurrección el arte oriental y el occidental. Retrasamos la publicación de este libro a fin de incluir su evidencia artística, histórica y arqueológica para lo que intento decir teológicamente.

explorar estas preguntas sobre Cristo y la forma de la realidad en cada uno de nosotros. Es una búsqueda que me ha fascinado e inspirado por más de cincuenta años. En consonancia con mi tradición franciscana, quiero plantar una conversación de tan inmensa escala en las cosas terrenales para que podamos seguirla como a un rastro de migas por el bosque; desde la naturaleza; a un niño recién nacido en un humilde establo con su madre y padre; a una mujer sola en un tren; y finalmente, al significado y al misterio de un nombre que también puede ser nuestro.

Si mi propia experiencia es en algo un indicio, el mensaje en este libro puede transformar la forma en que ves y la forma en que vives en tu mundo de todos los días. Puede ofrecerte el sentido profundo y universal del que, hoy, la civilización occidental parece carecer y anhelar. Tiene el potencial de reposicionar al cristianismo como una religión natural y no solo como una basada en una revelación especial, disponible solo para un puñado de suertudos e iluminados.

No obstante, para experimentar este nuevo entendimiento, frecuentemente debemos proceder de manera indirecta, a través de la espera y de la práctica de prestar atención. Sobre todo al comenzar, debes permitir que algunas palabras de este libro *permanezcan parcialmente en el misterio, al menos por un tiempo*. Sé que puede ser desafiante e inquietante para nuestra mente egoica, que quiere estar en control de cada paso del camino. Sin embargo, este es precisamente el modo contemplativo de leer y escuchar, y así, ser arrastrados a un Campo mucho más Grande.

Como G. K. Chersterton escribió una vez, *tu religión no es la iglesia a la que perteneces, sino el cosmos en el cual vives*. Una vez que sabemos que todo el mundo físico alrededor de nosotros y nosotras, toda la creación, es tanto el lugar de escondite como el de revelación de Dios, este mundo se convierte en hogar, seguridad, encanto, ofreciendo gracia a quien sea que observe profundamente. A ese tipo de mirada profunda y calma la llamo "contemplación".

La función esencial de la religión es conectarnos radicalmente con todo. (*Re-ligio* = religar o reconectar). Está para ayudarnos a ver el mundo y a nosotros mismos de manera integral, y no tan solo en partes. Las personas verdaderamente iluminadas ven la unidad porque *observan desde la unidad*, en lugar de catalogar todo como superior e inferior, adentro o afuera. Si crees ser *personalmente* "salvo" o iluminado, entonces, ¡tengo la impresión de que ni eres salvo ni eres iluminado!

Una noción cósmica del Cristo no compite ni excluye a nadie, sino que incluye a todos y a todo (Hechos 10:15, 34), y permite que Jesucristo finalmente sea una figura de Dios digna del universo entero. En esta comprensión del mensaje cristiano, el amor y la presencia del Creador están fundamentados en el mundo creado, y la distinción mental entre "natural" y "sobrenatural" se cae a pedazos. Como supuestamente dijo Albert Einstein, "hay dos modos de vivir tu vida. Una es como si nada fuese un milagro. La otra es como si todo fuese un milagro". ¡En las siguientes páginas, optaré por lo último!

Si bien mi experiencia principal se encuentra en la filosofía y la teología bíblica, voy a recurrir a las disciplinas de la psicología, las ciencias, la historia y la antropología para enriquecer el texto. Dentro de lo posible, quiero que este no sea un libro estrictamente "teológico", aunque tenga mucha teología explícita en él. Jesús no vino a la tierra para que solo los teólogos y las teólogas puedan entenderlo y distinguirse, sino para que *"todos* sean uno" (Juan 17:21). Él vino para unir y "reconciliar consigo todas las cosas, tanto las que están en la tierra como las que están en el cielo" (Colosenses 1:20). ¡Todo hombre o mujer en la calle —o viajando en tren— deberían poder ver y disfrutar esto!

A lo largo del libro, encontrarás que hay oraciones o grupos de oraciones que se salen un poco de los párrafos. Como estas, de nuestra historia de arriba:

Cristo está en todo lugar.
En Él cada clase de vida tiene un significado y una conexión sólida.

Mi intención es que estas pausas en el texto sean invitaciones a permanecer en una idea a fin de que te enfoques hasta que comprometas tu cuerpo, tu corazón, tu conciencia del mundo físico a tu alrededor, y más especialmente tu conexión interior, con un campo más grande. Tómate tu tiempo con cada oración en itálicas y, si es necesario, léela de nuevo hasta que sientas su impacto, hasta que puedas imaginar sus connotaciones más amplias para el mundo, para la historia y para tu vida (en otras palabras, ¡hasta que "la palabra se vuelva carne" para ti!). No saltes tan rápidamente a la próxima línea.

En la tradición monástica, esta práctica de permanecer e ir a las profundidades de un texto se llama *"Lectio Divina"*. Es una forma contemplativa de leer que profundiza más que la comprensión mental de las palabras o que el uso de las palabras para dar respuestas, resolver problemas o preocupaciones inmediatas. *La contemplación es esperar pacientemente a que los vacíos se llenen, y no insiste en conclusiones rápidas o respuestas fáciles.* Nunca se apura al juicio y, de hecho, evita hacer juicios apresurados, porque estos tienen más que ver con el control egoico y personal que con una búsqueda amorosa de la verdad.

Y esa será la práctica para ti y para mí, mientras construimos nuestro camino hacia un entendimiento de un Cristo que es mucho más que el apellido de Jesús.

PARTE 1
OTRO NOMBRE PARA TODAS LAS COSAS

1
CRISTO NO ES EL APELLIDO DE JESÚS

En el principio creó Dios los cielos y la tierra. La tierra estaba desordenada y vacía, y las tinieblas estaban sobre la faz del abismo, y el Espíritu de Dios revoloteaba sobre la faz de las aguas. Y Dios dijo "Sea la luz" y fue la luz.
—Génesis 1:1-3

En cada una de las, aproximadamente, treinta mil variedades de cristianismos, los creyentes aman a Jesús y (por lo menos en teoría) no parecen tener problemas para aceptar su total humanidad y divinidad. Una buena cantidad expresa tener una relación personal con Jesús; tal vez un destello de inspiración de su íntima presencia en sus vidas, tal vez miedo a su juicio o ira. Otra parte confía en su compasión y, a menudo, lo ven como una justificación para sus cosmovisiones y posicionamientos políticos. Pero ¿cómo podría la noción de Cristo cambiar toda la ecuación? ¿Es Cristo simplemente el apellido de Jesús? ¿O es un título revelador que requiere de toda nuestra atención? ¿Qué significa cuando Pedro, en las Escrituras, la primera vez que se dirige a las multitudes después de Pentecostés, dice que "Dios ha hecho a este Jesús [...] tanto Señor como Cristo" (Hechos 2:36)? ¿No fueron siempre uno y el mismo desde el nacimiento de Jesús?

Para responder estos interrogantes, debemos regresar y preguntarnos: ¿Qué tramaba Dios en esos primeros momentos de la creación? ¿Era Dios totalmente invisible antes de que comenzara el universo? ¿O acaso hay tal cosa como un "antes"? ¿Por qué Dios tuvo que crear algo? ¿Cuál fue su propósito al hacerlo? ¿El universo es eterno? ¿O, tal como lo conocemos, su creación se ubica en el tiempo, como la del propio Jesús?

Admitamos que es probable que nunca sepamos ni el "cómo" ni el "cuándo" de la creación. No obstante, la pregunta que la religión intenta responder es, sobre todo, el "por qué". ¿Hay alguna evidencia de *por qué* Dios creó los cielos y la tierra? ¿Qué tramaba? ¿Había alguna intención o meta divina? ¿Siquiera necesitamos un "Dios" creador para explicar el universo?

La mayoría de las tradiciones perennes han ofrecido explicaciones, y, en general, dicen algo así: *Todo lo que existe en forma material desciende de alguna Fuente Primaria, que originalmente existía solo como Espíritu*. De alguna manera, esta Fuente Primaria Infinita se vertió a sí misma en formas finitas, visibles, creando todo: desde rocas hasta agua, plantas, organismos, animales, y seres humanos; todo lo que vemos con nuestros ojos. Esta autorrevelación en la creación física de quien sea que llames Dios fue la *primera encarnación* (el término general para cualquier manera en que el espíritu se materializa), mucho antes de la segunda encarnación humana, que los cristianos creen que sucedió con Jesús. Para expresar esta idea en idioma franciscano, *la creación es la Primera Biblia, y existió por 13,7 billones de años antes de que la segunda Biblia fuera escrita*.[1]

Cuando los cristianos y cristianas escuchamos la palabra "encarnación", la mayoría pensamos en el nacimiento de Jesús, que demostró personalmente la unidad radical de Dios para con la humanidad. Pero en este libro quiero sugerir que la primera encarnación fue el momento descrito en Génesis 1, cuando Dios se incorporó en unidad con el universo físico y se convirtió en la luz dentro de todas las cosas (esta, creo, es la razón por la que la *luz* es el sujeto del primer día de la creación, y por la que su velocidad es reconocida como la única constante universal). Entonces, la encarnación no es solamente "Dios volviéndose Jesús". Es un evento mucho más amplio, razón por la cual Juan describe primero la presencia de Dios con la palabra general "carne" (Juan 1:14). Juan está hablando del Cristo ubicuo que Carryl Houselander encontró de manera tan vívida, el Cristo que el resto de nosotros y nosotras continuamos encontrando en otros seres humanos, en una montaña, en una brizna de hierba o en un estornino.

Todo lo visible, sin excepción, es el derramamiento de Dios. ¿Qué más puede ser? Cristo es la palabra para el Modelo Primigenio ("*Logos*") a través del cual "todas las cosas vinieron a la existencia, y ni siquiera una sola *cosa* tiene su ser sino a través de él" (Juan 1:3). Verlo de esta manera

---

[1] Romanos 1:20 dice lo mismo, por si te estás preguntando cómo puede aparecer esta autocrítica en la Biblia.

ha reenmarcado, reenergizado y ampliado mis propias creencias religiosas, y creo que podría ser la única contribución del cristianismo a las otras religiones del mundo.²

Si puedes pasar por alto que Juan use un pronombre masculino para describir algo que claramente está más allá del género, podrás ver que, en su prólogo (1:1-18), nos está dando una cosmología sagrada y no solo una teología. ¡Mucho antes de la encarnación personal de Jesús, Cristo estaba profundamente integrado en todas las cosas (en la forma de todas las cosas)! Las primeras líneas de la Biblia dicen que "el Espíritu de Dios revoloteaba sobre las aguas" o "sobre el vacío sin forma", e inmediatamente el universo material se vuelve plenamente visible en profundidad y sentido (Génesis 1:1ss). El tiempo, por supuesto, no tiene ningún significado en este momento. El Misterio de Cristo es el intento del Nuevo Testamento de nombrar esta visibilidad, o *capacidad para ver*, que ocurrió en el primer día.

Recuerda: *la luz no es tanto lo que ves, como aquello a través de lo cual puedes ver todo lo demás*. Esta es la razón por la que Jesucristo, en el Evangelio de Juan, realiza la declaración casi jactanciosa "Yo soy la Luz del mundo" (Juan 8:12). Jesucristo es la amalgama de materia y espíritu en un lugar, por lo que nosotros mismos podemos unirlos en todo lugar y disfrutar las cosas en su totalidad. Incluso puede habilitarnos *a ver como Dios ve*, si es que eso no significa pretender demasiado.

Los científicos han descubierto que lo que para el ojo humano luce como oscuridad, en realidad está lleno de partículas diminutas llamadas "neutrinos", astillas de luz que viajan a través del universo. Aparentemente, en ningún lado hay tal cosa como la oscuridad total, por más que el ojo humano así lo crea. El Evangelio de Juan tenía más razón de lo que pensábamos cuando describió a Cristo como "una luz que la oscuridad no puede vencer" (1:5). Saber que la luz interna de las cosas no puede ser eliminada o destruida es profundamente esperanzador. Y, como si no fuera suficiente, la elección de

---

2 Por esto es que el título de este libro dice muy deliberadamente "todas las cosas" en lugar de "todo", porque creo que el Misterio de Cristo aplica específicamente a la cosa, a la materialidad, a lo físico. No pienso en Cristo como ideas o conceptos. *Bien pueden comunicar el Misterio de Cristo, como intentaré hacer aquí*, pero, para mí, Cristo refiere a ideas que específicamente "se convirtieron en carne" (Juan 1:14). Sin dudas, eres libre de no estar de acuerdo conmigo en esto, pero al menos sabes de dónde parto en el uso de la palabra "Cristo" en este libro.

un verbo activo por parte de Juan ("*La luz verdadera [...] estaba viniendo al mundo*", 1:9), nos muestra que el Misterio de Cristo no es un acontecimiento único, sino un proceso incesante a través del tiempo; tan constante como la luz que llena el universo. Y "Dios vio que la luz era buena" (Génesis 1:3). ¡Aférrate a eso!

Pero el simbolismo se profundiza y tensa. Los cristianos y cristianas creemos que esta presencia universal nació "de una mujer bajo la ley" (Gálatas 4:4) en un momento del tiempo cronológico. Este es el gran salto de fe cristiana que no todos están dispuestos a hacer. Nos atrevemos a creer que la presencia de Dios fue derramada en un solo ser humano, de modo que lo humano y lo divino pudieran ser vistos operando como uno en él (¡y por lo tanto, en nosotros y nosotras!). Pero en lugar de decir que Dios *vino* al mundo a través de Jesús, tal vez sería mejor decir que Jesús *emergió* de un mundo ya empapado de Cristo. La segunda encarnación fluyó de la primera, de la unión amorosa de Dios con la creación física. Si esto aún te resulta extraño, confía un poco en mí por un rato. Te prometo que solo va a profundizar y ampliar tu fe tanto en Jesús como en el Cristo. Este es un replanteo importante de quién podría ser Dios y de lo que está haciendo; un Dios del que podríamos necesitar si queremos hallar una mejor respuesta a la pregunta que abrió este capítulo.

Mi punto es este: cuando sé que el mundo a mi alrededor es tanto el escondite como la revelación de Dios, ya no puedo realizar una distinción significativa entre lo natural y lo sobrenatural, entre lo santo y lo profano (una "voz" divina se lo dejó exactamente en claro a un Pedro muy terco en Hechos 10). Todo lo que veo y conozco es, en efecto, un "*uni-verso*", que gira alrededor de un centro coherente. Esta presencia divina busca conexión y comunicación, no separación o división —*a menos que sea a efectos de una unión futura más profunda.*

¡Esto cambia la forma en que camino por el mundo, en cómo trato a cada persona que veo a lo largo del día! Es como si todo lo que pareciera decepcionante y "caído", todos los principales retrocesos contra el flujo de la historia, ahora pudieran ser vistos como un solo movimiento todavía encantado y aprovechado por el amor de Dios. De alguna manera, todo aquello debe ser útil y estar lleno de potencia, incluso las cosas que parecen ser traiciones o crucifixiones. Si no, ¿por qué o cómo podríamos amar a este mundo? Nada ni nadie tiene que ser excluido.

La clase de integridad que describo es algo que nuestro mundo posmoderno ya no disfruta, y que incluso niega enérgicamente. Siempre me pregunto por qué, después del triunfo del racionalismo en la Ilustración, preferimos tal incoherencia. Creí que habíamos acordado que la coherencia, los patrones y alguna idea de significado último eran buenos. Pero los intelectuales del último siglo han negado la existencia y el poder de tal asombrosa integridad (y en el cristianismo, hemos cometido el error de limitar la presencia del Creador a una sola manifestación humana: Jesús). Las repercusiones de nuestra gran mirada selectiva han sido masivamente destructivas para la historia y la humanidad. La creación fue considerada profana, como un accidente bonito, un mero telón de fondo para el drama real de la preocupación de Dios —que siempre somos nadie más que nosotros (¡o peor aún, él!). Es imposible hacer que las personas se sientan sagradas dentro de un universo profano, vacío o accidental. Esta manera de ver nos hace sentir separados y en competencia, nos hace luchar para ser superiores a los demás en vez de sentirnos profundamente conectados y conectadas, en busca de círculos de unión cada vez más amplios.

Pero Dios ama las cosas a través de convertirse en ellas.
Dios ama las cosas al unirse a ellas, no al excluirlas.

A través del acto de creación, Dios manifiesta la Presencia Divina eternamente desbordante dentro del mundo físico y material.[3] La materia ordinaria es el escondite del Espíritu y, por consiguiente, el mismísimo Cuerpo de Dios. Honestamente, ¿qué más podría ser, si creemos —como lo hacen judíos ortodoxos, cristianos, y musulmanes— que "un Dios creó todas las cosas"? Desde el principio de los tiempos, el Espíritu de Dios ha estado revelando su gloria y bondad a través de la creación física. Muchos de los salmos lo afirman al hablar de "ríos que aplauden" y "montañas que cantan

---

3 Ver Romanos 8:19ss y 1 Corintios 11:17ss, donde, para mí, Pablo deja en claro, de manera convincente, su noción expansiva de la encarnación. La mayoría nunca lo

con gozo". Cuando Pablo escribe "Hay solo un Cristo. Él es todo y él está en todo" (Colosenses 3:11), ¿era un panteísta ingenuo o realmente entendía todas las implicaciones del Evangelio de la Encarnación?

Dios parece haber elegido manifestar lo invisible en lo que nosotros llamamos lo "visible", para que todas las cosas visibles sean la revelación de la energía espiritual en eterna difusión de Dios. Una vez que alguien reconoce esto, es difícil que vuelva a estar solo o sola en el mundo.

Un Dios Universal y Personal

Muchos versículos dejan en claro que este Cristo ha existido "desde el principio" (siendo las principales fuentes Juan 1:1-18, Colosenses 1:15-20 y Efesios 1:3-14), así que el Cristo no puede ser sinónimo de Jesús. Pero al adjuntar la palabra "Cristo" a Jesús, como si este fuera su apellido en lugar de un medio por el cual la presencia de Dios ha encantado toda la materia a lo largo de toda la historia, los cristianos y cristianas se volvieron bastantes descuidados en su forma de pensar. *Nuestra fe se volvió una teología competitiva con variopintas y parroquiales teorías de la salvación, en lugar de una cosmología universal dentro de la cual todos y todas pueden vivir con una dignidad inherente.*

Tal vez hoy más que nunca, necesitamos a un Dios tan grande como el universo en expansión, o las personas instruidas continuarán pensando en Dios como una mera añadidura a un mundo que ya es increíble en sí mismo, hermoso y digno de adorar. Si Jesús deja de ser presentado también como Cristo, pronostico que no será tanta la gente que se rebelará activamente contra el cristianismo como la que, de a poco, perderá el interés en él. Muchos investigadores, biólogos, y trabajadores sociales han honrado el Misterio de Cristo sin necesidad alguna de utilizar lenguaje cristiano específico. La Divinidad no parece preocuparse porque entendamos su nombre de manera adecuada (ver Éxodo 3:14). Como Jesús mismo dice, "No les crean a los que *dicen* 'Señor, Señor'" (Mateo 7:21, Lucas 6:46, itálica añadida). Él sostiene que las personas que importan son las que "hacen el bien", no las que "lo dicen bien". Sin embargo, la preocupación cristiana ha sido la ortodoxia verbal, esa

---

oímos de ese modo.

que, por momentos, incluso nos habilitó a quemar personas en la hoguera por no "decirlo bien".

Esto es lo que pasa cuando solo nos enfocamos en un Jesús exclusivo, en tener una "relación personal" con él, y en lo que él puede hacer para salvarte a ti y a mí de alguna clase de tormento eterno y ardiente. En los primeros dos mil años de cristianismo, enmarcamos nuestra fe en términos de un problema y una amenaza. Pero si crees que el propósito principal de Jesús es proveer los medios para una salvación personal e individual, es muy fácil pensar que él no tiene nada que ver con la historia humana —con la guerra o la injusticia, con la destrucción de la naturaleza, o con nada que contradiga los deseos de nuestro ego o sesgos culturales. *Terminamos por difundir nuestras culturas nacionales bajo la rúbrica de Jesús, en lugar de un mensaje de liberación universal bajo el nombre de Cristo.*

Sin un sentido de lo inherentemente sagrado del mundo —de cada pequeña porción de vida y muerte— nos cuesta mucho ver a Dios en nuestra propia realidad, y mucho más respetarla, protegerla o amarla. Las consecuencias de esta ignorancia están alrededor de nosotros y nosotras, se ven en la forma en que hemos explotado y dañado a nuestros semejantes, a los queridos animales, a la red de cosas que crecen, a la tierra, a las aguas y al mismo aire. Hizo falta llegar al siglo XXI para que un papa lo dijera de manera clara (en el documento profético *Laudato Si'* del papa Francisco). Puede que no sea tarde, y puede que la brecha innecesaria entre la visión práctica (ciencia) y la visión holística (religión) sea superada por completo. Ambas se necesitan.

Lo que en este libro denomino *cosmovisión encarnacional* es un profundo reconocimiento de la presencia de lo divino en "todas las cosas" y en "todas las personas", literalmente. Es la clave para la salud mental y espiritual, así como para una especie de satisfacción y felicidad básicas. Una cosmovisión encarnacional es el único camino que puede reconciliar nuestros mundos internos con el externo, la unidad con la diversidad, lo físico con lo espiritual, lo individual con lo corporativo, y lo divino con lo humano.

A principios del segundo siglo, la iglesia empezó a llamarse a sí misma "católica", o sea, *universal*, al reconocer su propio carácter y mensaje universal. Solo más tarde "católica" fue circunscripta por la palabra "romana", mientras la iglesia perdía el sentido de entregar un mensaje indivisible e inclusivo. Luego, después de toda una Reforma necesaria en 1517, seguimos fragmentándonos en partes cada vez más pequeñas y competitivas. Pablo ya había advertido a los corintios acerca de esto, haciéndoles una pregunta que debería habernos detenido en nuestro camino: "¿Acaso Cristo puede ser dividido?" (1 Corintios 1:12). Sin embargo, hemos hecho bastantes divisiones a lo largo de los años desde que estas palabras fueron escritas.

El cristianismo se volvió exclusivista, por decirlo suavemente. Pero no hace falta que permanezca ahí. El verdadero salto de fe cristiana es confiar en que Jesús *junto con Cristo nos abrieron una ventana humana pero totalmente precisa hacia el Eterno Ahora, que llamamos Dios* (Juan 8:58, Colosenses 1:15, Hebreos 1:3, 2 Pedro 3:8). Este es un salto de fe que muchos creen haber hecho cuando dijeron "¡Jesús es Dios!". No obstante, si hablamos de manera estricta, tales palabras no son teológicamente correctas.

Cristo es Dios, y Jesús es la manifestación histórica de Cristo en el tiempo.

Jesús es un Tercer Alguien, no solo Dios u hombre, sino Dios y humano juntos.

Este es el mensaje único y central del cristianismo, y tiene excelentes efectos teológicos, psicológicos y políticos masivos. Pero si no podemos unir en "Cristo" estos dos opuestos aparentes ("Dios" y "humano"), en general seremos incapaces de unirlos en nosotros mismos, o en el resto del universo físico. Hasta ahora, ese ha sido nuestro mayor callejón sin salida. Se suponía que Jesús iba a quebrar el código pero, sin unirlo a Cristo, perdimos el núcleo de lo que el cristianismo podría haber sido.

Un Dios meramente personal se vuelve tribal y sentimental, y un Dios meramente universal nunca abandona la esfera de la teoría abstracta y los principios filosóficos. Pero cuando aprendemos a unirlos, Jesús y Cristo nos dan un Dios que es tanto *personal* como *universal*. El Misterio de Cristo unge toda la materia física con propósito eterno desde el principio (no debería sorprendernos que la palabra que traducimos como *Cristo* del griego al hebreo sea *mesach*, que significa "el ungido" o "Mesías". ¡Él revela que todo está ungido!). Todavía hay mucha gente que ora y espera por algo que ya se nos ha dado tres veces: primero en la creación; segundo en Jesús, "para que pudiéramos escucharlo, verlo con nuestros ojos, mirarlo y tocarlo con nuestras manos, la Palabra quien es la vida" (1 Juan 1-2); y tercero, en la comunidad de amor en continuo desarrollo (que los cristianos y cristianas llamamos "Cuerpo de Cristo"), que evoluciona lentamente a lo largo de toda la historia de la humanidad (Romanos 8:18ss). Todavía estamos fluyendo.

Incluso me pregunto, dada nuestra actual evolución de la conciencia, especialmente el acceso histórico y tecnológico que tenemos al "panorama completo", si una persona sincera puede tener una relación "personal" sana y santa con Dios *si* ese Dios no la conecta con lo universal. Un Dios personal no puede significar un Dios más pequeño; tampoco Dios puede reducirte de ninguna manera; si tal cosa pasara, no sería Dios.

¡Irónicamente, millones de los mismos devotos y devotas que esperan "la Segunda Venida" se han perdido en gran medida la primera y la tercera! Lo diré de nuevo: *Dios ama las cosas al convertirse en ellas.* Y, como vimos recién, así lo hizo en la creación del universo y en Jesús, y continúa haciéndolo en el desarrollo del Cuerpo de Cristo (1 Corintios 12:12ss) e incluso en elementos simples como el pan y el vino. Tristemente, tenemos toda una parte del cristianismo que espera —e, incluso, ora por— una salida de la creación de Dios en desarrollo a través de algún tipo de Armagedón o Rapto. ¡Hablando de perder el punto! En general, las mentiras más efectivas son las más grandes.

El Misterio de Cristo, en evolución, que abarca todo el universo, en el que todos y todas participamos, es el tema de este libro. Jesús es un mapa para el nivel de vida personal y limitado al tiempo, y Cristo es el plano para todo tiempo y espacio y para la vida misma. Ambos revelan el patrón universal de autovaciado y llenado (Cristo), y de muerte y resurrección (Jesús), que es el proceso que hemos llamado "santidad", "salvación" o simplemente "crecimiento" en diferentes momentos de nuestra historia. Para los cristianos y cristianas, este patrón universal imita perfectamente la vida interna de la Trinidad en la teología cristiana,[4] que es nuestro modelo de cómo se despliega

---

4 Para un tratamiento más completo de esta noción, ver mi libro previo, *La Danza Divina* (New Kensington, PA: Whitaker House, 2017), que equivale a una precuela de esta obra.

la realidad desde que todas las cosas fueron creadas "a imagen y semejanza" de Dios (Génesis 1:26-27).

Para mí, una verdadera comprensión del Misterio de Cristo en su totalidad es la clave para la reforma fundamental de la religión cristiana, que nos moverá más allá de cualquier intento de cercar o capturar a Dios en nuestro grupo exclusivo. Como lo expresa de manera dramática y clara el Nuevo Testamento, "Antes de que el mundo fuera hecho, fuimos elegidos en Cristo [...], reclamados como propiedad de Dios, y elegidos desde los comienzos" (Efesios 1:3, 11), "para que así podamos reunir todas las cosas bajo la dirección de Cristo" (1:10). *Si todo esto es verdad, tenemos las bases teológicas para una religión muy natural que incluye a todos y a todas. El problema fue resuelto desde el principio.* ¡Quítate la cabeza cristiana, sacúdela con fuerza, y vuelve a colocarla!

Jesús, Cristo, y la comunidad amada

El filósofo y teólogo franciscano Juan Duns Scoto (1266-1308), a quien estudie por cuatro años, intenta explicar esta noción cósmica y primitiva cuando escribe que *"ante todo, Dios quiere que Cristo sea el* summum opus dei, *o la obra suprema más grande"*.[5] En otras palabras, la "primera idea" de Dios, y su prioridad, era lograr que la Divinidad fuera visible y compartible. El término usado en la Biblia para esta idea fue *Logos*, extraído de la filosofía griega, al que yo traduciría como "el plano" o el Modelo Primordial para la realidad. *Toda la creación* —no solo Jesús— es la comunidad amada, la compañera en la danza divina. Todo es el "hijo de Dios". Sin excepciones. Cuando lo piensas, ¿de qué otro modo podría ser? De alguna forma, todas las creaturas deben llevar el ADN divino de su Creador.

Desafortunadamente, la noción de fe que emergió del Occidente fue más *un asentimiento racional a la verdad de ciertas creencias mentales, en lugar de una confianza calma y esperanzadora en que Dios está inherentemente en todas las cosas, y en que todo esto se dirige hacia un buen lugar.* De forma previsible, enseguida separamos las creencias intelectuales (que tienden a

---

5 "Escotismo", *Encyclopedia of Theology*. Karl Rahner (ed.). Londres; Burns and Oates, 1975. 1584.

diferenciar y limitar) del amor y la esperanza (que unen y, por consiguiente, eternizan). Como dice Pablo en su gran himno al amor, "hay solo tres cosas que perduran: fe, esperanza y amor" (1 Corintios 13:13). Todo lo demás pasa.

Fe, esperanza, y amor son la propia naturaleza de Dios, y siendo esto así, la naturaleza de todo Ser.

Tal bondad no puede morir (que es a lo que nos referimos cuando decimos "cielo").

Cada una de estas Tres Grandes Virtudes siempre deben incluir a las otras dos para ser auténticas: el amor es siempre esperanzado y fiel, la esperanza siempre es amante y fiel, y la fe siempre es amante y esperanzada. Son la mismísima naturaleza de Dios y, por lo tanto, de todo Ser. En el cosmos, tal completud está personificada en Cristo; y en la historia humana, en Jesús. Así que Dios no solo es amor (1 Juan 4:16), sino también absoluta fidelidad y esperanza en sí mismas. Y la energía de esta fidelidad y esperanza fluye desde el Creador hacia todos los seres creados, produciendo todo crecimiento, sanación, y primaveral reverdecer.

Ninguna religión abarcará jamás las profundidades de tal fe.

Ninguna identidad étnica tiene el monopolio de tal esperanza.

Ninguna nacionalidad puede controlar o limitar este Fluir de amor universal.

Estos son los dones ubicuos del Misterio de Cristo, escondidos dentro de todo lo que alguna vez vivió, murió, y nuevamente vivirá.

Espero que esta visión se torne más clara. De cierto modo, es sentido común y es tan simple que resulta difícil de enseñar. En gran parte es cuestión de desaprender *y aprender a confiar en tu sentido común cristiano*, si me permites decirlo así. Cristo es una metáfora buena y simple para la plenitud absoluta, la encarnación absoluta, y para la integridad de la creación. Jesús es el arquetipo de ser humano, igual a nosotros (Hebreos 4:15), quien nos mostró cómo se vería el Humano Completo si pudiéramos vivir plenamente en él (Efesios 4:12-16). Francamente, *Jesús vino a mostrarnos más cómo ser humanos que cómo ser espirituales*, y el proceso parece seguir en sus primeros estadios.

Sin Jesús, la magnitud e importancia de nuestra profunda humanidad es demasiado buena como para que nuestras mentes ordinarias puedan tomar dimensión de ella. Sin embargo, cuando reincorporamos "Jesús" a "Cristo", podemos iniciar un Gran Imaginar y una Gran Obra.

2
ACEPTANDO QUE ERES TOTALMENTE ACEPTADO

Estoy haciendo nueva toda la creación... Se hará realidad...
¡Ya está hecho! Soy el Alfa y el Omega, soy el Principio y el Fin.
—Apocalipsis 21:5-6

Les aseguro que, antes de que Abraham naciera, YO SOY.
—Juan 8:58

En estas dos referencias bíblicas, ¿quién crees que está hablando? ¿Es Jesús de Nazaret o alguien más? Tendríamos que concluir que, quienquiera que sea, ofrece un arco grandioso y optimista para toda la historia, y no está hablando simplemente como el humilde carpintero de Galilea. "Soy tanto el Primero como el Último", dice la voz en Apocalipsis 22:14, describiendo una trayectoria coherente entre el principio y el fin de todas las cosas. La cita del Evangelio de Juan es aún más deslumbrante. Si Jesús era el único que estaba hablando —y llamándose a sí mismo "Dios" en medio del templo, emblema de Jerusalén—, ¡la gente que lo escuchaba hubiese tenido todos los motivos para apedrearlo!

Si bien no creo que dudara de su unión real con Dios, en general, no era normal que Jesús de Nazaret hiciera uso de las declaraciones divinas del "YO SOY", que se encuentran siete veces a lo largo del Evangelio de Juan. En los evangelios de Mateo, Marcos, y Lucas, casi siempre se llama a sí mismo "Hijo del hombre" o tan solo "hombre común", un total de ochenta y siete veces.[1] Pero en el Evangelio de Juan, fechado en algún año entre el 90 y el 110 A. D., la voz de Cristo da un paso adelante para llevar adelante casi toda la plática. Esto nos ayuda a encontrar el sentido en algunas de las declaraciones que

---

[1] Ver la investigación extensa de este término en *The Human Being: Jesus and the Enigma of the Son of Man* ["El Ser Humano: Jesús y el Enigma del Hijo del Hombre"] de Walter Wink (Minneapolis: Fortress Press, 2002).

parecen atípicas viniendo de la boca de Jesús, como "Yo soy el camino, la verdad, y la vida" (Juan 14:6) o "antes que Abraham fuese, Yo Soy" (Juan 8:58). Probablemente, Jesús de Nazaret no hubiese hablado así, pero si estas son las palabras del Cristo Eterno, entonces "Yo soy el camino, la verdad, y la vida" es una declaración muy precisa que no debería ofender ni amenazar a nadie. Después de todo, Jesús *no está hablando* de unir o de excluir a algún grupo; más bien, está describiendo *el "Camino" por el cual todas las personas y todas las religiones deben permitir que la materia y el Espíritu operen como uno.*

Una vez que veamos que es el Cristo Eterno quien habla en estos pasajes, las palabras de Jesús acerca de la naturaleza de Dios —y de aquellos creados a Su imagen— parecen estar llenas de una profunda esperanza y de una amplia visión de toda la creación. La historia no carece de rumbo, no es el mero producto de un movimiento aleatorio o una carrera hacia un final apocalíptico. Esta es una verdad buena y universal, y no depende de ningún grupo dueño de una "revelación divina" exclusiva. ¡Cuán diferente de la forma exclusivista que suele tomar la religión o de la noción anémica de salvación individual para unos pocos habitantes de un planeta sin importancia en un universo en expansión, cuya trama gira alrededor de un solo pecado cometido entre los ríos Tigris y Éufrates!

El salto de fe que los cristianos ortodoxos hicieron en los periodos más tempranos fue creer que esta presencia eterna de Cristo realmente estaba hablando a través de la persona de Jesús. Divinidad y humanidad deben ser capaces, de algún modo, de hablar como una, ya que si la unión de Dios y la humanidad es "verdadera" en Jesús, existe la esperanza de que también pueda ser verdadera en todos nosotros. Esa es la gran contribución de que Jesús también hable como el Cristo Eternal. En efecto, él es "el pionero y perfeccionador de nuestra fe", como lo expresa Hebreos 12:2, que modela de una manera más bien perfecta el viaje humano.

Para resumir, porque sé que esto es un gran cambio de perspectiva para la mayoría:

Toda la narrativa cristiana nos dice que Jesús murió y que Cristo "se levantó" —sí, aún como Jesús, pero ahora también como *la Personalidad Colectiva que incluye y revela toda la creación en su propósito y objetivo completos*. O, como escribió San Atanasio, "el Padre de la Ortodoxia" (298-373), cuando la iglesia tenía un sentido de sí misma más social, histórico y revolucionario: "*Dios fue consistente en trabajar a través de un hombre para revelarse en todos lados, como también lo hizo a través de las otras partes de Su Creación, para que nada sea privado de su Divinidad y autoconocimiento [...], de modo que 'todo el universo sea lleno del conocimiento del Señor así como las aguas llenan el mar'*".[2] ¡Todo este libro podría ser considerado tan solo una nota al pie de página para las palabras de Atanasio!

La iglesia oriental tiene una palabra sagrada para este proceso que nosotros en el oeste llamamos "encarnación" o "salvación". Ellos lo llaman "divinización" (*teosis*). Si te resulta provocativo, ten en cuenta que solo se basan en lo que dice el autor de 2 Pedro 1:4: "Él nos ha dado algo muy grande y maravilloso... ¡son *capaces de compartir su naturaleza divina!*". Este es el núcleo de las buenas noticias y único mensaje transformador del cristianismo.

La mayoría de los católicos y protestantes todavía piensan la encarnación como un evento único y de una sola persona, relacionado únicamente a Jesús de Nazaret, en lugar de verlo como un evento cósmico que, desde el principio, ha empapado toda la historia con la Presencia Divina. Por lo tanto, esto implica:

- Que Dios no es un anciano en un trono. Dios es la Relación en sí misma, un dinamismo de Infinito Amor entre la Diversidad Divina, como lo demuestra la doctrina de la Trinidad. (Nota que Génesis 1:26-27 usa dos pronombres en plural para describir al Creador, "*creemos* a *nuestra* imagen".)
- Que el amor infinito de Dios siempre incluyó a todo lo creado por Él desde el principio (Efesios 1:3-14). La conexión es inherente y absoluta. La Torá lo llama "pacto de amor", un acuerdo incondicional, ofrecido y consumado por Dios (incluso cuando no lo correspondamos).
- Que, por lo tanto, todas las criaturas contienen el "ADN" Divino del Creador. ¡Lo que llamamos el "alma" de cada

---

2 Atanasio, *De Incarnattione Verbi*, 45.

criatura podría verse fácilmente como el *autoconocimiento de Dios* en esa criatura! Sabe quién es y crece en esa identidad, al igual que una semilla o un huevo. De este modo, la salvación podría ser mejor llamada *"restauración"*, en lugar de la *agenda retributiva* que se nos ofreció a la mayoría. Algo así solo merece ser llamado "justicia divina".

• Que mientras mantengamos a Dios encarcelado en un marco retributivo en lugar de concebirlo en un marco restaurativo, realmente no tenemos buenas noticias sustanciales; no son ni buenas ni nuevas, sino la misma y vieja narrativa histórica. Rebajamos a Dios a nuestro nivel.

¡En su núcleo esencial, la fe es *aceptar que eres aceptado o aceptada*! No podemos conocernos profundamente sin también conocer a Aquel que nos hizo, y no podemos aceptarnos completamente sin aceptar la radical admisión de Dios de cada una de nuestras partes. Y la imposible aceptación que Dios hace de nosotros es más fácil de comprender si la reconocemos primero en la unidad perfecta del Jesús humano con el Cristo Divino. Comienza con Jesús, luego sigue contigo, y finalmente expándelo a todo lo demás. Como dice Juan, "de esta plenitud (*pleroma*) todos hemos recibido gracia sobre gracia" (1:16), o incluso *"gracia que responde a la gracia con gracia"* podría ser una traducción aún más precisa. Para dar con la gracia, de alguna manera debes empezar con gracia, y luego solo hay gracia durante todo el camino hasta el final. O como alguien dijo en estos simples términos: "Cómo llegas es adonde llegas".

No es lo mismo ver que reconocer

El mensaje central de la encarnación de Dios en Jesús es que la Presencia Divina está aquí, en nosotros y en toda la creación, y no solo "por ahí" en algún territorio lejano. Los primeros cristianos y cristianas llegaron a llamar a esta Presencia aparentemente nueva y accesible "tanto Señor como Cristo" (Hechos 2:36), y Jesús se convirtió en la gran marquesina que anunció el mensaje de Dios de una manera personal a lo largo de las rápidas carreteras de la historia. Dios necesitaba algo, o a alguien, para enfocar nuestra atención. Jesús cumple bastante bien ese rol.

Lee 1 Corintios 15:4-8, donde Pablo describe cómo Cristo se les apareció en repetidas ocasiones a sus apóstoles y seguidoras luego de la muerte de Jesús. Los cuatro Evangelios hacen lo mismo, describen la forma en la que el Cristo Resucitado trasciende puertas, paredes, espacios, etnias, religiones, agua, aire, tiempos, comida, a veces incluso bilocándose, pero siempre interactuando con la materia. Si bien todos estos relatos le atribuyen un tipo de presencia física a Cristo, siempre parece ser una forma diferente de encarnación. O, como dice Marcos justo al final de su Evangelio, "se mostró, pero bajo otra forma" (16:12). Este es un nuevo tipo de presencia, un nuevo tipo de encarnación y un nuevo tipo de piedad.

Creo que esta es la razón por la que las personas que atestiguaron estas apariciones de Cristo terminaron por *reconocerlo*, pero no de inmediato. *Ver y reconocer no es lo mismo.* ¿Y no es así como sucede en nuestras vidas? Primero vemos la llama de una vela, un momento después, "arde" para nosotros cuando le permitimos tener un significado o mensaje personal. Vemos a un hombre sin casa, y en el momento en que permitimos que nuestro corazón se abra a él, se vuelve humano, querido, o incluso Cristo. Cada historia de resurrección parece afirmar fuertemente una presencia ambigua —sin embargo, certera— en entornos muy comunes, como una caminata con un extraño por el camino a Emaús, al asar un pescado en la playa, o lo que a Magdalena le pareció que era un jardinero.[3] Estos momentos de la Escritura establecen un escenario de expectativa y deseo de que la presencia de Dios pueda ser vista en lo ordinario y material, y no tenemos que esperar apariciones sobrenaturales. Nosotros, los católicos y católicas, llamamos a esto una teología *"sacramental"*, donde lo visible y lo tangible son la puerta principal a lo invisible. Es por esto que cada uno de los sacramentos formales de la iglesia insiste en un elemento material como agua, aceite, pan, vino, la imposición de manos o la fisicidad absoluta del matrimonio.

---

[3] El *Diamante Inmortal* de Richard Rohr, xxi-xxii, (San Francisco: Jossey-Bass, 2013) y el "mosaico" de metáforas en el Apéndice B.

Para la época en que Pablo escribió estas cartas a Colosas (1:15-20) y Éfeso (1:3-14), unos veinte años después de la era de Jesús, él ya había conectado al único cuerpo de Jesús con el resto de la especie humana (1 Corintios 12:12ss.), con los elementos individuales simbolizados por el pan y el vino (1 Corintios 11:17ss), y con todo el Cristo de la historia cósmica y la naturaleza misma (Romanos 8:18ss). Luego, esta conexión es articulada en el prólogo del Evangelio de Juan, cuando el autor dice: "En el principio era el Logos, y el Logos era con Dios, y el Logos era Dios. Él estaba con Dios en el principio. Todas las cosas se hicieron realidad a través de él, *sin él nada de lo creado llegó a existir*. Lo que fue hecho realidad en él fue la vida, y la vida era la luz de los hombres" (Juan 1:14), todo cimentado en el Logos que se hace carne (1:14). Los primeros Padres orientales sacaron mucho provecho de esta noción universal y colectiva de la salvación, tanto en el arte como en la teología, pero en el Oeste no fue tan así.

El principio sacramental es este: *comienza con un momento concreto de encuentro, basado en este mundo físico, y el alma universaliza desde ahí; así, lo que es verdad aquí se vuelve verdad en todos lados.* ¡Y así, este viaje espiritual prosigue en círculos de inclusión cada vez más grandes en el Único Misterio Sagrado! Pero siempre comienza con lo que muchos, sabiamente, llaman "el escándalo de lo particular". Es allí donde debemos rendirnos, aunque el objeto en sí parezca menos que indigno de nuestro asombro, confianza o entrega.[4]

Luz e Iluminación

¿Alguna vez notaste que la expresión "la luz del mundo" se usa para describir a Cristo (Juan 8:12), pero que Jesús también aplica la misma frase para nosotros y nosotras? (Mateo 5:14, "Ustedes son la luz del mundo"). Pocos predicadores me lo han hecho ver alguna vez.

Aparentemente, la luz no es tanto algo que ves directamente, sino *algo por lo cual ves todas las demás cosas*. En otras palabras, tenemos fe *en* Cristo para poder tener la fe *de* Cristo. Esta es la meta. Cristo y Jesús parecen estar

---
[4] Richard Rohr, *Just this* ["Simplemente esto"], 7 (Centro para la Acción y la Contemplación, 2018) "Awe and Surrendering to it" ["Asombrándote y Entregándote a ello"], 2018.

muy contentos de servirnos como conductos, en lugar de como conclusiones comprobables (si este fuese el caso, ¡la Encarnación habría sucedido después de la invención de la cámara y de la videograbadora!). Necesitamos mirar a Jesús hasta que podamos ver el mundo con su mirada. El mundo ya no confía en los cristianos y cristianas que "aman a Jesús" pero no parecen amar nada más.

En Jesucristo, la propia cosmovisión de Dios, profunda, inclusiva y amplia, se pone a nuestra disposición.

Ese podría ser el todo de los Evangelios. Tienes que confiar en el mensajero antes de poder confiar en el mensaje, y esa parece ser la estrategia de Jesucristo. Con demasiada frecuencia sustituimos al mensajero por el mensaje. Como resultado, pasamos mucho tiempo adorando al mensajero y tratando de hacer que otras personas hagan lo mismo. Muy a menudo, esta obsesión se convirtió en un sustituto piadoso para no *seguir* lo que realmente enseñó (y eso que Jesús nos pidió varias veces que lo siguiéramos, y ni una sola vez que lo adoráramos).

Si le prestas atención al texto, verás que Juan ofrece una noción muy evolucionista del mensaje de Cristo. Nota el verbo activo que usa: "La verdadera luz que ilumina a cada persona *estaba viniendo* (*erxomenon*) al mundo" (1:9). En otras palabras, no estamos hablando de un Big Bang único en la naturaleza o de una encarnación única de Jesús, sino de un movimiento continuo y progresivo que continúa en constante desarrollo en la creación. La encarnación no ocurrió solo hace dos mil años. Ha estado trabajando a lo largo de todo el arco temporal, y continuará. Esto se expresa en la frase común "la Segunda Venida de Cristo", que desafortunadamente se leyó como una amenaza ("¡Espera a que tu papá llegue a casa!"), cuando debería ser pronunciada con más precisión como la "Venida Eterna de Cristo", que es todo menos una amenaza. De hecho, *es una promesa continua de resurrección eterna.*

Cristo es la luz que les permite a las personas ver las cosas en su plenitud. El efecto preciso e intencionado de tal luz es ver a Cristo en todo lugar. De hecho, esa es mi única definición de un cristiano o cristiana verdaderos. *Un cristiano maduro o una cristiana madura ve a Cristo en todas las cosas y en todas las personas*. Esa es una definición que nunca te fallará, siempre demandará más de ti, y no te dará ninguna razón para pelear, excluir, o rechazar a nadie.

¿No es irónico? El sentido de la vida cristiana no es distinguirse de quienes no creen, sino solidarizarse radicalmente con todos, todas y todo lo demás. Este es el efecto completo, final e intencional de la Encarnación —simbolizado por su carácter definitivo en la cruz, *que es el gran acto de solidaridad de Dios, en lugar del juicio*. Sin dudas, Jesús ejemplificó perfectamente esta visión, y así la transmitió al resto de la historia. Así es como debemos imitar a Cristo, el buen hombre judío que vio y despertó lo divino en los gentiles, ya sea en la mujer sirofenicia o en los centuriones romanos que lo siguieron; en los recaudadores de impuestos judíos que colaboraban con el imperio; en los fanáticos y fanáticas que se le opusieron; en pecadores de todo tipo; en eunucos, astrólogos paganos, y en todos aquellos y aquellas "fuera de la ley". Jesús no tuvo ningún problema en absoluto con la *otredad*. De hecho, estas "ovejas perdidas" se enteraron de que no estaban para nada perdidas en él, y tendieron a convertirse en sus mejores seguidoras.

Los humanos fueron diseñados para amar a las personas más que a los principios, y Jesús ejemplifico completamente este modelo. Sin embargo, parece que mucha gente prefiere amar principios —como si realmente fuera posible algo así. Como Moisés, cada uno de nosotros y nosotras necesitamos conocer a nuestro Dios "cara a cara" (Éxodo 33:11, Números 12:8). Nota que Jesús dijo: "¡Dios no es un Dios de los muertos, sino de los vivos, *puesto que para él todas las personas están vivas!*" (Lucas 20:39). En mi opinión, la vitalidad de Jesús hizo mucho más fácil que las personas confiaran en su propia vitalidad y así se relacionaran con Dios, porque *lo semejante atrae a lo semejante*. Algunos lo llaman *resonancia mórfica*. C. S. Lewis, al darle a uno de sus libros el grandioso título *Mientras no tengamos rostro*, estableció el mismo argumento evolutivo.

A decir verdad, la iglesia santa, católica e *indivisa* ya no existe desde hace mil años, con muchos resultados trágicos. Estamos listos para reclamarla nuevamente, pero esta vez debemos concentrarnos en incluir —como Jesús claramente hizo— en lugar de excluir —algo que él nunca hizo. Las únicas personas que Jesús pareció excluir fueron precisamente aquellas que se negaron a reconocer que eran pecadores y pecadoras ordinarios como cualquiera. *Lo único que él excluyó fue a la propia exclusión.* Examíname en ese punto y quizás compruebes que tengo razón.

Piensa en el significado de todo esto, en relación con todo lo que sentimos y pensamos acerca de Dios. Después de la encarnación de Jesús, podríamos imaginar más fácilmente a un Dios que da y recibe, un Dios relacional, un Dios perdonador. Otras revelaciones de Cristo similares al efecto de una luz estroboscópica, que Bruno Barnhart llama "Cristo Quanta",[5] ya fueron vistas y honradas en las deidades de las religiones nativas, el Atman del hinduismo, las enseñanzas del budismo, y los profetas judíos. Los cristianos y cristianas tuvieron un muy buen modelo y mensajero en Jesús, sin embargo, muchas personas foráneas acudieron más fácilmente al "banquete", como Jesús muestra que suele suceder a través de las parábolas del banquete rechazado y del banquete resistido (Mateo 22:1-10, Lucas 14:7-24), donde "el salón de bodas estaba lleno de invitados, tanto buenos como malos por igual" (Mateo 22:10). ¿Qué debemos hacer con tal irresponsabilidad divina, tal generosidad interminable, tal reticencia de Dios para construir muros, defender lo propio o crear límites innecesarios?

Debemos ser honestos y humildes con esto: muchas personas con otras creencias, como maestros sufíes, profetas judíos, muchos filósofos o hindúes místicos han vivido a la luz del encuentro Divino mejor que muchos cristianos y cristianas. ¿Y por qué un Dios digno del nombre Dios no se preocuparía por *todos* sus niños? (Lee Sabiduría 11:23-12:2 para una maravilla de la Escritura al respecto). ¿Dios realmente tiene favoritos entre sus hijos e hijas? ¿Qué clase de familia tan infeliz crearía (y, de hecho, *ha* creado)? Nuestra total y celebrada inclusión de las escrituras judías en el canon cristiano debería haber servido como una declaración estructural y definitiva acerca del movimiento cristiano hacia la inclusión radical. ¿Cómo nos lo perdimos? Ninguna otra religión ha hecho algo similar.

Recuerden lo que dijo Dios a Moisés: "Yo SOY Quien SOY" (Éxodo 3:14). *Claramente, Dios no está atado a un nombre,* ni parece querer que nosotros

---

5 Bruno Barnhart, *Second Simplicity* (Mahwah, NJ, Paulist, 1999), Parte II, Capítulo 7.

atemos la Divinidad a ningún nombre. Esta es la razón por la que, en el judaísmo, la declaración de Dios a Moisés se convirtió en el Dios inefable e innombrable. Algunos dirían que, literalmente, el nombre de Dios no puede ser "pronunciado".[6] ¡Algo muy sabio, y más necesario de lo que creímos! Esta tradición por sí misma debería motivarnos a practicar una profunda humildad con respecto a Dios, que no nos dio un nombre, sino su *pura presencia* —ningún poder que nos permita creer que "sabemos" quién es Dios ni tenerlo o tenerla como nuestra posesión privada.

El Cristo siempre es demasiado para nosotros y nosotras, más grande que cualquier época, cultura, imperio, o religión. Su inclusión radical es una amenaza para cualquier estructura de poder y cualquier forma de pensamiento arrogante. Por sí solo, en estos primeros dos mil años Jesús ha estado limitado por la evolución de la conciencia humana y mantenido cautivo por la cultura, el nacionalismo, y el propio cautiverio cultural del cristianismo a una visión del mundo blanca, burguesa y eurocéntrica. Hasta ahora, no le hemos dado un muy buen curso a la historia, porque "había uno entre nosotros que no reconocimos", "uno que vino después de mí, porque él existió antes que yo" (Juan 1:26, 30). Él vino con un tono de piel intermedio, de la clase baja, en un cuerpo masculino con alma femenina, de una religión a menudo odiada, y vivió en el umbral entre el Este y el Oeste. Nadie lo posee, y nunca nadie lo hará.

Amando a Jesús, amando a Cristo

Ser amado o amada por Jesús aumenta la capacidad de nuestro *corazón*. Ser amado o amada por el Cristo aumenta nuestra capacidad *mental*. En mi opinión, necesitamos a ambos, a un Jesús y a un Cristo, para obtener el panorama completo. Un Dios verdaderamente transformador —tanto para las personas como para la historia— necesita ser experimentado en lo personal y en lo universal. Nada menos que eso funcionará del todo. Si el Jesús demasiado personal (incluso sentimental) demostró tener limitaciones y problemas severos, es porque este Jesús no era también universal. Se volvió

---

[6] De hecho, el santo nombre YHWH se *respira* más apropiadamente en lugar de ser dicho, y todos respiramos de la misma forma.

agradable y perdimos lo cósmico. La historia muestra claramente que adorar a Jesús sin adorar a Cristo se convierte invariablemente en una religión ligada al tiempo y a la cultura, a menudo étnica, o incluso implícitamente racista, que excluye a gran parte de la humanidad del abrazo de Dios.

A pesar de esto, creo completamente que *nunca hubo ni una sola alma que no haya sido poseída por el Cristo, incluso en las épocas donde Jesús no estaba*. ¿Por qué querrías que tu religión o tu Dios fueran más pequeños que eso?

Espero que tú, que te has sentido enojada, lastimado o excluida por el mensaje de Jesús o de Cristo tal como lo escuchaste, en este momento sientas una apertura —una afirmación, una bienvenida que quizás has estado desesperado o desesperada por escuchar.

¿Te ayuda esta visión de Jesús el Cristo a ti, que has anhelado creer en Dios o en un mundo divinizado, pero que nunca pudiste "creer" de la forma típica en la que se practica la fe? *Si te ayuda a amar y te da esperanza, entonces es la verdadera religión de Cristo.* ¡Ningún grupo circunscrito puede reclamar ese título!

Tú, que has amado a Jesús, tal vez con gran pasión y celo, ¿reconoces que cualquier Dios digno de tal nombre debe trascender credos, denominaciones, tiempo y lugar, naciones y etnicidades, y todos los caprichos de género, y que debe extenderse hasta los límites de todo lo que podemos ver, sufrir y disfrutar? *No eres tu género, tu nacionalidad, tu etnicidad, tu color de piel ni tu clase social.* ¿Por qué, por favor, quiero entenderlo, los cristianos permiten que estos trajes temporales, o lo que Thomas Merton llamó el "falso yo", aparenten ser el *yo* sustancial, que siempre está "escondido con Cristo en Dios" (Colosenses 3:3)? Parece que realmente no conocemos nuestro propio Evangelio.

Eres un hijo, una hija de Dios, y siempre lo serás, incluso cuando no lo creas.

Este es el porqué y el cómo Carryll Houselander pudo ver a Cristo en los rostros de aquellos perfectos extraños. Es por eso que puedo ver a Cristo en mi perra, en el cielo, y en todas las criaturas, y es por eso que tú, quienquiera que seas, puedes experimentar el cuidado puro de Dios en tu jardín o en tu cocina, en tu esposo o esposa, en un escarabajo común, en un pez en el océano más oscuro que algún ojo humano pueda observar, e incluso en aquellas personas que no te quieren, y en las que *no son como tú*.

Esta es la luz reveladora que alcanza todas las cosas y nos permite verlas en su totalidad. Cuando Cristo se llama a sí mismo "la luz del mundo" (Juan 8:12), no nos está diciendo que lo miremos solo a él, sino que contemplemos la vida con sus ojos *todomisericordiosos*. Lo miramos a él para poder ver *como él*, con su misma compasión infinita.

Cuando tu "yo" aislado se convierta en un "nosotros" conectado, significará que te has movido de Jesús a Cristo. Ya no tenemos que cargar el peso de ser un "yo" perfecto porque somos salvos "en Cristo", y *como* Cristo. O, como decimos tan rápida como correctamente al final de nuestras oraciones oficiales: "*Por* Cristo, nuestro Señor, amén".

3
REVELADO EN NOSOTROS, *COMO* NOSOTROS

Apartarse de todo para mirar un rostro es hallarse cara a cara
con el todo.
—Elizabeth Bowen, *El fragor del día.*

Si has pasado tiempo en la iglesia, probablemente hayas escuchado la historia de conversión de Saulo, como se relata en el libro de Hechos. En realidad, aparece tres veces a lo largo del libro (9:1-19, 22:5-16, 26:12-18), para asegurarse de que no nos perdamos lo crucial de la noticia.

Durante años, Saulo había perseguido sin piedad a quienes seguían el camino de Jesús. Iba camino a Damasco a realizar justamente eso cuando, de pronto, fue golpeado y cegado por lo que el texto expresa como una "luz". Después, desde esa luz, oyó una voz que le dijo: "Saulo, Saulo, ¿Por qué *me* persigues?".

Saulo respondió: "¿Quién eres?".

Y la respuesta fue: "Yo soy Jesús, y *me* estás persiguiendo".

El significado profundo y permanente del encuentro de Saulo es que él escucha hablar a Jesús como si existiese una equivalencia moral entre Jesús y las personas a las que Saulo está persiguiendo. ¡En dos ocasiones, esta voz se identifica con la *gente* utilizando el pronombre "me". Desde ese día en adelante, esta asombrosa inversión de perspectiva se convirtió en la fundación de la cosmovisión evolutiva de Pablo y su descubrimiento emocionante "del Cristo". Este despertar fundamental movió a Saulo desde su religión judía que tanto amaba, y a la que estaba vinculado étnicamente, hacia una visión universal de la religión, a tal punto que cambió su nombre hebreo a la forma latina, Pablo. Luego, se llamó a sí mismo "apóstol" y "sirviente" de las mismas personas a las que alguna vez despreció como "paganos", "gentiles", o "las naciones" (Efesios 3:1, Romanos 11:13).

Pablo, o tal vez un estudiante bajo su entrenamiento, dice que se le "dio el conocimiento de un misterio" (Efesios 3:2) que revelaba "cuan realmente comprensiva es la sabiduría de Dios, según un plan eterno" (3:10). Describe la experiencia como si una costra se le hubiese caído de los ojos, de modo que ahora "podía ver de nuevo" (Hechos 9:18).

En la historia de Pablo encontramos el patrón espiritual arquetípico en el que las personas pasan *de lo que pensaban que siempre supieron a lo que ahora reconocen plenamente*. El patrón se revela antes, en la Torá, cuando Jacob "despierta de su sueño" en la piedra de Betel y dice, en efecto, "¡Lo encontré, sin embargo estuvo aquí todo el tiempo! Esta es la mismísima puerta del cielo" (Génesis 28:16).

Durante el resto de su vida, Pablo se obsesionó con este "Cristo". Aunque decir que se "obsesionó" no es suficiente. En sus cartas, es extraño —si es que alguna vez lo hizo— que Pablo cite directamente a Jesús. En cambio, escribe desde un lugar de comunicación confiada con la Divina Presencia que lo cegó en el camino. La motivación de la misión de Pablo fue "*demostrar que Jesús era el Cristo*" (Hechos 9:22b), ¡que es la razón por la cual nos llamamos "cristianos" o "cristianas" hasta hoy, y no "jesuitas"!

Al describir el encuentro en su carta a los gálatas, Pablo redacta una línea muy reveladora. No dice "Dios me reveló su Hijo *a mí*", como podría esperarse. En su lugar, dice: "Dios reveló a su Hijo *en mí*" (Gálatas 1:16). Este grado profundo de confianza, introspección, conocimiento y seguridad en sí mismo era bastante inusual en aquel tiempo. De hecho, difícilmente veremos algo similar hasta las *Confesiones* de Agustín, escritas alrededor del 400 A. D., donde el autor describe la vida interna con un interés y precisión similar. En mi opinión, esta es la razón por la que no se hizo mucho con Pablo en los primeros quinientos años del cristianismo —era muy íntimo y psicológico, y la civilización aún era demasiado extravertida y literal. A excepción del extraño caso de Agustín, y muchos de los místicos y ermitaños católicos, se necesitó una educación más generalizada y la disponibilidad de la palabra escrita en el siglo XVI para llevarnos hacia un cristianismo más interno e introspectivo, tanto para bien como para mal.[1]

---

1 Krister Stendahl, "The Apostle Paul and the Instrospective Conscience of the West" [El apóstol Pablo y la conciencia introspectiva del Occidente], *Harvard Theological*

Después de que la ceguera de su alma desapareció, Pablo reconoció su verdadera identidad como un "instrumento escogido" de Cristo, a cuyos seguidores solía perseguir (Hechos 9:15). En un movimiento que podría haber parecido presuntuoso, se presenta como uno de los doce apóstoles, e incluso se atreve a enfrentarse *tanto a* los líderes judíos de su época *como* a los líderes del nuevo movimiento cristiano (Gálatas 2:11-14, Hechos 15:1-11), a pesar de no tener un rol oficial o legitimidad en ninguno de los dos grupos. Hasta donde yo sé, tal auto-ordenación —no por linaje o nombramiento, sino por validación divina— no tiene precedentes en ninguna de estas tradiciones sagradas, excepto por los pocos que fueron llamados "profetas" o "elegidos". O Pablo era un narcisista total o realmente había sido "elegido". Este es el rol inherentemente voluble e incluso peligroso de los verdaderos profetas. Por definición, no representan al sistema, sino que obtienen su autoridad para criticar al sistema directamente de la Fuente (aunque los verdaderos profetas son algo extraños, y Pablo nunca se aplica esta palabra a sí mismo).

Pero notemos el criterio principal de Pablo para la fe auténtica, que es bastante extraordinario: *"Examínense para asegurarse de que están en la fe. Pruébense. ¿Reconocen que Jesucristo está realmente en ustedes? Si no, han fallado la prueba"* (2 Corintios 13:5-6). ¡Tan simple que da miedo! El encarnacionismo radical de Pablo establece un estándar para todos los santos, místicos y profetas cristianos posteriores. Sabía que el Cristo, antes que nada, debía ser reconocido *por dentro*, antes de poder ser reconocido *por fuera* como Señor y Maestro (¡Perdona los significantes masculinos, pero la oración era demasiado importante para complicarse en calificaciones!). Dios debe revelarse *en ti* antes de revelarse completamente *a ti*. Otra vez, resonancia mórfica.

Es importante recordar que Pablo, al igual que nosotros y nosotras, nunca conoció a Jesús en carne y hueso. Como él, solo conocemos al Cristo a través de observar y honrar la profundidad de nuestra propia experiencia humana. *Cuando puedes honrar y recibir tu propio momento de tristeza o*

Review, n. 3 (1963), 199-215. Considero que este trabajo académico es la clave para entender la manera en que en los últimos quinientos años malentendimos e individualizamos en gran medida el mensaje de Pablo. N. T. Wright llevará este argumento incluso más lejos en su maravilloso y monumental estudio de Pablo.

plenitud como una participación generosa en la eterna tristeza o plenitud de Dios, estás comenzando a reconocerte como miembro participante de este Cuerpo universal. Te estás moviendo del Yo al Nosotros.

Así, Pablo nos muestra que también podemos conocer la presencia infinitamente disponible de Cristo a través de nuestro *diálogo mental interno*, o las leyes naturales que están "grabadas en nuestros corazones". De manera más bien audaz, declara que incluso los llamados paganos, "que no poseen la ley [...], se puede decir que *son* la ley" (ver Romanos 2:14-15). Seguramente, esta es la razón por la que les habló a los atenienses instruidos del *"Dios Desconocido [...] a quien ya adoran sin saberlo"* (Hechos 17:23). Probablemente, Pablo heredó esta idea del profeta Jeremías, quien se atrevió a ofrecer "un nuevo pacto" (31:31) al pueblo de Dios. Pero esta idea permaneció sin demasiado desarrollo hasta el siglo pasado, cuando los teólogos morales buscaron una *ley natural* (y ahora, con el papa Francisco y su comprensión profunda de la consciencia individual, aún resulta chocante para mucha gente).

Pero Pablo solo llevó el encarnacionismo a sus conclusiones universales y lógicas. Lo vemos en la osada exclamación "Hay un solo Cristo. Él es todo y él está en todo" (Colosenses 3:11). Si yo escribiera eso hoy, la gente me llamaría panteísta (el universo es Dios), cuando en realidad soy pan*en*teísta (Dios reside dentro de todas las cosas, pero también las trasciende), exactamente como Jesús y como Pablo.

En Cristo

Pablo resume su entendimiento colectivo de la salvación con su breve frase *"en Cristo"*, que usa más que cualquier otra en todas sus cartas: un total de 164 veces. *En Cristo* parece la palabra clave para *la experiencia de salvación misericordiosa y participativa* de Pablo, el camino que tan urgentemente quería compartir con el mundo. Puesto de manera sucinta, esta identidad significa que *la humanidad nunca estuvo separada de Dios* —a menos que y con la excepción de que sea por decisión propia. Todos nosotros y nosotras, sin excepción, vivimos dentro de una identidad cósmica, ya en marcha, que nos conduce y guía hacia delante. Todos y todas estamos *en Cristo*, de manera intencional o no, felices o infelices, seamos consciente o no de ello.

Pareciera que Pablo entendía *que la solitaria individualidad era demasiado pequeña, insegura y efímera para soportar el "peso de la gloria" o "la carga del pecado".* Solo la totalidad podía acarrear tal misterio cósmico de constante pérdida y renovación. El conocimiento de Pablo del "en Cristo" le permitió darle a la historia universal de Dios un nombre, un enfoque, un amor, y una determinada dirección victoriosa para que las generaciones por venir pudieran sumarse confiadas a este viaje cósmico y colectivo.

Espero que puedas aprender y disfrutar del significado completo de esa breve y maravillosa frase, porque es crucial para el futuro de la cristiandad, todavía está atrapada en una noción altamente individualista de la salvación que no luce en absoluto como tal. Todos y todas, sin excepción, vivimos dentro de una identidad en común, ya puesta en marcha, que nos conduce y guía hacia delante. Pablo llama a esta identidad Divina más grande el "misterio de su propósito, el plan oculto que él hizo tan amablemente *en Cristo* desde los comienzos" (Efesios 1:9), Hoy, tal vez, podríamos llamarlo el "inconsciente colectivo".

Cada criatura —la madre adolescente que cuida a su hijo, cada una de las veinte mil especies de mariposas, un inmigrante que vive con miedo, un puñado de pasto, tú, que lees este libro—, todos y todas estamos "en Cristo" y somos "elegidos desde el principio" (Efesios 1:3, 9). ¿Qué otra cosa podríamos ser? *Para Pablo, la salvación es un mensaje ontológico y cosmológico (que es sólido) y nunca moral o psicológico (que siempre es inestable). Si puedes,* haz una pausa y piensa seriamente en eso.

¿Alguna vez notaste que, en el Evangelio de Marcos, Jesús les dice a los discípulos que proclamen las buenas noticias de Dios a "toda la creación" o "a toda criatura" y no tan solo a los humanos (16:15)? Pablo afirma que ha hecho esto mismo cuando dice "Nunca te alejes de la esperanza prometida por las buenas nuevas, que *han sido predicadas a todas las criaturas bajo el cielo*, y de las cuales yo Pablo me he convertido en servidor" (Colosenses 1:23). ¿Realmente habló y convenció a "toda criatura bajo el cielo" en su corto tiempo de vida? Seguramente no, pero sabía que había anunciado al mundo el fundamento filosófico más profundo al decir que todo estaba *en*

Cristo —y, de manera osada, creía que esta verdad eventualmente se mantendría y triunfaría.

Nunca he estado separado de Dios, ni puedo estarlo, excepto en mi mente. ¡Me encantaría que incorporaras esto a la conciencia amorosa! De hecho, ¿por qué no dejas de leer y solo respiras, y dejas que se hunda y actúe en ti? Es crucial lo incorpores a nivel experiencial y celular que, de hecho, es una forma verdadera de conocimiento, tanto como el conocimiento racional. Su característica principal es que es una forma de conocimiento no dual y, por lo tanto, de final abierto, que no concluye tan rápida y definitivamente como el pensamiento dualista.[2]

Lamentablemente, los cristianos y cristianas no han protegido esta conciencia radical de la unidad con lo divino. La brillante comprensión de Pablo de un Cristo Colectivo, y por lo tanto nuestra identidad cósmica, se perdió rápidamente cuando los primeros cristianos se enfocaron cada vez más únicamente en Jesús, e incluso *separado del* Flujo Eterno de la Trinidad, algo que, a fin de cuentas, es teológicamente impracticable.[3] Cristo siempre mantiene a Jesús dentro de la Trinidad; no es una simple adición posterior o algún tipo de encarnación arbitraria. El trinitarismo sitúa a Dios como la *Relación misma* desde el principio, y no como un simple monarca.

A fin de legitimar nuestra nueva religión en el Imperio romano, los cristianos sentimos que era necesario probar que Jesús era divino por su cuenta. Después del Concilio de Nicea (325), se dijo que Jesús era independientemente "consustancial" con Dios, y luego del Concilio de Calcedonia (451), la iglesia acordó una definición filosófica de la humanidad y la divinidad de Jesús como hechas una en él. Todo es cierto, pero tal unidad permaneció en gran medida como una teoría académica distante, porque no extrajimos sus maravillosas implicaciones prácticas. Como regla, estuvimos más interesados en la superioridad de nuestro propio pueblo, grupo, o nación que en la totalidad de la creación. Nuestra visión de la realidad era en gran medida imperial, patriarcal y dualista. Las cosas fueron vistas como a nuestro favor o en nuestra contra, y fuimos ganadores o perdedores, totalmente buenos o to-

---

[2] Rohr, *The Naked Now*, y *Just This* (cac.org, 2017), un libro de breves indicaciones y prácticas espirituales. Ambos desarrollan esta idea clave.
[3] Rohr, *The Divine Dance*.

talmente malos. Hasta hoy, ese "yo" tan pequeño y su salvación personal han permanecido como nuestra más abrumadora preocupación. Seguramente, así es como nuestra religión se volvió tan centrada en la obediencia y la conformidad, en lugar de poner su foco en el amor en un sentido práctico o expansivo. Sin una Historia Grande y Compartida, nos retiramos a lo privado del individualismo por un poco de cordura y seguridad.

Tal vez, el primer ejemplo de nuestra falta de atención al Misterio de Cristo puede ser visto en la forma en que continuamos contaminando y devastando al planeta tierra, el mismo lugar en el que vivimos. ¡La ciencia parece amar y respetar lo físico más que la mayoría de las religiones! No es de extrañar que, en el presente, *la ciencia y los negocios se hayan posicionado como las fuentes principales de sentido* para la gran mayoría de las personas (incluso para muchas de las que aún van a la iglesia). Me temo que los cristianos y las cristianas no tomamos este mundo en serio porque la noción de Dios o de salvación no incluyó u honró al universo físico. Y me temo que, ahora, es el mundo el que no nos toma en serio.

La esperanza no puede ser sostenida por lo individual si en lo colectivo solo hay desesperanza.

Es difícil sanar individuos cuando todo lo demás es considerado incurable.

Todavía intentamos escapar de este remolino remando ¡con un remo muy pequeño! Solo con una noción del Cristo Preexistente podemos recuperar "de dónde viene" este Jesús *y hacia dónde nos conduce* —que es precisamente hacia "el seno de la Trinidad" (Juan 1:18). "Regresaré para llevarlos conmigo, para que, donde yo esté, ustedes también estén" (Juan 14:3); así lo prometió el Cristo. Esa podría ser la mejor y más sucinta descripción de la salvación que hay en todo el Nuevo Testamento.

Un cambio de paradigma

En el pensamiento científico y cultural, el término "cambio de paradigma" describe un cambio importante en las suposiciones o puntos de vista. Escuchamos el término con mucha menos frecuencia en el mundo de la religión, donde los grupos asumen que tratan con absolutos eternos e inmutables. Pero, irónicamente, un cambio de paradigma religioso fue exactamente lo que Jesús y Pablo estaban iniciando en sus días —tanto es así, que su forma de ver se convirtió en una nueva religión completamente nueva, haya sido su intención o no. Después de dos mil años, ahora llamamos "cristianismo" a este cambio de paradigma que partió del judaísmo.

La historia aún aguarda que la mente cristiana "cambie" de nuevo a lo que siempre ha sido cierto desde la creación inicial, que es lo único que la convertirá en una religión universal (o verdaderamente *católica*). El Cristo Universal fue una idea demasiado grande, un cambio demasiado monumental para la mayor parte de los primeros dos mil años. Los humanos preferimos ver las cosas en partes anecdóticas o históricas, incluso cuando tal visión conduce a la incoherencia, la alienación o la desesperanza.

Cada religión, a su manera, busca una puerta de entrada, el conducto, el Sacramento, el avatar, el dedo que apunta a la luna. Necesitamos a alguien que nos sirva de modelo y ejemplo para el viaje desde la encarnación física, a través de una existencia humana más bien ordinaria y de las pruebas y la muerte, hacia una Presencia Universal ilimitada por el espacio y el tiempo (que llamamos "*resurrección*"). La mayoría conocemos del Jesús que transita este viaje, pero no tantos sabemos que Cristo es la manifestación colectiva y eterna de lo mismo —y que la imagen "del Cristo" nos incluye a todos y a todas las cosas. Pablo se sintió tan desbordado al reconocer esto, que se convirtió en el núcleo de todo su mensaje. Mi esperanza es que este cambio de paradigma se vuelva obvio para ti.

Jesús puede mantener unido un grupo o una religión. Cristo puede mantener unido todo.

De hecho, Cristo ya lo hace: somos nosotros y nosotras quienes nos resistimos a tal plenitud, como si en parte disfrutáramos de nuestras discusiones y divisiones. Aun así, a lo largo de las Escrituras, se nos dieron declaraciones como estas:

- "Cuando todo se reconcilie en él… Dios será todo en todos" (1 Corintios 15:28)
- "Hay un solo Cristo. Él es todo y está en todo" (Colosenses 3:11)

- "Toda plenitud se encuentra en él, a través de él todas las cosas están reconciliadas, todo en el cielo y todo en la tierra" (Colosenses 1:19-20)

Esto no es herejía, universalismo o una versión barata del unitarismo. Este es el Cristo Cósmico, que siempre fue, que se encarnó en el tiempo, y que todavía se está revelando. *Hubiésemos ayudado mucho más a la historia y a los individuos si hubiéramos pasado nuestro tiempo revelando que Cristo está en todas partes en lugar de demostrar que Jesús era Dios.*

Pero las grandes ideas necesitan tiempo para asentarse.

Un universo totalmente participativo

No puedo evitar pensar que las futuras generaciones etiquetarán los primeros dos mil años del cristianismo como "cristianismo primitivo". Creo que extraerán cada vez más y más implicaciones masivas de este entendimiento del Cristo Cósmico. Habrán de descartar ampliamente la noción de salvación cristiana como plan de evacuación privada que lleva a unos pocos humanos selectos al siguiente mundo. El mundo actual es dado por sentado o ignorado, a menos que podamos explotarlo para nuestro beneficio individual. ¿Por qué personas con tales creencias se sentirían como en casa en el cielo? ¡Ni siquiera practicaron! No aprendieron a sentirse como en casa en la tierra.

(*Al mencionar las limitaciones de este tipo de evangelio, les estoy hablando principalmente a cristianos y cristianas privilegiados, mayormente blancos y del hemisferio norte. No olvido ni por un minuto lo difícil que ha sido la vida para la mayoría de las personas en casi toda la historia. La vida ha sido, y sigue siendo, "un valle de lágrimas" para incontables millones de personas, y obviamente puedo entender por qué la esperanza en un mundo mejor fue lo único que les dio a estos hermanos y hermanas una razón para poner un pie delante del otro y vivir otro día*).

Sin lugar a dudas, eres consciente de que muchos cristianos y cristianas tradicionales de hoy consideran que el concepto de que algo sea universal —incluyendo la salvación— es sinónimo de herejía. A muchos ni siquiera les gustan las Naciones Unidas. Y muchos católicos y cristianos ortodoxos usan linajes étnicos para determinar quién está adentro y quién afuera. Encuentro que estas convicciones resultan bastante extrañas para una religión que cree en "un Dios que creó todas las cosas". Seguramente, Dios es al menos tan grande y misterioso como lo que ahora sabemos que es la forma del universo —un universo que se expande cada vez más rápido, al igual que la evolución de la conciencia, que ha estado ocurriendo durante siglos. ¿Cómo alguien podría leer todo o una pequeña parte de Juan 17 y pensar que Cristo o Jesús se trata de algo más que de unidad y unión? "Padre, que todos puedan ser uno", dice Cristo en el versículo 21, y a lo largo de toda su oración, y de muchas maneras, repite este mismo deseo e intención. ¡Sospecho que Dios obtiene aquello por lo que el mismo Dios ora!

Junto con *en Cristo*, a Pablo le encanta usar palabras como "sabiduría", "secreto", "plan oculto" y "misterio". Las menciona tantas veces, que probablemente las pasamos por alto demasiado rápido, asumiendo que sabemos lo que significan. Pero el significado directo del *secreto misterioso* de Pablo es el Cristo del que hablamos en este libro. Para Pablo, Cristo es "aquel misterio que por siglos eternos se ha mantenido en secreto" (Romanos 16:25-27). Y sigue siendo un secreto bien guardado para la mayoría de los cristianos y cristianas.

Como lo expresó tan valientemente San Agustín en sus *Retractaciones*: "Porque lo que ahora es llamado religión cristiana existió incluso entre los antiguos y no se careció de ello desde el comienzo de la raza humana".[4] Piensa en esto: ¿fueron los neandertales y los cromañones, los mayas y babilonios, las civilizaciones africanas y asiáticas, y los interminables pueblo nativos de todos los continentes y de las islas aisladas durante milenios simplemente desechables o ensayos generales para lo que seríamos "nosotros"? ¿Dios es realmente tan ineficaz, aburrido y miserable? ¿El Todopoderoso opera desde un modelo de escasez de amor y perdón? ¿La Divinidad tenía que esperar a que aparecieran los ortodoxos étnicos, católicos romanos, protestantes europeos y evangélicos estadounidenses para que la aventura de amor divino pudiera comenzar? ¡No soy capaz de imaginarlo!

---

4 Agustín, *The Retractions* [*Las Retractaciones*], M. Inez Bogan (trad.), R.S.M., The fathers of the Church (Baltimore: Catholic University of America Press, 1968), 52.

Ante todo, la creación existe por su propio bien; en segundo lugar, para mostrar la bondad, diversidad y beneficencia de Dios; y luego, para que los humanos se apropien de su uso. Aquí, la verdadera aberración es nuestra pequeña cosmovisión del mundo basada en la escasez, y creo que esto contribuyó ampliamente al surgimiento del ateísmo y del "ateísmo práctico", que hoy es la verdadera religión eficaz en la mayoría de los países occidentales. El Dios que hemos estado presentándole a la gente es demasiado pequeño y miserable como para que una persona de gran corazón confíe en él o lo ame.

Gran amor y gran sufrimiento

Quizás te preguntes cómo, exactamente, los pueblos primitivos y las civilizaciones precristianas pudieron haber tenido acceso a Dios. Creo que fue a través de los transformadores viajes universales y ordinarios de *gran amor y gran sufrimiento*[5] que todos los individuos han experimentado desde los inicios de la raza humana. Solo el gran amor y el gran sufrimiento son lo suficientemente fuertes para quitarnos las protecciones de nuestro ego imperial y abrirnos a experiencias auténticas de trascendencia. El Cristo, especialmente cuando está hermanado con Jesús, es un mensaje claro acerca del *amor universal y del sufrimiento necesario como modelo divino* —comenzando por las tres personas de la Trinidad, donde se afirma que *Dios se está derramando y vaciando a sí mismo sin cesar*. Como tres baldes giratorios en un molino de agua, este proceso mantiene al Flujo en eterno movimiento: dentro y fuera de Dios, y en una dirección positiva.

Solo porque no tengas la palabra correcta para "Dios" no significa que no estés teniendo la experiencia correcta. Desde el principio, YHWH hizo saber al pueblo judío que ninguna palabra, por buena que fuera, contendría jamás el misterio infinito de Dios. El mensaje del Dios de Israel parece ser "No voy a darles ningún control sobre mí, si no, su necesidad de controlar pronto se extenderá a todo lo demás". Las personas controladoras tratan de controlar a otras, y hacen lo mismo con Dios (aunque, sea lo que sea que amemos, siempre implica un cierto grado de renuncia al control). *Tiendes a crear un Dios que es como tú, cuando en realidad se suponía que era al*

---

5 Rohr, *The Naked Now*, cap. 16.

revés. ¿Nunca te sorprendió que Dios renunciara al control más que nadie en el universo? A decir verdad, Dios prácticamente nunca se aferra al control. Nosotros y nosotras, sí. Y Dios permite esto día tras día en todos los sentidos. Él es así de libre.

En general, cualquier tipo de experiencia auténtica de Dios se sentirá como amor o sufrimiento, o ambas. Te conectará con la Realidad Completa en amplitudes y profundidades siempre nuevas "hasta que Dios sea todo en todos" (1 Corintios 15:28). Nuestros círculos de pertenencia tienden a expandirse o a contraerse conforme avanza la vida (al menos, eso es lo que he observado al trabajar con personas como consejero, guía espiritual y confesor). Nuestros patrones relacionales, una vez establecidos, determinan las trayectorias para toda nuestra vida. Si somos inherentemente escépticos y desconfiados, el foco se estrecha. Si tenemos esperanza y confianza, el foco continúa en expansión.

Permíteme repetir algo que a mí me ha resultado muy esclarecedor y fundamental: *la prueba de que eres cristiano o cristiana es que puedes ver a Cristo en cualquier otro lugar*. Esto es lo que vemos en la experiencia del tren de Carryl Houselander, en Jesús cuando hizo referencia a la divinidad en "los hermanos y hermanas más pequeños" (Mateo 25:40), e incluso en el llamado "ladrón malo" que fue crucificado a su lado (Lucas 23:43). La auténtica experiencia con Dios siempre expande tu visión y nunca la estrecha. ¿Qué otra cosa sería digna de Él? *En Dios, no incluyes cada vez menos; siempre ves y amas cada vez más*. Mientras más trasciendes tu pequeño ego, más puedes incluir. "Si el grano de trigo no muere, sigue siendo solo un grano. Pero si lo hace, dará mucho fruto", dice Jesucristo (Juan 12:24).

Cuando miras a tu perro a la cara, por ejemplo, tan a menudo como yo a mi labradora negra, Venus, realmente creo que estás viendo otra encarnación de la Presencia Divina, el Cristo. Cuando miras a cualquier otra persona, una flor, una abeja, una montaña —lo que sea—, estás viendo la encarnación del amor de SDios para ti y para el universo al que llamas casa.

Haz una pausa para concentrarte en una encarnación clara del amor de Dios que esté cerca de ti en estos momentos. ¡Arriésgate!

Espero que una comprensión más amplia esté amaneciendo para ti. *Cualquier cosa que te arrastre fuera de ti de manera positiva —a todos los efectos prácticos— opera como Dios en ese momento.* ¿De qué otra manera puedes empezar el viaje? ¿De qué otro modo puedes avanzar si no es atraído o atraída por tus vivencias internas, en lugar de por un conjunto de creencias improductivas? Dios necesita algo para seducirte y llevarte más allá de ti, así que usa tres cosas en particular: la bondad, la verdad y la belleza. Las tres poseen la capacidad de atraernos a una experiencia de unión.

No puedes concebir por tu cuenta esta clase de visión resplandeciente y expansiva. Debes ser atrapado en una relación de amor y asombro, que a menudo se desarrolla de forma lenta, por ósmosis, por imitación, resonancia, contemplación, y al verte reflejado o reflejada. El Cristo siempre nos es dado gratis, como una soga que se nos arroja. Nuestro único rol en el proceso es estirar la mano y, de vez en cuando, atraparlo.

Para Pablo y para los místicos comunes como tú y como yo, el tipo de visión que estoy describiendo es una experiencia relacional y recíproca en la que encontramos a Dios simultáneamente en nosotros mismos y en el mundo exterior, más allá de nosotros. Dudo que haya otra forma. La Presencia nunca es autogenerada, es más bien regalo de un otro, y la fe, en su núcleo, siempre es relacional. La visión divina no se realiza en solitario, sino solo cuando la conciencia interactúa con otro, y las dos partes se mueven atrás y adelante, en un encuentro de *sujeto a sujeto*. La Presencia debe ser ofrecida y dada, evocada y recibida. Puede suceder en un gesto físico, una palabra calma o una sonrisa, una comida compartida con alguien que cuidamos, cuando de repente somos animados por una fuerza más grande que nosotros dos.

Es muy importante probar, tocar y confiar en tales momentos. En este punto, las palabras y los rituales complejos son casi obstáculos en el camino. Todo lo que realmente puedes hacer es devolver esa Presencia con tu propia presencia. Aquí no hay nada que creer, en absoluto. Solo aprende a confiar y a darle lugar a tu propia y más profunda experiencia, y conocerás a Cristo todo el día, todos los días, antes y después de asistir a cualquier tipo de servicio religioso. La iglesia, el templo y la mezquita comenzarán a tener sentido a niveles completamente nuevos (y, al mismo tiempo, la iglesia, el templo y la mezquita se volverán totalmente aburridos e innecesarios). Te prometo que ambas cosas serán verdad, porque ya eres totalmente aceptado, aceptada, y aceptas totalmente.

4
BONDAD ORIGINAL

La tierra está atestada de cielo,
y cada arbusto corriente se incendia con Dios;
pero solo quien ve se quita los zapatos...
—Elizabeth Barret Browing, *Aurora Leigh*

En el patio trasero de nuestro Center for Action and Contemplation [Centro para la Acción y la Contemplación] en Nuevo México, un enorme árbol de álamo de Río Grande de 150 años extiende sus retorcidas ramas sobre el jardín. Los nuevos visitantes se sienten atraídos por él inmediatamente, se quedan parados a su sombra, miran arriba hacia sus impetuosas ramas. Un arbolista nos dijo una vez que el ejemplar podría tener una mutación que causa que los enormes troncos hagan tales vueltas y giros enrevesados. Uno se pregunta cómo se mantiene tan firme. Hasta ahora, sin pensarlo dos veces, podríamos decir que el álamo es la mejor obra de arte que tenemos en el centro, su belleza asimétrica lo convierte en un espécimen perfecto para uno de los mensajes centrales de nuestra organización: *La perfección divina es precisamente la habilidad para incluir lo que parece ser imperfecto.* Antes de entrar a rezar, trabajar o enseñar teología, su gigante presencia ya ha pronunciado un sermón silencioso sobre nosotros.

¿Has tenido alguna vez un encuentro así en la naturaleza? Quizás para ti ocurrió en un lago o a la orilla del mar, incursionando en las montañas, en un jardín escuchando el arrullo de una paloma, o incluso en una esquina muy transitada. Estoy convencido de que, una vez recibida, esta teología innata nos hace crecer, expandirnos y nos ilumina casi sin esfuerzo. En comparación, todas las otras conversaciones sobre Dios parecen artificiales y confusas.

Las religiones nativas entendieron esto de sobra, algunas partes de la Escritura también (ver Daniel 3:57-82 o Salmos 98, 104 y 108). En Job 12:7-

10, y en la mayor parte de Job 3839, Yahvé alaba a muchos animales extraños y a los elementos por su sabiduría inherente —los "peces del mar", "el burro salvaje", el "ala del avestruz"—, recordándoles a las personas que son parte de un ecosistema mucho mayor, que ofrece lecciones por todas partes. "¿Es por la sabiduría humana —pregunta Dios— que el halcón se eleva y extiende sus alas al sur?". La respuesta obvia es no.

Dios no está limitado por la presunción humana de que somos el centro de todo, y la creación realmente no demanda ni necesita que Jesús (ni *nosotros*, si vamos al caso) le confiera un carácter sacro adicional. Desde el primer momento del Big Bang, la naturaleza revela la gloria y bondad de la Presencia Divina; debe ser vista como un regalo gratuito y no como un requisito indispensable. Jesús vino a vivir en medio de todo esto, a disfrutar la vida en todas sus variaciones naturales, y así ser nuestro modelo y ejemplo. Se podría decir que *Jesús es el regalo que honró el regalo*.

Curiosamente, muchos cristianos y cristianas limitan el cuidado providencial de Dios a los humanos, y, entre ellos, a un puñado de personas. Cuán diferentes somos de Jesús, que extendió la generosidad divina a los gorriones, los lirios, los cuervos, los burros y la hierba del campo (Lucas 12:22), e incluso a "los cabellos de la cabeza" (Mateo 10:29). ¡Aquí no vemos un Dios mezquino! (Aunque haya descuidado los pelos de *mi* cabeza). Pero ¿qué clase de avaricia nos hace limitar el interés de Dios —incluso su interés eterno— solo a nosotros y nosotras? ¿Y cómo podemos creer que Dios se preocupa por nosotros sin cuidar también de todo lo demás? Si Dios distribuye su cuidado de manera selectiva, entonces siempre habrá lugar para la inseguridad y la falta de certeza a la hora de saber si estamos entre los afortunados beneficiarios. Pero una vez que nos damos cuenta de la Presencia generosa y creativa que existe en todas las cosas naturales, podemos recibirla como la Fuente interna de toda dignidad y merecimiento. La dignidad no se reparte a quienes se la merecen, sino que establece el valor inherente de las cosas en su propia naturaleza y existencia.

La Gran Cadena del Ser

San Buenaventura (1221-1274) enseñó que *el proceso de amar a Dios comienza por amar a las cosas más humildes y simples y, desde allí, avanza.* "Demos nuestro primer paso en la subida desde el fondo, presentándonos ante todo el mundo material como un espejo a través del cual podemos pasar a Dios, quien es el Artesano Supremo", escribió. Y continúa: "El poder, la sabiduría y la benevolencia supremas del Creador brillan a través de todas las cosas creadas".[1]

Te animo a que apliques esta introspección espiritual casi literalmente. No empieces tratando de amar a Dios o a la gente; primero ama a las rocas y a los elementos, muévete a los árboles, luego a los animales, y luego a los humanos. Los ángeles pronto parecerán una realidad posible, entonces Dios estará solo a un pequeño salto de distancia. Funciona. De hecho, podría ser la única forma de amar, porque *la manera en que haces una cosa es la manera en que haces todo*. En la primera carta de Juan, esto se expresa en una manera bastante frontal: "Cualquiera que diga que ama a Dios y odia a su hermano [o hermana] es un mentiroso" (4:20). Al final, o amas todo o hay una razón para dudar de que ames algo. Este amor y encanto únicos fueron descritos por muchos teólogos medievales y otros como la "Gran Cadena del Ser". El mensaje era que si fallabas en reconocer la Presencia en cualquiera de los eslabones de la cadena, todo el universo sagrado se vendría abajo. Realmente era "todo o nada".

Dios no comenzó a hablarnos con la Biblia, con la iglesia o con los profetas. ¿Realmente creemos que no tuvo nada que decirnos durante 13,7 billones de años, y que recién empezó a hablarnos en los últimos nanosegundos de la era geológica? ¿Acaso toda la historia anterior a nuestros textos sagrados no proveyó una base para la verdad o la autoridad? Claro que no. La irradiación de la Presencia Divina ha estado brillando y expandiéndose desde el principio de los tiempos, antes de que hubiera ojos humanos para ver o saber de ella. Pero, a mediados del siglo XIX, queriéndonos aferrar a la certeza y a la autoridad, la iglesia fue perdiendo rápidamente frente al racionalismo y el

---

1 Buenaventura, *The Soul's Journey to God* [*El Viaje del Alma hacia Dios*] 1, 910 (New York: Paulist Press, 1978), 63.

cientificismo, y fue así que los católicos declararon al papa "infalible", mientras que los evangélicos decidieron que la Biblia era "inerrante", a pesar de que no habíamos tenido ninguna de esas dos creencias durante 800 años. Es más, estas declaraciones hubiesen parecido idolatría para la mayoría de los primeros cristianos y cristianas.

La creación —sean planetas, plantas, o pandas— no fue tan solo el precalentamiento para la historia humana o para la Biblia. Si solo pudiésemos aprender a verlo con humildad y amor, nos daríamos cuenta de que el mundo natural es su propia historia, buena y suficiente. Para hacerlo, necesitamos la práctica contemplativa; frenar nuestras mentes ocupadas y superficiales lo suficiente como para ver la belleza, permitir la verdad y proteger la bondad inherente de todo lo que existe, me beneficie y complazca, o no.

El regalo de la comida y el agua, cada simple acto de bondad, cada rayo de sol, cada mamífero que cuida de su cría, todo emergió de esta creación original e intrínsecamente buena. Los humanos fueron concebidos para disfrutar esta realidad siempre presente, una que muy a menudo fallamos en alabar, o peor aún, ignoramos y damos por sentada. Como describe el Génesis, que la creación se desarrollara en seis días implica una comprensión evolutiva del crecimiento. Solo en el séptimo día no hay movimiento. El patrón divino está establecido: el hacer debe ser balanceado con el no-hacer; eso, en la tradición judía, se llama "descanso del Sabbat". *Toda contemplación refleja una elección y experiencia como la del séptimo día, dependiente de la gracia en lugar del esfuerzo.* El crecimiento completo implica sincronía y puesta en escena, actuar y esperar, trabajar y descansar.

Todos los demás seres sensibles también hacen su aporte, ocupan su lugar en el ciclo de la vida y de la muerte, reflejando el eterno vaciamiento y llenura de Dios mismo, y, de alguna manera, confiando en todo esto (como hizo mi perra Venus cuando me miró, luego llevó la vista hacia el frente y humildemente bajo su nariz hasta el suelo mientras la poníamos a dormir). Los animales temen el ataque, por supuesto, pero no sufren de miedo a la muerte. En cambio, muchos han dicho que el miedo y evasión a la muerte es el único absoluto en cada vida humana.

Si podemos reconocer que pertenecemos a tal ritmo y ecosistema, e intencionalmente nos regocijamos en ello, comenzaremos a encontrar nuestro lugar en el universo. Empezaremos a ver, como Elizabeth Barret Browning, que *la tierra está atestada de cielo, y que cada arbusto común se incendia con Dios.*

Bondad original, no pecado original

El trabajo esencial y verdadero de la religión es ayudarnos a reconocer y recuperar la imagen divina en todo. Es reflejar las cosas correcta, profunda y completamente, hasta que estas sepan quiénes son. Por naturaleza, un espejo refleja imparcial, uniforme, fácil, espontánea e infinitamente. No fabrica la imagen, tampoco la filtra según su percepción o preferencia. Un reflejo auténtico solo manifiesta lo que ya está ahí.

Pero podemos expandir esta idea de reflejar para darnos otra forma de entender nuestros temas clave en este libro. Por ejemplo, hay un espejo divino que podría llamarse la "Mente de Cristo". El espejo de Cristo nos conoce y ama completamente desde toda la eternidad, y refleja aquella imagen hacia nosotros. Lógicamente, no puedo comprobarlo, pero si sé que las personas que viven dentro de esta resonancia son felices y saludables. Quienes no resuenan ni son recíprocos con las cosas que tienen a su alrededor solo cultivan soledad y alienación, e invariablemente tienden siempre hacia la violencia en alguna de sus formas, aunque solo sea hacia ellos mismos.

Entonces, ¿puedes ver también el hermoso significado de la declaración de Juan "no es porque no saben la verdad que les escribo, sino porque ya la saben" (1 Juan 1:21)? Está hablando de un *entendimiento implantado* en cada uno de nosotros y nosotras (un espejo interno, si quieres). Hoy, muchas personas lo llamarían simplemente "conciencia"; los poetas y los músicos podrían llamarlo "alma". El profeta Jeremías lo llamaría "la Ley escrita en su corazón" (31:33), mientras que los cristianos y cristianas lo llamarían "el Espíritu Santo que mora en nosotros". Para mí, estos términos son en gran manera intercambiables, se aproximan al mismo tema desde trasfondos y expectativas distintas.

En esa misma carta, Juan lo expresa directamente: "Mi querida gente, *ya* somos hijos de Dios, y lo que seremos todavía no se ha revelado, pero cuando se revele, ¡todo lo que sabremos es que somos como Dios, porque finalmente veremos a Dios como realmente es!" (3:2). ¿Y quién es este Dios al que finalmente veremos? De alguna manera, es *El Ser Mismo*, porque, según Pablo, Dios es el único "en quien vivimos, nos movemos y tenemos nuestro [propio] ser, como, de hecho, algunos de sus propios escritores han dicho, 'somos todos sus hijos'" (Hechos 17:28).

Nuestra inherente "semejanza con Dios" depende de la conexión objetiva dada por Dios a todas las criaturas por igual, cada una de las cuales lleva el ADN divino de manera única. Owen Barfield nombró a este fenómeno "participación original". Yo lo llamaría también "bendición original" o "inocencia original" ("sin heridas").[2]

Como quiera que lo llames, la "imagen de Dios" es absoluta e inmutable. No hay nada que los humanos puedan hacer para acrecentarla o disminuirla. Y no es nuestra para decidir quién la tiene o no, que ha sido la mayor parte de nuestros problemas hasta ahora. Es un regalo puro y total, dado por igual a todos y a todas.

Pero esta imagen se enredó cuando el concepto de *pecado original* entró a la mente cristiana.

En esta idea —presentada por primera vez por Agustín en el siglo V, pero nunca mencionada en la Biblia— enfatizamos que los seres humanos nacieron en "pecado" porque Adán y Eva "ofendieron a Dios" al comer del "árbol del conocimiento del bien y el mal". Como castigo, Dios los expulsó del Jardín del Edén. Este concepto extraño del pecado original no coincide con la forma en que, por lo general, pensamos al pecado, que normalmente es una cuestión de responsabilidad y culpabilidad personales. Sin embargo, el pecado original no fue en absoluto algo que hicimos; fue algo que *nos hicieron* (transmitido desde Adán y Eva). Así que tuvimos un mal comienzo.

En contraste, la mayoría de las grandes religiones empiezan con un cierto sentido de bondad primordial en sus historias de creación. La tradición judeocristiana tuvo un éxito maravilloso en esto con el registro del Génesis, donde Dios, en cinco oportunidades, llamó "buena" a la creación (1:10-22), e incluso "muy buena", en 1:31. La metáfora inicial para la creación fue el jar-

---

[2] Owen Barfield, *Saving the Appearances* [*Salvando las Apariencias*] (Middletown, CT: Wesleyan University, 1988), ch. 6.

dín, que es inherentemente positivo, bello, orientado al crecimiento, un lugar para ser "cultivado y cuidado" (2:15), donde los humanos podían caminar desnudos sin vergüenza.

Sin embargo, luego de Agustín, la mayoría de los teólogos cristianos viraron de la visión positiva del Génesis 1 a la visión más oscura del Génesis 3: la llamada "caída", o lo que yo llamo el "problema". En lugar de abrazar el plan maestro de Dios para la humanidad y la creación —lo que los franciscanos aún llamamos la "Primacía de Cristo"—, los cristianos encogieron nuestra imagen tanto de Jesús como de Cristo, y nuestro "Salvador" se convirtió en una mera "respuesta de último momento" al problema del pecado, un problema que, en gran medida, nosotros mismos creamos. Este es un papel muy limitado para Jesús: ¡Se definió que fue su *muerte* en lugar de su *vida* la que nos salva! Esto no es un punto menor. A menudo, este cambio de valoración nos permitió evitar la vida y enseñanza reales de Jesús, porque todo lo que necesitábamos era el evento sacrificial de su muerte. Jesús se convirtió en un mero proceso de desintoxicación del pecado, y el tratamiento de prevención contra el consumo del pecado ha dominado toda la historia y la agenda religiosa hasta el día de hoy. Y no exagero.

En un sentido, la doctrina del "pecado original" *fue* buena y útil, nos enseñó *a no sorprendernos de la fragilidad y de las heridas que todos y todas llevamos*. Así como la bondad es inherente y compartida, parece ser el mismo caso para el mal. Y, en definitiva, esta es una enseñanza muy misericordiosa. El conocimiento de nuestras heridas compartidas debería librarnos de la carga de la culpa o de la vergüenza innecesaria —e individual— y ayudarnos a ser indulgentes y compasivos con nosotros mismos y con los demás (en general, hay un lado positivo en cada formulación teológica pobre, si estamos dispuestos a buscarlo).

Sin embargo, históricamente, la enseñanza del pecado original nos hizo comenzar con el pie equivocado, *con un "no" en lugar de un "sí", con desconfianza en lugar de confianza*. Hemos pasado siglos tratando de resolver el "problema" que nos habían dicho que estaba en el corazón de nuestra humanidad. Pero si comienzas con un problema, tiendes a no ir más allá de esa mentalidad.

A partir del *no* teológico de Agustín, el hoyo solo se hizo más profundo. Martín Lutero retrató a los humanos como un "montón de estiércol", Juan Calvino instituyó su ahora infame doctrina de la "depravación total", y el pobre Jonathan Edwards fue famoso por condenar a los habitantes de Nueva Inglaterra como "pecadores en manos de un Dios enojado". ¡No es de extrañar que a los cristianos nos acusen de tener una antropología negativa!

La teología de la desconfianza y la sospecha se ha manifestado en todo tipo de nociones desacertadas: un mundo siempre en competencia consigo mismo; una compresión mecánica y mágica del bautismo; nociones ardientes del infierno; sistemas de castigo y recompensa; avergonzar y excluir a todas las personas heridas (definidas de distinta forma según el siglo); la creencia en la superioridad del color de la piel, etnicidad o nacionalidad.

Todo esto se hizo en nombre de quien dijo que no había venido por las personas "rectas" o "virtuosas", sino por "los pecadores" (Lucas 15:17, Marcos 2:17, Lucas 5:32), y a darnos "vida, y vida en abundancia" (Juan 10:10). ¡Tal teología nunca funcionará, y nunca lo hizo!

Cuando comenzamos con una teología del pecado administrada por un clero —muy a menudo de élite—, terminamos con una religión esquizofrénica. Terminamos con un Jesús que fue misericordioso mientras estuvo en la tierra, pero que castiga en el próximo mundo. Que perdona aquí pero no luego. En esta imagen, Dios parece caprichoso y poco digno de nuestra confianza, incluso para el observador casual. Admitir estos resultados, incluso en nuestras vidas, puede resultarnos aterrador, pero debemos hacerlo. Creo que esta es una razón clave por la cual las personas no reaccionan tanto contra la historia cristiana, como solían hacerlo; en su lugar, simplemente se rehúsan a tomarla en serio.

Para comenzar a trepar hacia afuera del agujero del pecado original, debemos empezar con una visión cósmica positiva y generosa. La generosidad tiende a alimentarse de sí misma. *Nunca he conocido a un ser humano compasivo o amoroso que no tuviera una confianza fundada y profunda en la bondad inherente de la naturaleza humana.*

La narrativa cristiana debe empezar con una visión positiva y global para la humanidad y la historia, o nunca irá más allá de las etapas primitivas, excluyentes y basadas en el miedo, propias del desarrollo humano primitivo. Estamos listos para una importante corrección de rumbo.

Aferrándose a una visión positiva

Algunos estudios cerebrales han mostrado que puede que estemos programados para centrarnos en los problemas a expensas de una visión positiva. El cerebro humano envuelve al miedo y a los problemas como el velcro. Nos obcecamos en las malas experiencias mucho más tiempo después de ocurrido el hecho, y gastamos grandes cantidades de energía anticipándonos a lo que podría salir mal en el futuro. Y a la inversa, la positividad, la gratitud y la simple felicidad se deslizan como mantequilla sobre el teflón caliente. Estudios como los realizados por el neurocientífico Rick Hanson muestran que debemos mantener un pensamiento o sentimiento positivo por un mínimo de quince segundos de manera consciente antes de que deje una huella en nuestras neuronas. De hecho, toda esta dinámica se llama *Velcro & Teflon Theory* [Teoría Velcro y Teflón]. Podría decirse que nos atrae más el problema que la solución.[3]

Te animo a que no solo tomes mis palabras. Observa tu propio cerebro y emociones. Rápidamente verás que hay una atracción tóxica hacia lo "negativo", ya sea una situación en el trabajo, un chisme un tanto incriminatorio a tus espaldas o un acontecimiento triste en la vida de algún amigo o amiga. Librarse verdaderamente de esta tendencia es extremadamente raro, ya que la mayoría de las veces nos regimos por respuestas automáticas. Siendo esto así, la única forma de crecer en la espiritualidad auténtica es *practicar de manera consciente* el disfrute real de una respuesta positiva y un corazón agradecido. Y los beneficios son muy reales. Siguiendo elecciones conscientes, podemos reconfigurar nuestras respuestas hacia el amor, la confianza y la paciencia. La neurociencia llama a esto *"neuroplasticidad"*. Así es como aumentamos nuestro ancho de banda de libertad, y seguramente es el latido vital de cualquier espiritualidad auténtica.

La mayoría de nosotros y nosotras sabemos que no podemos darnos el

---

[3] Rick Hanson, *Hardwiring Happiness* [*Cableando la felicidad*] (New York: Harmony Books, 2013), xxvi.

lujo de caminar temiendo, odiando, descartando y negando todas las posibles amenazas y todas las otredades. Pero a un pequeño grupo se nos ha dado la enseñanza práctica de cómo evitar esto. Es interesante que Jesús enfatizara la centralidad absoluta de la motivación e intención interna más que el comportamiento externo, ocupando casi la mitad del Sermón del Monte en este tema (ver Mateo 5:20-6:18). Debemos —sí, *debemos*— tomar la decisión diaria, e incluso a cada momento, de enfocarnos en lo bueno, verdadero y hermoso. Una descripción maravillosa de este acto de voluntad se encuentra en Filipenses 4:49, donde Pablo escribe: "Regocíjense en el Señor *siempre*" [itálicas añadidas]. Si estás tentado a escribir esto como un "pensamiento positivo" idílico, recuerda que Pablo escribió esta carta mientras estaba literalmente encadenado (1:17). ¿Cómo lo hizo? Podrías llamarlo "control mental". Muchos de nosotros lo llamamos simplemente "contemplación".

Entonces, ¿cómo hacemos para primero ver y luego practicar esta "Bondad Original"?

De nuevo, Pablo nos da una respuesta. Dice: "Hay solo tres cosas que permanecen: la fe, la esperanza y el amor" (1 Corintios 13:13). En la teología católica llamamos "virtudes teológicas" a estas tres actitudes esenciales, porque eran una "participación en la mismísima vida de Dios", dadas libremente por Dios, o "infundidas" en nuestro ser desde la misma concepción. Bajo este entendimiento, la fe, la esperanza y el amor son mucho más definitorios de la persona humana que las "virtudes morales", las diferentes buenas conductas que aprendemos a medida que envejecemos. Por eso, no puedo abandonar la cosmovisión ortodoxa o católica. Porque, a pesar de todas sus pobres formulaciones, todavía ofrecen a la humanidad una *antropología positiva* fundacional (¡aunque muchos individuos nunca aprenden sobre ella debido a una pobre catequesis!), y no solo un concurso de dignidad moral, siempre inestable e inseguro.

Desde el principio, la fe, la esperanza y el amor se plantan en lo más profundo de nuestra naturaleza; de hecho, *son* nuestra propia naturaleza (Romanos 5:5, 8:14-17). *La vida cristiana se trata simplemente de llegar a ser quienes ya somos* (1 Juan 3:1-2, 2 Pedro 1:3-4). Pero tenemos que despertar, permitir y avanzar en esta identidad central diciéndole "sí" de manera consciente, y recurriendo a ella como una Fuente confiable y Absoluta.[4] Una vez más, la *imagen* debe convertirse en *semejanza*. E incluso la buena teología no la tendrá fácil si quiere compensar una mala antropología. Si la persona humana es un "montón de estiércol", incluso "la nieve de Cristo" apenas cubrirá este hecho, en lugar de deshacerlo.

Pero decirle "sí" a tal fe, esperanza y amor implantados juega un rol crucial en la ecuación divina; la libertad humana importa. El "sí" de María parece ser esencial para el evento de la encarnación (Lucas 1:38). Dios no se presenta a menos que sea invitado. La gracia de Dios no puede entrar sin una apertura desde nuestro lado, o seríamos meros robots. Dios no quiere robots, sino amantes que eligen amar libremente en respuesta al amor. Y para ese fin supremo, Dios parece bastante dispuesto a esperar, persuadir y atraer.

En otras palabras, *somos importantes*. Tenemos que elegir confiar en la realidad e incluso en nuestra fisicidad, que finalmente es confiar en nosotros mismos. Nuestra predisposición a *no* confiar en nosotros mismos seguramente sea uno de nuestros pecados recurrentes. Sin embargo, muchos sermones nos dicen que *nunca* confiemos en nosotros mismos, que *solo* debemos confiar en Dios. Eso es demasiado dualista. ¿Cómo puede una persona que no confía en sí misma saber cómo confiar en alguien más? La confianza, como el amor, es una sola pieza (por cierto, en este punto de la historia, "*confianza*" es probablemente una palabra mucho más útil y descriptiva que "fe", una noción que ha sido muy mal utilizada, intelectualizada e incluso banalizada).

En el orden de lo práctico, encontramos nuestra Bondad Original cuando podemos descubrir y adueñarnos de estas actitudes o virtudes profundamente implantadas en nosotros:

Confianza en la coherencia interna en sí misma. "¡Todo significa algo!". (Fe)
Confianza en que esta coherencia es positiva y se dirige hacia algún buen lugar. (Esperanza)

---

[4] En mi libro *Inmortal Diamond* [*Diamante inmortal*], me extiendo más sobre este concepto.

Confianza en que esta coherencia me incluye e incluso me define. (Amor)

Este es el fundamento del alma. Que somos capaces de dicha confianza y que entregarnos es la base objetiva para la bondad y santidad humanas; es casi una decisión diaria que evitará que nos deslicemos hacia el cinismo, la tan común autocompasión y la victimización propia o ajena. Ninguna filosofía o gobierno, ninguna ley o razonamiento puede ofrecernos o prometernos del todo esta disposición, pero el Evangelio puede y lo hace. La religión saludable tiene el poder de ofrecernos una base convincente y atractiva para la bondad y dignidad humanas, y nos muestra formas de construir sobre esa base.

En todas las épocas y culturas, hemos visto regresiones hacia el racismo, el sexismo, la homofobia, el militarismo, la discriminación basada en el aspecto de las personas y el clasismo. Este patrón me dice que, a menos que consideremos que la dignidad es dada por Dios universalmente, de manera objetiva y desde el principio, los humanos pensaremos constantemente que tenemos el poder de otorgarla. Pero esta trágica historia demuestra que no se le puede confiar a un grupo la distribución de la dignidad y del merecimiento ajeno. Nuestro criterio tiende a ser autorreferencial y, por lo tanto, altamente prejuicioso, y los impotentes y desfavorecidos siempre pierden. Ni siquiera la gloriosa Declaración de Independencia de los Estados Unidos —que establece que "[todas las personas] están dotadas por su Creador de ciertos derechos inalienables"— faculta a la mayoría blanca para que distribuya esos derechos de manera inmediata e igualitaria.

A fin de que el planeta y todos los seres vivos avancen, no podemos confiar en nada más que en *una bondad original inherente y una dignidad universalmente compartida*. Solo entonces podremos construir, porque los cimientos son fuertes y buenos en sí mismos. Seguramente, esto es lo que Jesús quiso decir cuando expresó: "Cava profundamente y construye tu casa sobre la roca" (Lucas 6:48). Cuando empiezas con un *sí* (o una visión positiva), lo más probable es que procedas con generosidad y esperanza, y que tengas muchas más posibilidades de terminar con un "sí" aún mayor. Intentar construir sobre el "*no*" es, en la imagen de Jesús, "construir sobre la arena".

Si nuestro mundo posmoderno parece altamente sujeto al cinismo, al escepticismo y a lo que *no* cree, si hoy vivimos en la posverdad, entonces los "creyentes" debemos asumir al menos una responsabilidad parcial por haber dirigido a nuestra cultura en esta triste dirección. *El más excelso criticismo de lo malo sigue siendo la práctica de lo mejor.* La energía negativista solo crea más de lo mismo. Toda resolución de un problema debe guiarse primero por una visión positiva y global.

Debemos reclamar el proyecto cristiano, construyendo desde el verdadero punto de partida: la Bondad Original. Debemos reclamar a Jesús como un Salvador inclusivo y no como un Juez excluyente; como un Cristo que mantiene unida a la historia como el Alfa y el Omega cósmicos. De ese modo, tanto la historia como el individuo pueden vivir dentro de una seguridad colectiva y un éxito asegurado. Algunos llamarían a esto la fisionomía de la salvación.

5
EL AMOR ES EL SENTIDO

Debes saberlo bien, el amor es su significado.
¿Quién te lo revela? El amor.
¿Qué te revela? Amor. ¿Por qué te lo reveló? Por amor.
Permanece en ello y sabrás más de lo mismo.
—Juliana de Norwich, *Libro de visiones y revelaciones*

Para Pierre Teilhard de Chardin (1881-1955), un sacerdote jesuita francés que se formó como paleontólogo y geólogo, el amor es la mismísima estructura física del Universo. Una declaración muy atrevida, especialmente viniendo de un científico. Teilhard dice que la gravedad, las uniones atómicas, las órbitas, los ciclos, la fotosíntesis, los ecosistemas, los campos de fuerza, los campos electromagnéticos, la sexualidad, la amistad entre los humanos, el instinto animal y la evolución revelan una energía que atrae a todos los seres y a las cosas entre sí, en un movimiento hacia una complejidad y diversidad cada vez más grande —e irónicamente también hacia la unificación a niveles cada vez más profundos. Esta energía es simplemente *amor bajo muchas formas diferentes* (puedes usar las palabras que funcionen mejor para ti).

En este capítulo, quiero hablar de esta fuerza fundamental del amor, y de cómo un Jesús que también es Cristo nos permite verla y participar en ella de manera cada vez más plena.

Lo que nos dice el amor sobre Dios

El amor, que también podría ser llamado "la atracción de todas las cosas hacia todas las cosas", es un lenguaje universal y una energía subyacente que sigue mostrándose a sí mismo a pesar de nuestros mejores esfuerzos por resistirlo. Es tan simple, que es difícil explicarlo con palabras; aun así, nos damos cuenta cuando lo vemos. Después de todo, no hay una forma de amar propia de los pueblos nativos, o de los hindúes, budistas, judíos, islámicos o cristianos. No hay una manera metodista, luterana u ortodoxa de dirigir un comedor popular. No hay una forma homosexual o heterosexual de ser fiel, ni una forma negra o caucásica de tener esperanza. Todos y todas reconocemos el flujo positivo cuando lo vemos, también la resistencia y la frialdad cuando la sentimos. El resto son meras etiquetas.

Cuando estamos verdaderamente "en-amor-ados", nos movemos lejos de nuestro pequeño ser individual para unirnos con otros, ya sea en compañerismo, simple amistad, matrimonio, o cualquier otra relación de confianza. ¿Alguna vez te has hecho amiga a propósito de una persona que está sola en una fiesta? ¿Quizás alguien que no era atractivo para ti o con quien no compartías intereses comunes? Ese sería un pequeño ejemplo, pero real, del fluir divino. No lo descartes como insignificante. Así es como empieza el flujo, incluso si el encuentro no cambia la vida de nadie al instante. Para ir más allá de nuestra uniformidad de mente cerrada, tenemos que extendernos hacia afuera, algo que nuestros egos siempre encuentran amenazante, porque significa renunciar a nuestra segregación, superioridad y control.

Pareciera que a los hombres les resulta especialmente difícil. He tenido el placer de oficiar muchas bodas a lo largo de los años. En tres ocasiones, mientras preparaba a la pareja para que intercambiaran sus votos, el novio, literalmente, se desmayó y cayó al suelo. Pero nunca vi a una novia desplomarse. Para el ego bien protegido y limitado del hombre, no hay muchas amenazas más grandes que las palabras "hasta que la muerte los separe" (estoy seguro de que las mujeres también tienen sus bloqueos). Esa puede ser la razón por la que muchas culturas crearon ritos de iniciación para enseñar a los hombres a confiar, dejarse llevar y rendirse.[1]

El amor es una paradoja. En general, involucra una decisión clara, pero, en el fondo, no es una cuestión mental o de fuerza de voluntad, sino un *flujo de energía que permitimos e intercambiamos por voluntad propia, sin pedir un pago en compensación*. El amor Divino es, obviamente, el formato y el modelo para tal amor humano y, a la vez, el amor humano es la escuela necesaria para cual-

---

[1] Me explayo mucho más sobre esto en *Adam's Return* [El regreso de Adán] (New York; Crossroad, 2004).

quier encuentro con el amor divino. Si nunca experimentaste el amor humano —hasta el punto del sacrificio, el perdón y la generosidad— te será muy difícil acceder, imaginar o incluso experimentar la forma de amor de Dios. Lo mismo a la inversa: si nunca has dejado que Dios te ame de la manera profunda y sutil en que él lo hace, no sabrás cómo amar a otro ser humano de la manera más profunda que puedas.

El amor está creando de manera constante futuras posibilidades para el bien de todos los afectados, incluso (y en especial) cuando las cosas van mal. El amor permite y acomoda todo en la experiencia humana, tanto lo bueno como lo malo, y, *realmente, nada más puede hacer esto*. Nada. El amor fluye como el agua y desciende imparable alrededor de cada obstáculo. El amor y el agua no buscan el lugar más alto, sino siempre el más bajo. Es por eso que, a menudo, el perdón es la demostración más poderosa de amor en acción. Cuando perdonamos, reconocemos que hay algo que perdonar —una confusión, una ofensa, un error—, pero, en lugar de ponernos en modo de supervivencia, liberamos a la parte infractora de cualquier necesidad de castigo o recriminación. Al hacerlo, damos testimonio del Cristo que Resucita de manera Perpetua y que Siempre Ama, que todo el tiempo "va delante de ustedes a Galilea, y allí es donde lo verán" (Mateo 28:7). La falta de perdón vive en un pasado repetitivo que no puede dejar ir. Pero el perdón es una *ampliación de alma;* sin perdón no hay acción futura o creativa, solo la repetición de viejas historias, heridas que no podemos olvidar, y afirmaciones victimizantes cada vez mayores.

El deseo y la disposición para amar son la libertad y el futuro definitivos. Cuando te han incluido en la amplitud del amor divino, no hay lugar para el castigo humano, la venganza, el juicio precipitado o la necesidad de represalias. Sin dudas, en el Cristo Resucitado no vemos un ápice de esta estrechez mental luego de experimentar el rechazo, la traición y su cruel muerte; no lo vemos ni siquiera de su círculo íntimo ni en ningún lugar del Nuevo Testamento. Realmente, no puedo imaginar una forma más grande y amplia de vivir. El evento de la muerte y resurrección de Jesús fue un punto de inflexión para la historia, y no es ninguna sorpresa que fechemos nuestro calendario a partir de su vida.

El Cristo Crucificado y Resucitado utiliza los errores del pasado para crear un futuro positivo, un futuro de redención en lugar de retribución. No elimina ni castiga los errores. Los usa con fines transformadores.

Las personas formadas por tal amor son indestructibles.

El perdón podría ser simplemente la mejor descripción de lo que la bondad de Dios engendra en la humanidad.

Despertar

La religión, en su mejor versión, ayuda a las personas a ser cada vez más conscientes de este amor divino fundamental. En otras palabras, se trata más de despertar que de limpiar. En sus primeras etapas, la religión tiende a enfocarse en la limpieza, es decir, en determinar quién cumple con los requerimientos de conducta moral y creencia religiosa. Pero Jesús detuvo esta maquinaria al negarse a reforzar, o siquiera preocuparse por lo que consideraba cuestiones secundarias, como el Sabbat, las leyes rituales, los códigos de pureza, los requisitos de membresía, los códigos de deuda, y todo lo demás. Vio que tan solo eran "mandamientos humanos" que muy a menudo le quitaban el lugar al amor (ver especialmente Mateo 15:3, 6-9). O, como lo expresa en otro lugar: "Hipócritas, pagan sus diezmos [...] y descuidan los asuntos más importantes de la ley: la justicia, la misericordia y la buena fe" (Mateo 23:23). Limpiar es uno de los resultados de despertar, pero la mayoría ponemos al carro delante de los caballos.

No resulta extraño que sus hermanos judíos tuvieran que matar a Jesús, al igual que a muchos católicos les encantaría eliminar al papa Francisco. Una vez que *despiertas*, como lo hicieron Jesús y el papa Francisco, sabes que limpiar es un proceso constante con cronogramas particulares para cada persona, que involucra asuntos y motivaciones muy distintas. Esta es la razón por la cual el amor y el crecimiento demandan discernimiento, no imposición. Cuando se trata de un verdadero trabajo del alma, la mayoría de los intentos de controlar y amoldar son, en gran medida, inútiles. Ser honesto y de verdadera ayuda para las personas sobre este asunto me llevó gran parte de mi vida como confesor, consejero y director espiritual.[2] Con

---

2 Richard Rohr, *Falling Upward* [Cayendo hacia arriba] (San Francisco: Jossey-Bass,

demasiada frecuencia, obedecer sin más es un desvío que rodea el amor real. En general, la obediencia se trata de limpiar; el amor se trata de despertar.

En este punto, al menos en Estados Unidos, parece que nuestro sentido cultural se ha reducido casi a esto: *todo se trata de ganar*. Luego, una vez que ganas, todo se trata de consumir. Puedo discernir que hoy no existe otra filosofía subyacente en el orden práctico de la vida estadounidense. Una cosmovisión así no puede alimentar bien, ni durante mucho tiempo, al alma, y mucho menos proveer de sentido y aliento, o engendrar amor o comunidad.

Para conocer una cosmovisión más vivificante del mundo, podemos recurrir a las Escrituras y a los santos sabios y sabias, como Juliana de Norwich (1342-1416), que abre este capítulo con la declaración "amor es su significado". Después de años de aconsejar a gente religiosa y no religiosa, creo que la mayoría de los humanos necesitan un objeto de amor (¡que luego se convertirá en un sujeto!) para mantenerse cuerdos y felices. Ese objeto de amor se convierte en nuestra "Estrella Guía" y nos sirve como brújula moral y razón para seguir andando, paso a paso, de una manera feliz y esperanzadora. Todos y todas necesitamos a alguien o algo que conecte nuestros corazones con nuestras mentes. El amor nos planta en tierra creando un enfoque, una dirección, motivación, e incluso gozo (y si no encontramos esto en el amor, es común que intentemos hallarlas en el odio). ¿Ves las consecuencias que esta necesidad insatisfecha le trae a la población hoy? Yo sí.

Un lugar donde suelo ver un enfoque positivo y un propósito es en la felicidad diligente de los padres y madres jóvenes. Su nuevo hijo o hija se convierte en su única Estrella Guía, y tienen muy claro por qué se despiertan cada mañana. Ese es el Instinto de Dios, que podríamos llamar la "necesidad de adorar". Es la necesidad de un enfoque, dirección y propósito general en la vida, o lo que las Escrituras hebreas describen como "un Dios delante de ti" (Éxodo 20:3). La paternidad y la familia son la escuela primaria para el instinto del amor, y siempre lo serán. Sirven como el contenedor básico en el cual el alma, el corazón, el cuerpo e incluso la mente pueden florecer. Por lo tanto, dejamos una familia solo para crear otra. En los catorce años que

---

2011)

trabajé en la cárcel, vi cómo aun los reclusos intentaban crear una familia allí. ¡Muchos insistían en llamarme "padre" y a sus mejores amigos "hermano"! La necesidad de una base sólida y de reflejarnos nunca se detiene. Los humanos parecen querer, incluso necesitar, algo (o a alguien) a lo que podamos entregarnos por completo, algo que enfoque y reúna nuestros afectos. Necesitamos al menos un lugar donde podamos "arrodillarnos y besar el suelo", como dijo Rumi, el poeta y místico sufí. O como el fraile francés Eloi Leclerc (1921-2016) parafraseó maravillosamente a Francisco: "Si supiéramos cómo *adorar*, entonces nada podría perturbar realmente nuestra paz. Viajaríamos por el mundo con la tranquilidad de los *grandes ríos*. Pero solo si supiéramos como *adorar*".[3] Por supuesto, en última instancia, la adoración es la respuesta a algo Perfecto. Pero lo genial del amor es que también nos enseña cómo rendirnos a las cosas imperfectas. *El amor, podrías decir, es el campo de entrenamiento para la adoración.*

¡El amor me hizo hacerlo!

En cierta manera, el objeto de nuestro afecto es arbitrario. Puede empezar como amor al golf, a tener la casa limpia, a tu gato; o como el deseo de cultivar cierta reputación propia. Por supuesto, eventualmente la amplitud del objeto determinará la amplitud del amor, pero Dios usará cualquier cosa para que comiences, te concentres y fluyas. En verdad, solo algunos pocos comienzan este viaje con Dios como objeto de su afecto. Y es totalmente esperable. *Dios no compite con la realidad, sino que coopera plenamente con ella.* Todos los amores, pasiones y preocupaciones humanas pueden encender la mecha, y solo con el tiempo, la mayoría descubrimos la primera y última Fuente de esos amores. Dios es claramente humilde, y no parece importarle qué o quién se lleva el crédito. Lo que sea que provoque el flujo en ti —en ese momento y lugar, ¡eso *es* Dios para ti! No lo digo sin fundamento teológico, porque la fe Trinitaria dice que Dios es la Relación misma. Los nombres de las tres "personas" de la Trinidad no son tan importantes como la relación entre ellas. Ahí es donde está todo el poder.

---

[3] Eloi Leclerc, *The Wisdom of the Poor One of Assisi* [*La sabiduría del pobre de Asís*], Marie-Louise Johnson (trad.). (Passadena, CA: Hope Publishin House, 1992), 72.

En las sanaciones de Jesús narradas por los Evangelios hay una falta de lógica sorprendente en relación con quién se sana y quién no. En ninguno de los relatos la sanidad depende del merecimiento de la persona. A veces, los destinatarios no la piden; Jesús tiene que preguntarles si quieren ser sanados (Juan 5:7). No obstante, de alguna manera, en todos estos relatos Jesús *completa el circuito* de la electricidad divina en ciertas personas al sanarlas, a veces físicamente, y siempre espiritualmente. No la malinterpretes como una *corriente directa* desde Jesús hacia la persona sanada. Jesús se niega sistemáticamente a ser caracterizado como un hacedor de milagros, y huye tanto de la notoriedad como de la fama. Esta es la razón por la cual, después de sanar a alguien, nunca dice "Mi poder mágico lo hizo. Ahora, ¡únete a mi religión!". En cambio, lo que suele decir es algo así como "Tu fe te ha salvado. Ahora, ¡vete en paz!" (Mateo 9:22, Marcos 5:34, Lucas 8:48). Creo que los humanos prefieren la religión mágica que hace que toda la responsabilidad recaiga en el desempeño de Dios. Por el contrario, la religión madura y transformadora *nos* pide que participemos, cooperemos y cambiemos. La danza divina es siempre un baile en pareja.

Jesús hace que las personas vuelvan a valerse por sí mismas, sin crear nunca algún tipo de dependencia o codependencia de él, que les impida su propio empoderamiento. Todas las personas deben aprender a sacar provecho de su propio Espíritu Implantado, que, de todos modos, es lo único que les ayudará a largo plazo. Jesús les da el coraje de confiar en su propio "Cristo interno", y no solo en la manifestación externa encarnada en él. ¡Relee los Evangelios y dime si no es cierto!

Se podría decir que el Cristo Eterno es el "superconductor" simbólico de las Energías Divinas hacia este mundo. Jesús reduce los ohmios para que nosotros podamos soportar el amor divino y recibirlo a través de medios humanos comunes.

Para completar el circuito del Amor Divino, a menudo necesitamos un momento de asombro, una persona que evoque esa conductividad eléctrica, algo que respetemos profundamente, o incluso llamar "padre", "madre", "amante" o simplemente "belleza". Solo entonces encontramos el coraje y la confianza para completar el circuito de Dios desde nuestro lado. Esta es la razón por la que las personas saben que el amor no es completamente una elección; caen en él, lo permiten, y reciben su fuerte carga. A menudo, la evidencia de que estás dentro del flujo te parecerá bilateral. *Estarás perdiendo el control y encontrándolo simultáneamente.*

Cuando Pedro, con un entusiasmo efusivo, le dice a Jesús "¡Eres el Cristo, el Hijo del Dios viviente!", Jesús le responde: "La carne y la sangre —es decir, la lógica humana o nuestro propio esfuerzo— no pueden llevarte a esta conclusión, sino que 'te lo reveló mi Padre que está en los cielos'" (Mateo 16:16-17).[4] De forma similar, al pensar en las personas y las cosas que he tratado de amar en mi vida, tendría que decir "¡Me obligaron a hacerlo!". Fueron la bondad inherente, la belleza interior, la vulnerabilidad, la honestidad profunda o la generosidad de espíritu de la otra persona las que me sacaron de mí mismo y me llevaron hacia ellas. En un sentido muy real, no inicié el amor que les di. Más bien, ¡me lo sacaron! Fueran ellas quienes me lo extrajeron.

La gracia es solo el amoroso flujo natural de las cosas cuando lo permitimos, en lugar de resistirlo.

El pecado es cualquier corte o limitación a ese circuito. Y todos pecamos de vez en cuando.

Pero un apagón ocasional puede ayudarte a apreciar cuánto necesitas y cuán profundamente dependes del amor inmerecido. ¡Fallar es parte del trato!

Moviéndonos en la danza divina

Déjame ofrecerte una cita más extensa del libro *Divine Milieu* de Teilhard, recordando que los humanos no tienden a invertir en cosas, a menos que de alguna manera los incluyan:

> Dios no se nos ofrece a nuestros seres finitos como algo terminado y listo para ser abrazado. Para nosotros y nosotras, Él es descubrimiento y crecimiento eterno. Cuanto más pensamos entenderlo, más se nos

---
4 Ver también Romanos 8:28-29, donde Pablo dice que son los "cooperadores" quienes "se vuelven la imagen de su Hijo, para que Jesús pueda ser el mayor de muchos hermanos [y hermanas]".

revela de otra manera. Cuanto más sujeto creemos tenerlo, más lejos se retira, llevándonos a las profundidades de sí mismo.[5]

Esto también encaja con mi experiencia de Dios. La aventura amorosa entre lo divino y lo humano es una verdadera danza recíproca. A veces, para poder dar un paso adelante, nuestra pareja debe alejarse un poco. La retirada dura solo un instante, y el propósito es atraernos hacia el otro o la otra, aunque en el momento no se sienta así. Más bien sentimos como si nuestra pareja se estuviera retirando. O como un sufrimiento.

Dios también crea el retroceso, "ocultando su rostro", como lo llamaron tantos místicos y las Escrituras. Dios crea un vacío que solo Él puede llenar. Luego espera para ver si confiamos en Él como nuestra pareja para, eventualmente, llenar el espacio en nosotros, que ahora es aún más amplio y receptivo. Este es el tema central de la oscuridad, la duda necesaria o lo que los místicos llamaron "Dios retirando su amor". Sabían que lo que se siente como sufrimiento, depresión, inutilidad —instantes donde Dios se ha retirado— a menudo son momentos de profundos actos de confianza e invitación a la intimidad de parte de Dios (el pobre entendimiento humano sobre el tema se evidencia en el asombro mundial cuando se descubrió que la Madre Teresa pasó muchos años de oscuridad y de lo que parecía depresión para el mundo secular. Era todo menos eso).

Debo ser honesto con ustedes sobre mi propia vida. Porque en los últimos diez años he tenido muy pocos "sentimientos" espirituales; ni consolación ni desolación. La mayoría de los días, simplemente tuve que elegir creer, amar y confiar. La simple amabilidad y gratitud de las buenas personas me produce un "lindo sentimiento" momentáneo, pero no sabría cómo aferrarme siquiera a esta bondad, ¡se desliza sobre mi conciencia como la mantequilla sobre la sartén de teflón!

Pero Dios me recompensa por dejarlo recompensarme.
Este es el baile en pareja divino que llamamos gracia:

---

5 Pierre Teilhard de Chardin, *Divine Milieu* (New York: Harper & Row, 1965), 139.

Lo estoy haciendo y, aun así, no lo estoy haciendo;
Está siendo hecho en mí, pero yo también lo estoy haciendo.
Aun así, Dios siempre guía el baile, algo que solo reconocemos con el tiempo.

¿Qué tipo de Dios solo empujaría desde afuera sin nunca atraer desde adentro? Sin embargo, este es precisamente el Dios unsilateral que se nos ofreció a la mayoría, y que gran parte del mundo ha rechazado.

Cuando hablamos de Cristo, estamos hablando de un encuentro que siempre crece, y nunca de un paquete terminado que debe aceptarse como está. En el viaje interno del alma conocemos un Dios que interactúa con nuestro ser más profundo, que hace crecer a la persona, permitiendo y perdonando los errores. Es precisamente este dar y recibir que hace a Dios tan real como un Amante. Dios despliega tu personalidad desde adentro a través de *un aumento constante de la libertad, incluso para equivocarte*. El amor no puede darse de otra forma. Es por eso que Pablo grita en Gálatas: "¡Cristo nos ha liberado para libertad!" (Gálatas 5:1).

Una vez más, recuerda: *Dios te ama convirtiéndose en ti*, poniéndose de tu lado en el intercambio de acusaciones y defensas que haces sobre ti mismo. Dios te ama al convertir en gracia tus errores, al devolverte constantemente a ti mismo en una forma más amplia. Dios está contigo, y no en tu contra, cuando estás tentada a la vergüenza o al autodesprecio. Si tus figuras de autoridad nunca hicieron eso por ti, puede ser difícil que lo sientas o lo creas.[6] Pero debes experimentar este amor a nivel celular al menos una vez (¡Recuerda, lo único que te separa de Dios es *el pensamiento* de que estás separado o separada de Dios!).

Cada intento de describir determinada acción, o aparente inacción, de Dios siempre será relacional, interpersonal y amorosa —y te incluirá totalmente. A la luz del ministerio de Cristo, este amor unificador por el cual todo el mundo material es gobernado, aprendemos que nunca podemos experimentar a Dios *sin involucrar tus más profundos intereses*. Es difícil de imaginar, ¿cierto? Quienes lo dudan nunca lo han pedido, o nunca

---

6 Sin dudas, el hecho de que las amenazas y el castigo hayan sido el método de crianza más utilizado hasta hace muy poco no ayuda.

necesitaron al amor lo suficiente como para pedirlo. Los que piden, siempre saben y así reciben (Mateo 7:7). "Si tú, malvado como eres, sabes cómo dar a tus hijos lo que es bueno, cuánto más dará el Padre celestial cosas buenas a los que le piden" (7:11). Los amores humanos son ensayos. El amor divino siempre es la meta. Pero solo puede construirse sobre los peldaños de las relaciones humanas, ¡por lo que incluye a todos y a todas!

Recibir el amor nos permite saber que hubo, en efecto, un Dador.

Y la libertad de pedir amor es el comienzo de la recepción.

Por lo tanto, Jesús puede decir con razón: "Si pides, recibirás" (Mateo 7:7-8).

Pedir es abrir el conducto desde tu lado.

Tu solicitud solo secunda la moción.

El primer movimiento siempre es de Dios.

6
UNA PLENITUD SAGRADA

En verdad, mi vida es una larga escucha a mí misma,
a los demás, y a Dios.
—Etty Hillesum, *An interrupted Life*

Etty Hillesum, una joven judía que fue asesinada en Auschwitz en 1943, es un ejemplo importante de una testigo no cristiana del Misterio universal de Cristo. Antes de ser apresada por los nazis, Etty fue una mujer bastante moderna que no le temía a la vida, a la sexualidad ni a otros placeres sensoriales, aunque sí, finalmente, a la muerte. Si bien no era cristiana, era muy espiritual, en el mejor de los sentidos. Era muy realista, carecía de autocompasión, y tenía una libertad que estaba lejos de la necesidad de culpar, odiar, o proyectar su ansiedad interior en otra parte.

Sin querer ser condescendiente con ella, identificaría a Etty como una persona que Karl Rahner hubiese llamado una "cristiana anónima", alguien que desenreda el misterio subyacente de la encarnación mejor que la mayoría de los cristianos que conozco. Tales personas son muchos más comunes de lo que los cristianos y cristianas imaginan, y ni siquiera necesitan tal denominación.

Conforme los nazis comenzaron su campaña genocida y el futuro de Etty se volvía más y más incierto, dedicó varios textos de sus diarios a Dios, considerándolo no como un salvador externo, *sino como un poder que podía nutrir y alimentar dentro de ella.* Honró y amó este mismo poder en su aparente impotencia (que es precisamente el significado del Jesús crucificado). Solo oye el poder de estas palabras a Dios:

> Por desgracia, no parece haber mucho que puedas hacer sobre nuestras circunstancias, sobre nuestras vidas. Tampoco te hago

responsable. Tú no puedes ayudarnos, pero nosotros debemos ayudarte y defender tu morada en nuestro interior hasta el final.¹

En una carta a un amigo cercano del campo de tránsito de Westerbork, no mucho antes de ser enviada a Auschwitz, escribe desde aquel lugar fundacional de la fe, esperanza y amor del que hablé en el último capítulo:

> [A] pesar de todo, siempre terminas con la misma convicción: después de todo, la vida es buena; no es culpa de Dios que las cosas a veces salgan torcidas, la causa yace en nosotros mismos. Y eso es lo que permanece conmigo, incluso ahora, que estoy a punto de ser enviada a Polonia con toda mi familia.²

Y, sin embargo, de modo incomprensible, en otro lugar escribe como si fuera un ser humano diferente:

> Esos dos meses detrás del alambre de púas han sido los dos meses más ricos e intensos de mi vida, en los que mis valores más altos fueron profundísimamente confirmados. He aprendido a amar a Westerbork.³

Reflexiones como estas —en especial, teniendo en cuenta las circunstancias— hacen de Etty una expresión profunda de la plenitud, o lo que San Buenaventura llamó la "coincidencia de opuestos". ¿Cómo puede alguien lograr esa unión de opuestos como la aceptación interna y la resistencia externa, el sufrimiento intenso y la perfecta libertad, mi pequeño yo y un Dios infinito, la sensualidad y la espiritualidad intensa, la necesidad de culpar a alguien y la libertad para no culpar a nadie? Etty Hillesum demostró esta habilidad como pocas personas a las que he estudiado. O esas personas son la vanguardia de la conciencia humana y la civilización, o están mentalmente trastornadas. Sin dudas, trascienden por lejos cualquier religión formal.

Etty Hillesum no es más que un ejemplo de otra función de Cristo: una

---
1 Etty Hillesium, *Etty; The Letters and Diaries of Etty Hillesum, 19411943*. (Gran Rapids; William Eerdmans Publishing, 2002), 488.
2 Ibid, 608
3 Ibid, 520.

"voz" universalmente disponible que llama a todas las cosas *a ser íntegras y fieles a sí mismas*. En este sentido, las dos herramientas principales de Dios, desde cualquier aspecto, parecen ser un gran amor y un gran sufrimiento (y, a menudo, un gran amor que *invariablemente* conduce a un gran sufrimiento).

¡La suprema ironía de la vida es que esta voz de Cristo trabaja a través —y junto con— lo que siempre parece ser incompleto y falso! Dios insiste en incorporar lo aparentemente negativo. No hay duda de que Dios permite el sufrimiento. De hecho, *Dios parece enviarnos en el camino hacia nuestra propia plenitud, no eliminando los obstáculos, sino utilizándolos*. La mayoría de las novelas, óperas y poemas alguna vez escritos parecen tener este mismo mensaje de una forma u otra, pero aun así nos sorprende y decepciona cuando lo experimentamos en nuestras propias pequeñas vidas. Sin embargo, aparte del amor y el sufrimiento, que siempre resultan marginados, no veo otra forma en que los humanos recalibremos, reiniciemos o cambiemos de rumbo. ¿Por qué lo haríamos?

El instinto de realización

Carl Jung (1875-1961), el famoso psiquiatra y psicoanalista suizo, fue altamente crítico de su herencia cristiana al no haber encontrado una transformación notoria —lo que llamó "sentido de trascendencia o realización"— en los cristianos que conoció. En su lugar, vio una tradición religiosa que se había enfocado en lo externo, moralista e ineficaz para cambiar realmente a las personas o las culturas. Su propio padre y sus cinco tíos eran ministros suizos reformados, y Jung descubrió que eran hombres infelices y poco saludables. No sé bien en qué se basaba exactamente para tener esta percepción, pero es claro que, para Jung, era una desilusión. No quería terminar como los hombres religiosos en su vida.

Aun así, Jung no era ateo ni anticristiano. Insistió en que cada uno de nosotros y nosotras tenemos un "Arquetipo de Dios" interior, o lo que él llamó el "instinto de realización". El Arquetipo de Dios es la parte de ti que te impulsa hacia una mayor integración a través de la aceptación profunda de lo Real, del balance de los opuestos, de la simple compasión hacia el "yo", y de la habilidad de reconocer y perdonar nuestro propio lado oscuro. Para

Jung, la plenitud no debía confundirse con ningún tipo de supuesta perfección, porque tal moralismo está demasiado atado al ego y a la negación de la debilidad interior que todos y todas debemos aceptar. Estoy profundamente de acuerdo con él.

En la crítica que realiza a su padre y a sus tíos, Jung reconoce que muchos humanos se habían convertido en un reflejo del Dios punitivo al que adoraban. Un Dios que perdona nos permite reconocer lo bueno en lo supuestamente malo, y lo malo en lo que supuestamente es perfecto o ideal. *Cualquier visión tiránica o punitiva de Dios, trágicamente nos impide admitir estas aparentes contradicciones.* Nos hace permanecer en la negación de nuestro verdadero ser, y nos fuerza a vivir en la superficie de nuestras propias vidas. Si Dios es una figura que avergüenza a los humanos, entonces la mayoría aprendemos naturalmente a negar, desviar, o transmitir esa vergüenza a los demás. Si Dios es el jefe torturador, entonces se valida de principio a fin el modelo de sociedad punitiva y moralista. Estamos de vuelta en la religión de resolución de problemas en lugar de en una de sanidad y transformación.

Para Jung, la plenitud apuntaba a la armonía y al equilibrio, era una operación de contención más que una operación de expulsión. Pero reconocía que tal consciencia era costosa, porque los humanos prefieren lidiar con las tensiones de la vida mediante diversas formas de negación, moralización, adicción o proyección. Para la década de 1930, Jung dijo que había tanto material sombrío reprimido, negado y proyectado en Europa, el continente supuestamente cristiano, que otra Gran Guerra era casi inevitable. Por desgracia, su predicción fue completamente correcta.

No creo que Jung haya considerado la distinción que hago entre Jesús y Cristo. Lo más probable es que haya usado las dos palabras de manera indistinta, como la mayoría de las personas hasta hoy. Pero, si mi lectura es correcta, su Arquetipo de Dios nos puede enseñar algo importante sobre el Misterio de Cristo y sobre nuestra participación en él. Jung entendía *que todo el viaje hacia la plenitud debía incluir siempre las experiencias negativas (la "cruz") que solemos rechazar.* En este punto, era más cristiano que los críticos que lo llamaron anticristiano.

La grandiosa voz en nuestro interior

Para seguir sus propios caminos hacia la plenitud, tanto Etty Hillesum como Carl Jung confiaron y prestaron atención a la voz de Dios en lo más profundo de sus Seres. Muchas personas sofisticadas e instruidas no están dispuestas a someterse a un conocimiento indirecto, subversivo e intuitivo, por lo que probablemente dependen demasiado de la ley externa y del comportamiento ritual para lograr sus propósitos espirituales. No conocen otra cosa que sentirse objetivas y sólidas. La verdad intuitiva, ese instinto interno de realización, se siente mucho como *simples pensamientos y sentimientos propios*, y no todos estamos dispuestos a llamar "Dios" a eso, incluso cuando esa voz nos impulsa hacia la compasión en lugar del odio, hacia el perdón en lugar del resentimiento, a la generosidad en lugar de la mezquindad, a la grandeza en lugar de la insignificancia. Piénsalo: si la encarnación es verdad, ¡entonces *por supuesto* que Dios te habla a través de tus propios pensamientos! Como Juana de Arco contestó brillantemente cuando el juez la acusó de ser víctima de su propia imaginación: "¿De qué otra manera me hablaría Dios?".

Muchos de nosotros y nosotras hemos sido entrenados para descartar estas voces internas como meras emociones, condicionamientos religiosos o manipulaciones psicológicas. Algunas veces pueden serlo, pero en muchas ocasiones *no lo son*. La voz de Dios parece estar por debajo de la dignidad de la persona moderna y posmoderna. Irónicamente, esta es una media verdad. La voz interna, tan honrada por Hillesum y Jung, es experimentada como el más profundo y generalmente oculto "yo", un lugar al que la mayoría no vamos. Esta voz realmente habla en un nivel "por debajo" de la conciencia racional, un lugar al que solo las personas humildes —o las entrenadas— saben llegar.

En determinado punto, Jung escribió: "*Mi progreso del peregrino ha sido bajar mil escaleras hasta que finalmente pude extender una mano amistosa al pequeño pedazo de tierra que soy*".[4] Jung, un supuesto no creyente, sabía que cualquier experiencia auténtica de Dios conlleva mucha humildad y honestidad. El orgullo no puede conocer a Dios porque Dios no es orgulloso, sino

---

4 *C. G. Jung Letters*, vol. 1, seleccionado y editado por Gerhard Adler (Lodon: Rout-

infinitamente humilde. ¡Recuerden, solo los semejantes se pueden conocer! La combinación de buscar la humildad y la paciencia es la mejor práctica espiritual de todas.

Y aquí es donde abrazar el Misterio de Cristo se vuelve íntegramente práctico. *Sin la mediación de Cristo, estaremos tentados a exagerar la distancia y la distinción entre Dios y la humanidad*. Pero, gracias a la encarnación, lo sobrenatural está embebido en lo natural por siempre, haciendo que el simple hecho de distinguirlos sea falso. ¿Cuán bueno es eso? Esta es la razón por la que los santos como Agustín, Teresa de Ávila y Carl Jung parecían equiparar completamente el descubrimiento de sus propias almas con el descubrimiento de Dios. Se necesita gran parte de nuestras vidas, mucha experiencia vivida, para confiar y permitir tal proceso. Sin embargo, cuando llega, *se sentirá como una habilidad tranquila y humilde para confiar en ti mismo y en Dios al mismo tiempo. ¿No es lo que todos y todas queremos?*

Si puedes confiar y escuchar esta imagen divina interior, este instinto de realización, o lo que, en un libro anterior, llamé tu "Verdadero Yo",[5] te estarás moviendo hacia tu mejor, más amplio, bondadoso e íntegro "yo" (¡También debería agregar "tu 'yo' más *compasivamente insatisfecho*", porque el viaje del alma nos invita a una profundidad infinita que nunca podremos sondear por completo!). Como dice Agustín, "Un objeto temporal es amado antes de tenerlo, y se vuelve inservible cuando lo obtenemos, porque no satisface el alma [...], pero lo eterno se ama más ardientemente cuanto más se adquiere... El alma encontrará lo eterno aún más valioso después de probarlo una vez".[6] Estoy bastante seguro de que esto fue lo que llevó a Etty Hillesum cada vez más hacia lo profundo y hacia adelante, y le permitió seguir una experiencia muy sensual, e incluso sexual, en su dormitorio, con oraciones de adoración en el suelo del baño, todo en la misma media hora.

Las satisfacciones espirituales se alimentan de sí mismas, crecen por sí mismas, crean plenitud y, finalmente, son su propia recompensa. Las satisfacciones materiales, aunque seguramente no son malas, tienden a volverse

---

ledge, 1972), 19, n. 8.
5 Rohr, *Immortal Diamond*.
6 Agustín, *On Christian Doctrine* 1. 38.42, en *Readings in Classic Rhetoric* (New York: Routledge, 2008), 184

adictivas, porque en lugar de lograr tu plenitud, te recuerdan sistemáticamente cuán incompleto, necesitado y vacío estás. Como suelen decir los alcohólicos, tu "adicción hace que necesites más y más lo que no funciona". No obstante, en general las satisfacciones espirituales nos serán comunicadas en forma material, encarnada y extática. La encarnación es buena y necesaria, así que no te apresures a desacreditarla como "la carne". La diferencia está en la manera en que encontramos estas formas. Si hallamos satisfacción al disfrutarlas, observarlas y participar en ellas, nos dan un gozo continuo. Son dedos que señalan a la luna. Pero una vez que tratamos de poseer, capturar o "adueñarnos" de la luna, o de cualquier cosa material, intentando llevarla dentro de nuestro propio control egoísta, de alguna manera la contaminamos. Los científicos sociales dicen que la emoción que rodea la apertura de un regalo físico se desvanece en muy pocos minutos.

De hecho, lejos de consumir dones espirituales solo para ti mismo, debes recibir todas las palabras de Dios con ternura y sutileza, para que puedas transmitirlas a otros de manera tierna y sutil. Incluso diría que cualquier cosa dicha con demasiado alarde, exceso de confianza o cualquier necesidad de controlar o impresionar a otro u otra, *nunca* es la voz de Dios dentro de ti. Espero no estar haciendo eso aquí. Si algún pensamiento se siente demasiado duro, trae vergüenza o te disminuye a ti o a otros u otras, probablemente no sea la voz de Dios. Confía en mí. Esa es simplemente *tu* voz. ¿Por qué los humanos presumimos tanto de exactamente lo opuesto, que las voces que nos traen vergüenza son siempre de Dios, y las voces de gracia son siempre nuestra imaginación? Ese es un camino autodestructivo ("¿demoníaco?"). Sin embargo, como confesor y director espiritual, puedo confirmar que esta lógica estropeada es la norma general.

Si algo viene hacia ti con gracia y es capaz de atravesarte e ir hacia otros con gracia, puedes confiar en que es la voz de Dios.

Intenta hacerlo, tal vez en voz alta. Solo sale con práctica. Hace poco, un hombre santo que vino a visitarme lo expresó de esta manera: "*Debemos escuchar aquello que nos sostiene. Debemos escuchar lo que nos anima. Debemos escuchar lo que nos exhorta. Debemos escuchar lo que está vivo en nosotros*". Personalmente, estaba tan entrenado en *no* confiar en esas voces, que creo que muchas veces no escuché la voz de Dios hablarme, o lo que Abraham Lincoln llamó los "mejores ángeles de nuestra naturaleza". Sí, una persona narcisista puede y hará un mal uso de tales consejos, pero un verdadero amante de Dios florecerá dentro de tal diálogo. Ese es el riesgo que Dios toma, y que nosotros y nosotras debemos tomar en aras de una fructífera relación de amor con Dios. Requiere mucho coraje y humildad confiar en la voz interior de Dios. María personifica completamente tal confianza en su voluntario y trascendente "que suceda" al Arcángel Gabriel (Lucas 1:38), y era una adolescente judía sin educación.

A la mayoría de los cristianos y cristianas se nos ha enseñado a odiar o confesar nuestro pecado incluso antes de reconocer su verdadera forma. Sin embargo, si nutres el autodesprecio, no pasará mucho tiempo antes de que se revele como odio a los demás. Me temo que este cristianismo es común y corriente, pero tiene un enorme costo para la historia *A menos que la religión nos lleve hacia un camino tanto profundo como honesto, gran parte de ella es bastante peligrosa para el alma y para la sociedad.* De hecho, *la religión "estilo comida-rápida" y el denominado "evangelio de la prosperidad" son algunas de las mejores formas de evitar a Dios, mientras hablamos de religión casi sin parar.*

Debemos aprender a reconocer el flujo positivo y distinguirlo de la resistencia negativa dentro de nosotros. Creo que lleva años lograrlo. Si *una voz viene desde la acusación y nos guía hacia la acusación, es simplemente la voz del "Acusador",* que es el significado literal de la palabra bíblica "Satán". Avergonzar, acusar o culpar no es la forma de hablar de Dios. Así es como *nosotros hablamos.* Dios es supremamente no violento, y eso lo he aprendido de los santos y místicos que he leído, conocido y escuchado. Tanta gente santa no puede estar equivocada.

7
YENDO A UN BUEN LUGAR

He venido a traer fuego sobre la tierra,
¡y cómo desearía que ya estuviera ardiendo!
—Lucas 12:49

Hasta ahora, nos hemos enfocado principalmente en describir una realidad más universal y profunda situada en el corazón de todas las cosas. A esta realidad trascendente que se revela a sí misma en las encarnaciones de la naturaleza, el Jesús histórico, e incluso tú y yo, la hemos llamado "el Misterio de Cristo". Este Cristo nos ama apasionada e incansablemente, de una manera altamente personalizada, atrayéndonos hacia la plenitud en un vocabulario único para cada alma.

En este capítulo, retrocedemos para preguntar ¿Pero a dónde va todo esto? Si *"Cristo en ti" es el punto de partida, ¿cuál es el objetivo final para nosotros y nosotras y —yendo al caso— todo el cosmos?* ¿De verdad nuestro "gran planeta tierra"[1] se dirige hacia el Armagedón? En estos tiempos tan difíciles, desorientados, y cargados de desilusiones, no se me ocurren preocupaciones más relevantes.

Para arribar a los resultados finales, empiezo con la promesa de cambio, y de su naturaleza, que luego describo como un movimiento desde el orden al desorden y, finalmente, al reorden (Apéndice II).

El proceso interno del cambio

La noción desafiante de Jesús de hacer caer fuego sobre la tierra, citada en el epígrafe, es una de mis metáforas favoritas. Amo la imagen del fuego, no por su aparente destructividad, sino como símbolo natural de transformación (literalmente, el cambio de las formas). Granjeros, trabajadores forestales

---
[1] Aquí, el autor hace referencia a "La agonía del gran planeta tierra" de Hal Lindsey. (N. del T.)

y pueblos nativos saben que el fuego es una fuerza renovadora, aunque también puede ser destructivo. Nosotros en Occidente tendemos a verlo como algo meramente destructivo (que, probablemente, explique por qué no entendimos las metáforas del infierno o del purgatorio).

Jesús claramente creía en el cambio. De hecho, la primera palabra que salió de su boca en público fue el verbo imperativo griego *metanoeite*, que literalmente se traduce como "cambiar de mentalidad" o "ir más allá de tu mente" (Mateo 3:2, 4:17, y Marcos 1:15). Desafortunadamente, en el siglo IV, San Jerónimo tradujo la palabra al latín como *paenitentia* ("arrepentirse" o "hacer penitencia"), iniciando una gran cantidad de connotaciones moralistas que, desde entonces, han teñido la comprensión cristiana de los Evangelios. Sin embargo, la palabra *metanoeite* habla de *un cambio primigenio de mente, cosmovisión, modo de procesar la realidad* y, solo como consecuencia, de un cambio específico en el comportamiento. El malentendido común es poner el carro delante del caballo; pensamos que podemos cambiar algunos aspectos externos, mientras que nuestra cosmovisión subyacente, a menudo, sigue siendo completamente narcisista y autorreferencial.

Este malentendido contribuyó a una noción puritana, externalizada y en gran parte estática del mensaje cristiano, que nos ha seguido hasta nuestros días. La fe se transformó en ciertos requerimientos externos que podrían cumplirse, castigarse y recompensarse, mucho más que en términos de *un cambio real de corazón y mente*, que Jesús describe como algo que sucede en gran medida "en secreto, donde tu Padre, quien ve todo lo que se hace en secreto, puede recompensarte" (Marcos 6:4, 6, 18). En su enseñanza moral, Jesús enfatizó sistemáticamente *en la motivación e intención interna*. Encauzó la religión hacia el cambio interior y la "pureza de corazón" (Mateo 5:8), en lugar de enfocarse en las cosas visibles y externas, o que produjeran algún tipo de recompensa o castigo social. Esto perfecciona a la religión en el mismo punto donde es más probable que se vuelva corrupta y manipuladora.

El proceso interno de cambio es fundamental para todo, incluso para nuestros cuerpos. Piénsalo: ¿qué pasaría si la próxima herida que tengas en el cuerpo nunca sanase? Después de haberme sometido a varias cirugías, me consoló la forma en que mi cuerpo siempre se cuidó a sí mismo con el paso del tiempo. El milagro de la sanación vino desde adentro; todo lo que tenía que hacer era esperar y confiar. Sin embargo, en la religión, muchos prefieren las transacciones mágicas, externas y de una sola vez, en lugar del patrón universal de crecimiento y sanación a través de la pérdida y la renovación. Este patrón universal es la forma en que la vida se perpetúa a sí misma de maneras constantemente nuevas (irónicamente, a través de varios tipos de muerte). Este patrón nos decepciona y asusta a la mayoría, excepto a los biólogos y físicos; ellos parecen entenderlo mejor que muchos clérigos, quienes creen que la muerte y la resurrección son solo una declaración doctrinal de Jesús.

Me temo que muchos de nosotros y nosotras hemos fallado en honrar el futuro en perpetuo desarrollo de Dios y el proceso de llegar allí, que usualmente incluye algún tipo de muerte a lo viejo. A efectos prácticos, terminamos por resistirnos y oponernos precisamente a aquello que deseamos. La gran ironía es que, a menudo, hasta llegamos a pedírselo a Dios en oración, ¡como si Dios fuera a protegernos del proceso que nos perfecciona!

Dios *nos protege en* la muerte y *a través* de ella, tal como el Padre hizo con Jesús. Cuando esto no queda en claro, el cristianismo termina protegiendo e idealizando el *statu quo* —o aún más, el supuesto pasado maravilloso—, al menos en tanto y en cuanto preserve nuestro privilegio. Las personas cómodas tienden a ver a la iglesia como una pintoresca tienda de antigüedades donde pueden adorar cosas viejas como sustitutos de las cosas eternas.

No hay tal cosa como un cristianismo apolítico. Negarse a criticar al sistema o al *statu quo* es apoyarlo plenamente, lo cual es un acto político bien disfrazado. Tal como lo hizo Pilatos, muchos cristianos y cristianas eligen lavarse las manos frente a la multitud y declararse inocentes, diciendo con él: "Es cosa de ustedes"(Mateo 27:24). Pilatos mantiene su pureza y Jesús paga el precio. *Ir hacia algún buen lugar significa tener que ir a través de y junto a la maldad, y ser incapaces de mantenernos por encima o separados de ella*. No hay pedestal de pureza perfecta en donde pararnos, y esforzarse por hacerlo es un juego egoísta. Aun así, el síndrome de Pilatos es bastante común entre cristianos y cristianas de buena fe, generalmente bajo la forma de excluir a aquellas personas a las que consideran pecadoras.

El mismo Jesús rechaza enérgicamente este amor por el pasado y la perfección privada y, para hacerlo, cita muy ingeniosamente a Isaías (29:13): "En vano me adoran, enseñando preceptos humanos como si fuesen doctrinas" (Mateo 15:9). Muchos de nosotros parecemos pensar que realmente Dios está "allá atrás", en aquellos antiguos buenos tiempos de la vieja religión, cuando Dios realmente era Dios, y todos eran felices y puros. Tal es la ilusión de muchas personas atraídas a la religión, y hoy es bastante popular en muchas "megaiglesias". Todo cambio es privado e interior, y cualquier crítica externa a los sistemas, al privilegio personal, a nuestra nacionalidad o a nuestra religión es inadmisible. Cuando Jesús anunció por primera vez el "cambio de mentalidad", inmediatamente desafió a sus apóstoles a dejar tanto sus trabajos como a sus familias (ver Marcos 1:20, Mateo 4:22). El cambio de mentalidad tuvo implicaciones sociales gigantescas e inmediatas, lo que llevó a los jóvenes judíos a cuestionar a dos vacas sagradas sólidamente conservadoras: ocupación y familia. Jesús no les dijo que asistieran a la sinagoga más seguido, o que creyeran que él era Dios. ¿Alguna vez notaste que Jesús no habla ni una sola vez con entusiasmo de la familia nuclear, o de las carreras o trabajos? Fíjate.

Cómo Dios mantiene a la Creación tanto buena como nueva

Así que, mientras vamos cerrando la Parte 1 de este libro, hablemos de cómo Dios mantiene a la Creación tanto buena como nueva (lo que implica que siempre nos dirigimos a un lugar aún mejor). Sé que algunos cristianos y cristianas pueden dudar de esto, pero la palabra que nos va a ser de gran ayuda aquí es "evolución". Dios sigue creando cosas desde adentro hacia afuera, por lo que estas siempre están anhelando, desarrollándose, creciendo y cambiando para bien. Este es el fuego que lanzó sobre la tierra, la fuerza generadora implantada en todos los seres vivientes, que hacen crecer cosas tanto desde adentro —porque están programados para hacerlo— como desde afuera —al tomar sol, comida y agua.

Si vemos el Misterio Eternal de Cristo como el simbólico Punto Alfa para el comienzo de lo que llamamos "tiempo", sin dudas podemos ver que la historia y la evolución tienen inteligencia, un plan y una trayectoria desde el inicio. El Cristo Resucitado, que aparece en la mitad de la historia, nos asegura que Dios está guiándonos hacia algún lugar bueno y positivo, al contrario de todas las crucifixiones. Dios ha estado guiándonos desde el principio del tiempo, pero ahora nos incluye en el proceso de desarrollo (Romanos 8:2830). Esta es la oportunidad que se nos ofrece como humanos, y quienes se suben al tren de Cristo están destinados a ser la "Nueva Humanidad" (Efesios 2:15b). Cristo es tanto el Resplandor Divino en el Principio del Big Bang como la Seducción Divina que nos lleva a un futuro positivo. Por lo tanto, estamos sujetos a un Amor Personal que *desde* el Amor avanza *hacia* un Amor cada vez más participativo. ¡Este es el Cristo Omega! (Ap. 1:6).

Tal vez, en lo personal no sientas la necesidad de que la creación tenga una forma, dirección o propósito final. Después de todo, muchos científicos no parecen plantearse preguntas tan definitivas. Los evolucionistas observan la evidencia y los datos, y dicen que el universo claramente está en desarrollo y expansión, a pesar de que no conocen la meta final. Pero los cristianos y cristianas creen que la meta final tiene una forma y un significado, que se revela en que la creación empezó con el "¡y vio que era muy bueno!". Todo lo que emerge parece converger. La intención del símbolo bíblico del Cristo Eterno y Universal en ambos extremos del tiempo cósmico era asegurarnos que toda la trayectoria del mundo que conocemos es un devenir de la conciencia junto a "toda la creación gime en un gran acto de dar a luz" (Romanos 8:22).

El Nuevo Testamento tiene una percepción clara de que la historia trabaja de una manera tanto evolutiva como positiva. Observa, por ejemplo, las muchas parábolas de Jesús acerca del Reino, apoyadas firmemente en un lenguaje de crecimiento y desarrollo. Sus metáforas más comunes para el crecimiento son la semilla, la mazorca de maíz que crece, las malezas y el trigo que crecen juntos, y el desarrollo de la levadura. Sus parábolas sobre el "Reino de Dios" son casi siempre sobre hallar, descubrir, ser sorprendidos, experimentar cambios de expectativas, cambio de roles y de estatus. Ninguna de estas nociones es estática; siempre son acerca de algo nuevo y bueno que nace.

¿Por qué creo que esto es importante? Francamente, porque sin esto nos volvemos muy impacientes con nosotros mismos, otros y otras, particularmente en los contratiempos. Los humanos y la historia crecemos lentamente. Antes de recibir a las personas esperamos que aparezcan en nuestra puerta totalmente transformadas y santas. Pero el lenguaje de crecimiento nos dice que es apropiado esperar, confiar en que la *metanoeite*, o cambio de consciencia, solo puede venir con el tiempo, y esta paciencia termina siendo la mismísima forma del amor. Sin ella, la iglesia se entrega al mero cumplimiento de leyes y requerimientos. A los "pastores" se les dice que, en lugar de servir como cuidadores de las ovejas y corderos de Dios, deben ser guardianes, policías de la palabra y traficantes de antigüedades sagradas. *Sin una cosmovisión evolutiva, la cristiandad realmente no entiende, ni mucho menos fomenta, el crecimiento o el cambio. Tampoco sabe como respetar y apoyar el curso de la historia.*

La línea histórica de la gracia

En este momento, estoy observando un cartel en mi oficina que dice LA VIDA NO TIENE QUE SER PERFECTA PARA SER MARAVILLOSA. Parece que el camino hacia la *madurez* es siempre y necesariamente la *inmadurez*. ¿Qué otra cosa podría ser? Las buenas madres y padres lo aprendieron hace mucho, y el cardenal John Henry Newman lo captura de forma brillante cuando escribe que "vivir es cambiar, y ser perfecto es haber cambiado a menudo".[2]

Cualquier cosa llamada "buenas noticias" necesita revelar un patrón universal confiable en el que nos podamos apoyar, y no solo patrones de clanes o tribales que podrían ser verdad dependiendo de la ocasión. Probablemente, esta es la razón por la que la ruptura de la cristiandad con la ética del judaísmo étnico era inevitable, a pesar de que nunca fue la intención de Jesús o de Pablo, y la de por qué, a principios del siglo II, los cristianos y cristianas ya se llamaban a sí mismos "católicos" o "universales". Su consciencia era guiada por la creencia de que Dios está guiando toda la historia a un lugar más grande, amplio y mejor para toda la humanidad. Aun así, después

---
2 John Henry Newman, *An Essay on the Development of Christian Doctrine* (London: James Toovey, 1845), 39.

de Jesús y Pablo —excepto por ciertos teólogos como Gregorio de Nisa, Atanasio, Máximo el Confesor y Francisco de Asís—, la versión más aceptada del cristianismo tenía poco que ver con el cosmos o la creación, la naturaleza o siquiera la historia. En general, nuestras creencias no hablan del futuro, excepto en términos apocalípticos y de juicio. Este no es el modo de guiar la historia hacia adelante; no es la manera de dar esperanza, sentido, dirección o gozo a la humanidad.

Esa es la posición limitada y precaria en la que se sitúa el cristianismo cuando se ata a cualquier Jesús ligado a la cultura; cualquier expresión de fe que haga eso no incluye al Cristo Eterno. Sin una línea histórica universal que ofrezca gracia y cuidado para toda la creación, Jesús se mantiene pequeño y aparentemente inepto. O el cuidado de Dios es hacia todas las criaturas, o Dios resulta ser un despreocupado, lo que hace que cosas como el agua, los árboles, los animales y la historia misma sean accidentales, triviales o desechables. Pero la gracia no es un último recurso, un agregado ocasional para un puñado de humanos; la gracia y vida de Dios no aparecieron hace unos pocos miles de años, cuando Jesús vino y algunos humanos con suerte lo encontraron en la Biblia. La gracia de Dios no puede ser un solucionador de problemas aleatorio, distribuido a unos pocos virtuosos, ¡o no es gracia en absoluto! (Lee Efesios 2:7-10 si quieres el significado radical de la gracia resumido en tres versículos concisos).

¿Qué pasaría si recuperásemos este sentido de la gracia inherente de Dios como la generadora principal de toda vida? ¡Que hace su trabajo desde adentro hacia afuera!

Rastros de bondad

Hace algunos años, el presentador de un programa de entrevistas escandinavo le preguntó Richard Dawkins, biólogo y militante ateo inglés: "¿Cuál es el concepto erróneo más común sobre la evolución?". La respuesta de Dawkins fue: "Que es una teoría de probabilidad aleatoria. Obviamente, no puede ser así. Si lo fuera, no podría explicar por qué los animales y las plantas están tan maravillosamente... bien diseñados". Dawkins notó que el mismo Darwin no creía en casualidades azarosas. "Lo que hizo Darwin fue descubrir la única alternativa conocida para el azar, que [creyó] era la selección natural".[3]

¡Sí, realmente dijo eso! Dawkins está dejando la puerta completamente abierta para lo que algunos llaman "diseño inteligente", pero no nos pongamos a pelear por terminología. Como resultado de esta pelea, muchas personas instruidas ya no quieren hablar con personas religiosas, o usar nuestra fraseología. Así fue que dimos con las interminables guerras culturales en las que estamos involucrados hasta hoy, donde cada lado está atrincherado detrás de palabras simbólicas.

Todo lo que sé es que los creacionistas y los evolucionistas no tienen que ser enemigos. Con justas razones, los evolucionistas quieren decir que el universo se está desarrollando, mientras que los creyentes pueden insistir con razón en el significado personal de ese desarrollo. Nosotros y nosotras le damos un punto de llegada positivo y certero al fenómeno de la vida y de la materia, que llamamos "resurrección", al mismo tiempo que tenemos en cuenta grandes cantidades de sufrimiento y muerte a lo largo del camino, a lo que llamamos "crucifixión". Esa es, realmente, una visión trascendental y crucial, y explica mucho, pero también lleva tanto equipaje extra, que puedo ver por qué la gente racional y con mentalidad científica suele resistirse.

Aun así, creer que Jesús fue resucitado de los muertos no es un salto de fe. *La resurrección y la renovación son, de hecho, el patrón universal y observable de todo.* También podríamos utilizar términos no religiosos, como "primavera", "regeneración", "sanación", "perdón", "ciclos vitales", "oscuridad" y "luz". Si la encarnación es real, entonces es totalmente esperable una resurrección en sus múltiples formas. O, parafraseando la declaración previa atribuida a Albert Einstein, no es que algo sea un milagro, ¡sino que todo es un milagro!

Este punto merece que nos detengamos por unos momentos.

Cada vez que inhalas, repites el patrón de llevar espíritu a la materia, y así, repites la primera creación de Adán.

Y cada vez que exhalas, repites el patrón de devolver el espíritu al universo material. Cada exhalación es, en cierto sentido, una "pequeña muerte",

---

[3] Richard Dawkins, "Richard Dawkins *on Skalvan*", *Skavlan*, YouTube, diciembre de 2015, https://www.youtube.com/watch?v=e3oae0AOQew

mientras pagamos el precio de animar o inspirar al mundo.

Tu simple respiración modela tu vocación entera como ser humano. Eres una encarnación, como Cristo, de materia y espíritu operando como uno. Esto, más que cualquier otra cosa que creamos o logremos, es el modo en que todos mantenemos el misterio de la encarnación en el tiempo y espacio, lo sepamos y disfrutemos, o no.

Si la encarnación divina contiene algo de verdad, entonces la resurrección es una conclusión inevitable, y no una anomalía excepcional en el cuerpo de Jesús, tal como quiso —y no pudo— demostrar nuestra comprensión occidental de la resurrección. *El Cristo resucitado no es un milagro de una sola vez, sino la revelación de un patrón universal difícil de ver a corto plazo.*

El trabajo para los creyentes no es entender *el cómo* o *el cuándo* de la resurrección, ¡sino *el qué*! Dejen el cómo y el cuándo para la ciencia y para Dios. El verdadero cristianismo y la verdadera ciencia son cosmovisiones transformadoras, sitúan al crecimiento y al desarrollo en su centro. Ambos cometidos, cada uno a su manera, cooperan con una parte del Plan Divino, y puede que no sea tan importante si Dios es reconocido formalmente o no. Como C. G. Jung tenía inscrito sobre su puerta: *Vocatus atque non vocatus, Deus aderit*, "Invocado o no invocado, Dios está presente".[4]

Dios ha trabajado en el anonimato desde el principio, siempre en un modo de trabajar interno y secreto.

El Espíritu parece funcionar mejor bajo la superficie. Cuando está en la superficie, los humanos comienzan a pelear.

Puedes llamar a esto "gracia", "el Espíritu que mora en nosotros", o simplemente "la evolución hacia la unión" (que llamamos "amor"). Dios no está compitiendo con nadie, sino *solo cooperando profundamente con todos y todas los que aman* (Romanos 8:28). Cada vez que damos un paso cuidadoso hacia adelante, Dios lo usa, lo sostiene, y lo bendice. Nuestro ímpetu no necesita para nada el nombre de la religión.

El amor es la energía que sostiene al universo, que nos mueve hacia adelante, a un futuro de resurrección. Ni siquiera necesitamos llamarlo amor, Dios o resurrección para que su obra sea hecha.

---

4 G. C. Jung, *Cartas*: 1952-1961, vol. 2, G. Adler (ed.). (Princenton, NJ: Princenton University Press, 1975), 611.

PARTE 2
LA GRAN COMA

8
HACER Y DECIR

> *... Nacido de la Virgen María,*
> *sufrió bajo Poncio Pilato...*
> —El credo de los Apóstoles

Si eres parte de alguna de las tradiciones más litúrgicas del cristianismo, probablemente conozcas de memoria las palabras de inicio del Credo de los Apóstoles:

> Creo en Dios, Padre todopoderoso, Creador de cielo y tierra. Creo en Jesucristo, su único Hijo, nuestro Señor, que fue concebido por el Espíritu Santo, nació de la Virgen María, padeció bajo Poncio Pilato, fue crucificado, muerto y sepultado; descendió a los infiernos...

Pero ¿alguna vez notaste el gran salto que hace el credo entre "nacido de la Virgen de María" y "padeció bajo Poncio Pilato"? ¡Una *sola coma* conecta las dos declaraciones, y *todo* lo que Jesús dijo e hizo entre su nacimiento y su muerte, como si fuera un simple detalle, cae dentro de esa enorme brecha! Conocida como la "Gran Coma", esta brecha suscita algunos serios interrogantes: ¿Todas las cosas que Jesús hizo y dijo durante esos años no son tan importantes? ¿No eran algo en lo que "creer"? ¿Solo importan su nacimiento y muerte? ¿Explica la brecha, de algún modo, el pésimo historial del cristianismo al imitar la vida y las enseñanzas de Jesús?

Hay otras omisiones deslumbrantes en los credos. Considerada como la declaración más antigua de las creencias cristianas, el Credo de los Apóstoles no menciona ni una sola vez el amor, el servicio, la esperanza, "el menor de los hermanos y las hermanas", o siquiera el perdón (en verdad, no menciona nada remotamente *realizable*). Es una declaración de visión y filosofía sin ninguna misión establecida, por así decirlo. Se nos recuerda dos veces que

Dios es todopoderoso, pero en ninguna parte escuchamos que Dios también es *todosufriente o todovulnerable* (aunque sí declara que Jesús "sufrió... murió, y fue sepultado"). Con su énfasis en la teoría y la teología, pero no en la praxis, el credo nos colocó en un sendero que todavía hoy estamos transitando.

El Credo de los Apóstoles, junto con el posterior Credo de Nicea, es un documento importante de resumen e historia teológicos, pero cuando oigo a la multitud en mi parroquia murmurarlo de prisa en la recitación de cada domingo, me sorprende cuán poca utilidad parecen tener —y qué poco interés parecen generar— los credos como guías para el comportamiento diario y práctico de las personas. Espero estar equivocado, pero lo dudo.

Ambos credos revelan suposiciones cristianas históricas sobre quién es Dios y qué está haciendo. Reafirman un universo estático e inmutable, y a un Dios que está bastante lejos de casi todo lo que nos importa en el diario vivir. Más aún, no muestran mucho interés en las realidades de la propia vida humana de Jesús, o de la nuestra. En lugar de eso, retratan todo lo que los sistemas religiosos tienden a desear: un Dios fuerte, estable y en control. Nada del Jesús del "poner la otra mejilla"; aquí no encontramos ningún indicio de un estilo de vida simple como el de Cristo.

Tal vez te preguntes por qué te molesto con estos fragmentos de trivialidades históricas y teológicas. He aquí la razón:

Cuando nuestra tradición escogió un Cristo imperial que vive dentro del mundo de las proclamaciones estáticas y míticas, enmarcó la creencia y la comprensión cristiana en un recuadro muy pequeño. El Cristo de estos credos no está atado a la tierra, a un Jesús de Nazaret natural, histórico, de carne y hueso. Tiene mucha mente y poco corazón, es todo espíritu y casi nada de carne o alma. ¿La única misión que tenemos es la de seguir anunciando nuestra declaración de visión y filosofía? A veces, parece que sí. Esto es lo que pasa cuando el poder y el imperio se hacen cargo del mensaje.

¿Sabías que los primeros siete Concilios de la Iglesia acordados tanto por Oriente como por Occidente, fueron convocados o presididos formalmente por emperadores? Este no es un dato menor. Los emperadores y gobernantes no tienden a estar interesados en la ética del amor, el servicio, la no violencia

(¡Dios nos libre!) y, seguramente, tampoco en el perdón, a menos que de alguna manera les ayude a mantenerse en el poder.

Para todos aquellos que han intentado conocer a Jesús sin Cristo, muchas de las enseñanzas nucleares de la iglesia ofrecen a un Cristo incorpóreo, sin rastros del Jesús verdaderamente humano, que fue la norma durante siglos de doctrina y arte. *El arte es la revelación involuntaria de lo que la gente cree en una época determinada.* Vale la pena repetir lo que John Dominic Crossan demostró en su magistral estudio sobre las imágenes orientales y occidentales de la Resurrección; teníamos dos teologías extremadamente diferentes en significado. El Occidente declaró: "Jesús se levantó de los muertos" como individuo; la Iglesia oriental lo vio al menos de tres maneras: *el pisoteo al infierno, lo colectivo saliendo del infierno y el elevamiento colectivo de la humanidad con Cristo.*[1] Ese es un mensaje bastante diferente. Pero, después de 1054, tuvimos muy poco conocimiento el uno del otro, ya que se consideraban herejes mutuamente. Tal vez, este fue el peor resultado histórico de nuestro pensamiento y práctica dualistas (no contemplativa). Lo único que permaneció en la iglesia occidental fue una única frase en el Credo de los Apóstoles: "descendió a los infiernos". Aunque nadie estaba realmente seguro de lo que significaba eso.

En la segunda parte de este libro, me gustaría que consideremos cómo un entendimiento del Cristo puede revolucionar la manera en la que practicamos nuestra fe, en los detalles y en lo más grande. Para mí, la mera información rara vez ayuda, a menos que también ilumine y "amorice" tu vida. En la teología franciscana, *la verdad siempre está a disposición del amor, y absolutamente no es un fin en sí misma, lo cual, de lo contrario —y con demasiada frecuencia— se convierte en el culto a una ideología.* En otras palabras, cualquier buena idea que no involucre el cuerpo, el corazón, el mundo físico y a las personas que nos rodean, tenderá más a ser una solución teórica y teológica de problemas, que verdadera sanidad de las personas e instituciones (¡Que, irónicamente, es todo lo que Jesús hace!). La palabra "sanidad" no regresó al vocabulario cristiano principal hasta los años 70,[2]

---

[1] Crossan, *Resurrecting Easter,* especialmente 153ss.
[2] Francis McNutt, *Healing* (Notre Dame, IN: Ave Maria Press, 1974). Trabajé con Francis en los años 70 y fui testigo de muchos niveles de sanación con mis propios

e incluso allí fue ampliamente resistida, lo sé por experiencia propia. En la tradición católica, habíamos postergado la sanidad hasta la última hora de vida y la llamamos el "Sacramento de la 'Extrema Unción'", aparentemente ignorando que Jesús brindaba atención médica gratuita en todas las etapas vitales de las personas que sufrían, y que no era una medida "extrema" para guiarlas al otro mundo.

No lo deducirías de los credos oficiales, pero, después de todo lo dicho y hecho, hacer es más importante que decir. Claramente, Jesús estaba más preocupado por lo que los budistas llaman "la acción correcta" ("ortopraxis", en el cristianismo) que por decir, o incluso pensar, lo correcto. Puedes oír este mensaje de manera clara en la parábola de los dos hijos, en Mateo 21:28-31: Un hijo dice que no trabajara en la viña, pero después lo hace, mientras que el otro dice que irá, pero luego no lo hace. Jesús les dice a sus oyentes que él prefería al que realmente fue, aunque hubiera dicho las palabras incorrectas, antes que al que dijo lo correcto pero no actuó. ¿Cómo no lo vimos?

Hoy, la humanidad necesita un Jesús que sea histórico, relevante para la vida natural, físico y concreto, como nosotros y nosotras. Un Jesús cuya vida pueda salvarte aun más que su muerte. Un Jesús al que podamos imitar de manera práctica y que establezca el estándar de lo que significa ser completamente humano. Y un Cristo lo suficientemente grande como para mantener junta toda la creación en una unidad armoniosa.

En las páginas restantes de este libro, permíteme que te ofrezca este Jesús y este Cristo.

---

ojos. Al igual que en los Evangelios, causó mucho miedo, rechazo y negación en los "fieles".

9
LAS COSAS EN SU PROFUNDIDAD

Un día, la religión de Cristo avanzará un paso
en la tierra. Abrazará al hombre entero [sic],
a todo él, y no solo la mitad como ahora,
que solo abraza el alma.
—Nikos Kazantzakis, *Carta al Greco*

Cuando observo a los católicos recibir la comunión en la Misa, noto que algunos, después de comer el pan y tomar el vino, se voltean hacia el altar o hacia la caja sagrada que guarda el pan y hacen una reverencia, o doblan una rodilla como un gesto de respeto, como si la Presencia todavía estuviese ahí. En esos momentos, ¡me pregunto si entendieron lo que acaba de suceder! ¿No se dan cuenta de que la Eucaristía supone una transferencia *de* identidad *hacia ellos y ellas*? Ahora son tabernáculos vivos y móviles, tal como el Arca del Pacto. ¿Es demasiado? ¿Parece presuntuoso e imposible? Aparentemente, sí.

Del mismo modo, he conocido a muchos evangélicos que "recibieron a Jesús en sus corazones", pero todavía sentían la necesidad de "ser salvos" nuevamente todos los viernes por la noche. ¿No creyeron en que sucedió una transformación real si realizaron una entrega genuina y se reconectaron con su Fuente? Es entendible que la mayoría comencemos el viaje con la suposición de que Dios está "allí arriba", y nuestro trabajo es trascender este mundo para "hallarlo". Gastamos tanto tiempo en tratar de llegar "arriba", que pasamos por alto el hecho de que el gran salto de Dios en Jesús fue venir "aquí abajo". Mucha de nuestra adoración y esfuerzos religiosos son el equivalente espiritual a intentar subir por una escalera mecánica que baja.

Sospecho que la mentalidad del "allí arriba" es la manera en que inicia la búsqueda espiritual de la mayoría de las personas. Pero, una vez que comienza el viaje interior —una vez que llegas a saber que en Cristo, Dios siempre está superando la brecha entre lo humano y lo divino— el camino cristiano deja de ser como escalar y realizar una *performance*, y comienza a tratarse más de descender, dejar ir, y desaprender. Conocer y amar a Jesús se trata en gran parte de volverse completamente humano, con heridas y todo, en lugar de ascender espiritualmente o pensar que podemos permanecer ilesos (al ego no le gusta para nada este cambio fundamental, por lo que seguimos volviendo a algún tipo de principio perfomático, en un intento de salirnos de esta encarnación engorrosa en lugar de aprender de ella. Así son la mayoría de las religiones en sus estadios más tempranos).

Jesús le ofreció al mundo una muestra viva de Amor plenamente encarnado que emerge de nuestras situaciones de vida ordinarias y limitadas. Para mí, esta es la verdadera importancia de la declaración de Pablo de que Jesús "nació de una mujer bajo la Ley" (Gálatas 4:4). En Jesús, Dios se convirtió en parte de nuestro pequeño y acogedor mundo al entrar en los límites humanos y cotidianidades (y permaneció mayormente anónimo e invisible durante sus primeros treinta años). A lo largo de su vida, Jesús no gastó tiempo en escalar, sino que invirtió mucho tiempo en descender, *"despojándose de sí mismo, y haciéndose semejante a todos los humanos"* (Filipenses 2:7), "tentado en todas las formas en la que nosotros somos tentados" (Hebreos 4:15) y "viviendo en las limitaciones de la debilidad" (Hebreos 5:2). En este capítulo, me gustaría considerar tal camino, y lo que significa para ti y para mí.

El mapa divino

Jesús caminó, disfrutó y sufrió todo el viaje humano, y nos dijo que podíamos y deberíamos hacer lo mismo. Su vida ejemplificó el despliegue del misterio en todos sus estadios: desde su nacimiento oculto y divino, hasta una vida adulta común llena de amor y problemas, marcada por unos pocos momentos de transfiguración e iluminación, todo lo cual conduce a una ascensión gloriosa y a un retorno final. Como dice Hebreos 4:15: "Porque no tenemos un sumo sacerdote incapaz de simpatizar con nuestra debilidad, sino que tenemos uno que fue como nosotros en todos los sentidos, experimentó cada tentación, y nunca retrocedió" (mi traducción).

No necesitamos temer a las profundidades y amplitudes de nuestras propias vidas, o a lo que este mundo nos ofrece o nos pide. Se nos dio permiso para intimar con nuestras propias experiencias, aprender de ellas, y permitirnos descender a la profundidad de las cosas, incluso de nuestros errores, sin tratar de trascenderlo todo rápidamente en nombre de alguna pureza o superioridad idealizada. *Dios se esconde en las profundidades y, mientras permanezcamos en la superficie de las cosas —incluso en las profundidades de nuestros pecados—, no se ve.*

Recuerda que el encuentro arquetípico entre el Tomás escéptico y el Cristo Resucitado (Juan 20:19-28) no es una historia para creer en el hecho de la resurrección, ¡sino una acerca de creer que alguien puede *estar herido y también resucitado al mismo tiempo*! Es un mensaje bastante diferente y que necesitamos con desesperación. "Pon tu dedo aquí", le dice Jesús a Tomás (20:27). Y, como Tomás pudo comprobar, estamos heridos y resucitados al mismo tiempo; todos nosotros, todas nosotras. De hecho, este podría ser el mensaje pastoral principal de todo el Evangelio.

Antes escribí que el gran amor y el gran sufrimiento (sanidad y herida) son los caminos de transformación universales y siempre disponibles, porque son las únicas cosas lo suficientemente fuertes como para despojarnos de las protecciones y pretensiones del ego. El gran amor y el gran sufrimiento nos traen de vuelta a Dios, normalmente el segundo sigue al primero, y creo que es así como Jesús mismo llevó a la humanidad de regreso a Dios. No es solo un camino de resurrección como recompensa, sino uno que siempre incluye la muerte y las heridas.

San Buenaventura (1221-1274) enseñó que "como ser humano, Cristo tiene algo en común con todas las creaturas. Comparte existencia con las piedras, comparte la vida con las plantas, comparte las sensaciones con los animales, y comparte la inteligencia con los ángeles".[1] Al decir esto, Buenaventura estaba tratando de añadir carga teológica a la experiencia profunda de San Francisco de Asís (1191-1226), quien, hasta donde sabemos, fue el primer cristiano —del que se tengan registros— en llamar a los animales y elementos, e incluso a las fuerzas de la naturaleza, con nombres

---

1 Buenaventura, *Sermon I, Dom II in Quad* (IX, 215-219), Zachary Hayes (trad.), "Christ Word of God and Exemplar of Humanity", *The Lord,* 46.1 (1996): 13.

familiares: "Hermana, Madre Tierra", "Hermano Viento", "Hermana Agua" y "Hermano Fuego".

Francisco estaba completamente en casa en este mundo creado. Vio a todas las cosas del mundo visible como un sinfín de símbolos dinámicos y operativos de lo Real, un teatro y un campo de entrenamiento para un cielo ya disponible para nosotros y nosotras en pequeñas dosis durante esta vida. *Lo que eliges ahora es lo que tendrás más adelante* parece haber sido la comprensión de los santos. No una esperanza idílica para un cielo que vendrá después sino una experiencia viva aquí y ahora.

No podemos evitar este mundo, o sus heridas, y aun así intentar amar a Dios. Debemos amar a Dios *a través, en, con,* e incluso *a causa* de este mundo. Este es el mensaje que, supuestamente, Jesús modeló, y que la cristiandad debía iniciar, proclamar y fomentar. Fuimos hechos para amar y confiar en este mundo, "para cultivarlo y cuidar de él" (Génesis 2:15), pero por alguna triste razón preferimos enfatizar en la declaración que viene tres versículos después, que parece decir que deberíamos "dominar" la tierra (1:28), con el cual dentro de solo una generación nos volvimos asesinos de nuestros hermanos (Génesis 4:8). Me pregunto si esta es otra de las formas de nuestro pecado original. Dios "se vacía a sí mismo" en la creación (Filipenses 2:7), y luego los humanos nos pasamos la mayor parte de la historia creando sistemas de control y sometimiento de la creación para nuestros propósitos y rédito, revirtiendo el patrón divino.

No piensen que estoy hablando de creer solo lo que se ven con sus ojos, o que estoy proponiendo un mero materialismo. Estoy hablando de *observar, tocar, amar lo físico, lo material, el universo inspirado* —en todas las aristas de su condición sufriente— como el punto de partida necesario para cualquier espiritualidad saludable y para cualquier desarrollo verdadero. La muerte *y* la resurrección, no la muerte *o* la resurrección. En efecto, esta es la verdadera profundidad de todo. *Permanecer en la superficie de lo que sea es perder inevitablemente su mensaje, incluso el significado superficial de nuestra pecaminosidad.*

Jesús invitó a Tomás y a todos los que dudan a un tipo de religión *tangible*, una religión que hace del tocar el dolor y el sufrimiento humanos el camino hacia la compasión y la comprensión. Para la mayoría de nosotros y nosotras, el mero hecho de tocar la herida de otros probablemente se sienta como un acto de amabilidad externa; no nos damos cuenta de que su pleno efecto intencional es cambiarnos a nosotros mismos, así como seguramente los cambió a ellos y a ellas (no hay indicios de que Jesús haya cambiado, solo Tomás). La simpatía humana es la mejor y más fácil forma de abrir un espacio en el corazón y de hacernos vivir dentro de nuestros propios cuerpos. Dios nunca pretendió que la mayoría de los seres humanos se convirtieran en filósofos o teólogos, sino que quiere que todos los humanos representen su misma Simpatía y Empatía. Y está bien si llegar hasta allí toma tiempo.

Vale repetir nuevamente nuestro mensaje central: *Dios ama las cosas convirtiéndose en ellas. Amamos a Dios manteniendo el mismo patrón.*

Siempre y solo la encarnación

El as bajo la manga del cristianismo siempre fue y será la encarnación. Esta es la razón por la que las únicas herejías que han sido condenadas en cada siglo, bajo diferentes nombres, son aquellas que buscaron negar la Encarnación, o atentar contra ella a través del desarrollo de un espiritualismo embriagante o un romanticismo devoto. Esta tendencia fue nombrada genéricamente como "gnosticismo", y a veces me pregunto si el motivo por el cual lo condenamos tanto como iglesia fue porque, de manera inconsciente, sabíamos cuán embriagados estábamos, cuán gnósticos éramos nosotros mismos. "Condenarlo allí en vez de reconocerlo aquí" es la política operativa común de las instituciones de poder. Pero como ama decirnos el poeta y sabio Wendell Barry, *"Lo que necesitamos está aquí"*.[2] La humanidad se ha cansado de los grandes proyectos sociales dominantes, como el comunismo y el nazismo, y de espiritualidades desencarnadas que no permiten la validación o verificación de la experiencia. Muy a menudo, esconden una agenda de poder y control que nos ofusca y nos distrae de lo que tenemos justo

---

2 Wendell Berry, "The Wild Geese" ["Los Gansos Salvajes"], en *Collected Poems* [*Poemas Recopilados*] (Berkeley: North Point Press), 155-156.

enfrente. Esto es exactamente lo que hacemos cuando, en el Evangelio de Jesús, enfatizamos en lo que está "allí afuera" en oposición a lo que está "aquí adentro". Por ejemplo, insistir en una creencia literal del nacimiento virginal de Jesús es un muy buen simbolismo teológico, pero a menos que se traduzca en una espiritualidad de pobreza interior, una buena disposición a concebir y a la vulnerabilidad humana es, en gran parte, "solo lección memorizada", como expresa Isaías (29:13). No "salva" a nadie. Del mismo modo, la creencia intelectual de que Jesús se levanta de los muertos es un buen comienzo, pero, a menos que tomes consciencia de que el Jesús crucificado y resucitado es una parábola sobre el viaje de todos los humanos, e incluso del universo, es solo una creencia más bien inofensiva —si no dañina— que no hará cambios ni en ti y ni en el mundo.

En esta época estamos adquiriendo y accediendo a más habilidades necesarias para dirigirnos a las profundidades de las cosas, y para encontrar al espíritu de Dios allí. Ya sea a través de la psicología, de la dirección espiritual, del Eneagrama de la personalidad, del indicador de Myers-Briggs, del trabajo de duelo y luto o de otros modelos como la Teoría Integral o el entrenamiento en la naturaleza,[3] estas herramientas nos ayudan a examinar y confiar en la interioridad y profundidad como nunca antes. Una de las experiencias espirituales más profundas de mi vida fue en 1984, durante un retiro de escritura dirigido por el psicoterapeuta Ira Progoff. En este retiro, que tuvo lugar en Dayton, Ohio, Progoff nos guio durante varios días mientras escribimos en privado sobre algunas preguntas muy humanas y ordinarias. Recuerdo que dialogué con mi propio cuerpo, con los caminos que no había tomado, con eventos y personas concretas, con mis propias decisiones pasadas, y así sucesivamente.

Aprendí que si aquel espacio tranquilo, las preguntas y las páginas en blanco no hubiesen sido puestos frente a mí, tal vez nunca hubiera sabido lo que yacía en mi interior. El Dr. Progoff ayudó a que, tanto yo como muchas otras personas, accediéramos a lágrimas lentas y oraciones rápidas y, en última instancia, felicidad y gratitud intensas, mientras descubría profundidades dentro de mí que nunca supe que estaban ahí. Todavía releo algunas de

---

[3] Illuman.org, Vínculo Externo, Entrenamiento de Animas de Bill Plotkin, Entrenamiento del Nuevo Guerrero, etc.

las cosas que escribí hace cuarenta años para encontrar aliento y sanación, ¡y todo vino desde mi interior!

Hoy tenemos la libertad, el permiso y las herramientas para movernos hacia las profundidades como casi ninguna persona ha tenido en la historia humana. Qué vergüenza sería si no las usáramos. La mejor *salida* es si *primero hemos entrado*. La única forma en que podemos confiar en *subir* es si primero hemos *bajado*. Ese era el presupuesto subyacente detrás de los ritos de iniciación masculinos en la antigüedad, pero hoy, tales viajes internos, experiencias básicas de iniciación, a menudo se consideran periféricas a la "verdadera religión".

Permiso para "adentrarse" y "descender"

Si piensas que estoy enfatizando demasiado en la experiencia, solo recuerda que tanto Jesús como Pablo confiaron en su propia experiencia con Dios, que iba en contra del *statu quo* de su propia religión judía. Esta profunda confianza llevó a Pablo a oponérsele a Pedro, el supuesto primer papa, "en la cara", sobre el asunto de si los gentiles convertidos debían someterse al rito judío de la circuncisión (Gálatas 2:11-13). Pablo y su compañero de ministerio, Bernabé, pronto repitieron los mismos argumentos a todo el equipo de liderazgo del cristianismo primitivo en Jerusalén (Hechos 15:1-12), y aún más, insistieron en la inclusión de todo el mundo gentil (o sea, la mayoría de nosotros y nosotras). Y así lo hicieron, sin ninguna justificación ni autoridad más allá de lo que sea que Pablo *experimentó* en el camino a Damasco y de ahí en más. El rechazo de Pablo a la circuncisión, como lo hace más de una vez (ver Gálatas 5:12), sería el equivalente a que yo negara la importancia del bautismo. Jesús defendiendo a sus discípulos cuando trabajaron un día Sabbat (Mateo 12:1ss) sería como si yo dijera que la misa del martes es tan buena como la del domingo (claro, realmente lo es, excepto por el consenso histórico de que el domingo es el momento acordado para la adoración comunitaria). "¿Con qué autoridad estás haciendo estas cosas? ¿Y quién te dio esta autoridad?", le preguntaron con justa razón los sacerdotes y ancianos (Mateo 21:23) a Jesús. Debo admitir que, probablemente, yo les hubiera hecho las mismas preguntas difíciles tanto a Jesús como a Pablo.

No es exagerado decir que la fe del Nuevo Testamento fue, en efecto, escrita por dos hombres que confiaron profundamente en su experiencia interna de los caminos de Dios, a pesar de que una conciencia totalmente dominante insistía en lo contrario. ¿Cómo se salieron con la suya? La respuesta es que no lo hicieron, al menos no durante su vida. Solo más tarde los santos y académicos vieron que Jesús y Pablo habían recurrido a las fuentes más profundas de su propia tradición para reformularlas totalmente para el mundo en general. Ellos, como todos los profetas, fueron "radicalmente tradicionalistas". *Solo puedes reformar las cosas a largo plazo al destrabarlas desde adentro, a través de sus propias fuentes autorizadas.* Los de afuera tienen poca autoridad o capacidad para reformar algo.

Toda tradición y todo tradicionalista busca objetos sagrados, eventos, y personas en los que fundar su autoridad; esto es normal y bueno. Una vez que hallamos tal fundamento, hacemos peregrinaciones, escribimos textos, visitamos tumbas y creamos costumbres hasta que se convierten en tradiciones sagradas. Besamos rocas santas, pintamos arte, creamos arquitectura sagrada, lloramos con sinceridad, y ofrecemos devoción a nuestro símbolo del Absoluto. Pero estos *tótems*, rituales, tumbas (o tumbas vacías, en nuestro caso) y lugares santos son solo las primeras señales para ubicarnos en el camino. Todo el misterio de la encarnación, por otro lado, no solo apunta a las cosas, sino a la *profundidad* de las cosas, a la plenitud de las cosas, al alma de las cosas, y a lo que algunos han llamado "al ángel de las cosas".

En su libro *Unmasking the Powers* [Desenmascarando los poderes], el teólogo y académico bíblico Walter Wink argumenta de forma muy convincente de que esta intuición de la sacralidad inherente de la creación es precisamente hacia lo que apuntan los textos sagrados cuando hablan de "ángeles".[4] Un ángel, creía Wink, es *el espíritu interno o alma de una cosa*. Cuando honramos al "ángel" o alma de algo, respetamos su espíritu interno. Y si aprendemos a cómo prestar atención al alma de las cosas —para ver los "ángeles" de los elementos, animales, la tierra, el agua y los cielos—, entonces podríamos hallar naturalmente nuestro camino de regreso a través de toda la Gran Cadena del Ser hasta el eslabón final, a quienes muchos llaman Dios.

---
4 Walter Wink, *Desenmascarando Los Poderes: Las Fuerzas Invisibles Que Determinan La Existencia Humana* (Philadelphia: Fortress Press, 1986).

No gastes tu tiempo en deconstruir tu creencia primitiva sobre criaturas bonitas y aladas con vestidos de colores pastel. Si lo haces, te estarás perdiendo seriamente lo que están señalando. *Necesitamos reconstruir, y no simplemente seguir deconstruyendo.* Luego, verás ángeles por todos lados.

Lo que estoy tratando de decir en este capítulo es que debe haber una forma de estar tanto *aquí* como en las *profundidades del aquí*. Jesús está aquí, Cristo está en las profundidades del aquí. Esto, en mi mente, es la esencia de la encarnación, y el regalo de la contemplación. Debemos aprender a amar y disfrutar las cosas tal como son, en su profundidad, en su alma y en su plenitud. La contemplación es "la segunda mirada", a través de la cual se ve algo en su particularidad y, a la vez, también en un marco mucho más amplio. Lo sabes por la alegría que proporciona, que es mucho mayor que lo que cualquier cosa pueda hacer por ti en términos de dinero, poder o éxito.

Dos piezas de arte me han dado esta introspección encarnacional y contemplativa. La primera fue una de Hans Kulmbach, que vi en un museo de arte en Nüremberg. En la parte superior del cuadro retrata los dos pies humanos de Jesús, en una gran pintura que representa la Ascensión. La mayor parte del lienzo está ocupado por los apóstoles, que acompañan a Cristo con sus ojos, mientras los dos pies se mueven desde la parte superior de la pintura, presumiblemente hacia los reinos espirituales. La imagen tuvo un efecto grandioso en mí. Me encontré también mirando más allá de la pintura, hacia el cielorraso del museo de arte; mis ojos se dirigieron hacia alguna otra parte gracias al mensaje. Fue un momento religioso real, uno que simultáneamente me llevó del otro lado de la pintura y de regreso a la habitación donde estaba parado. Fue otra instancia de entendimiento del Cristo en un sentido colectivo, no solo de su ascensión sino también de la nuestra. Lee textos como Colosenses 2:11-15 y Efesios 2:4-6, y fíjate cómo presentan claramente la salvación tanto en tiempo pasado como en sentido colectivo. ¿Por qué nunca nos dimos cuenta?

La segunda pieza de arte es una estatua de bronce de San Francisco, ubicada en la basílica superior de Asís, en Italia. Creada por un escultor cuyo nombre está escondido, la estatua muestra a Francisco mirando hacia abajo, a la tierra, con asombro y maravilla, algo bastante inusual y sorprendente. El

Espíritu Santo, que casi siempre es representado en descenso, aquí está representado como viniendo desde abajo, ¡al punto de estar escondido en la tierra! Me he asegurado de ir a ver esta estatua cuando regresé a Asís, pero temo que la mayoría de las personas la pasan por alto, porque es pequeña y está a un costado (al igual que el mensaje de Cristo). "Verdaderamente, tú eres un Dios que te encubres", dice Isaías (45:15). Dios está escondido en la tierra y en el barro en lugar de descender de las nubes. Es una gran transposición de lugar. Una vez que sabes que el milagro de la "Palabra hecha carne" se ha hecho la misma naturaleza del universo, no puedes evitar ser feliz y santo. ¡Lo que primero necesitamos está aquí!

Ambas piezas de arte reúnen los dos mundos, solo que desde dos perspectivas diferentes. Sin embargo, en ambas imágenes, *es lo Divino quien toma la delantera en el cambio de lugar.* ¿Tal vez los artistas pueden acceder más fácilmente a este Misterio que muchos teólogos? En general, el hemisferio derecho del cerebro llega más rápido y más fácilmente allí que el izquierdo, y dejamos que las personas con predominancia izquierda se hagan cargo de nuestras iglesias.

Dudo que puedas ver la imagen de Dios (*Imago Dei*) en tus semejantes si primero no puedes verla en formas más rudimentarias, en piedras, plantas y flores, extraños animalitos, en el pan y el vino, y sobre todo si no puedes honrar esta imagen divina y objetiva en ti mismo o en ti misma. Este viaje espiritual es una sintonización de todo el cuerpo. Realmente termina siendo *todo o nada, ahora y luego, en todas partes.*

Respeto, asombro, reverencia

Este cambio de perspectiva, desde abajo hacia arriba y desde adentro hacia afuera, puede tomar la forma de un lenguaje religioso o de un lenguaje totalmente secular. Las palabras no son la realidad misma (el *Ding an sich*, como dicen los alemanes). Todos reconocemos el *respeto* cuando lo vemos. Todos reconocemos la reverencia porque suaviza nuestra mirada contemplativa. *Cualquier objeto que nos suscite respeto o reverencia, en ese momento es para nosotros el "Cristo" o el ungido,* a pesar de que el medio podría parecerse simplemente a un investigador científico comprometido, a un anciano que limpia la playa, a una mujer que hace la milla extra por su vecina, a un perro ansioso y vehemente que lame tu cara, o a un revoloteo de palomas en la plaza.

Todas las personas que ven con ese segundo tipo de mirada contemplativa, quienes ven al mundo con respeto, incluso si no son formalmente religiosos, están *en Cristo*. Para ellos, como dice Thomas Merton, "la puerta del cielo está en todos lados", gracias a su libertad de respetar lo que tienen enfrente, todo el tiempo.[5]

---

5 Thomas Merton, *Conjectures of a Guilty Bystander* [*Conjeturas de un Espectador Culpable*] (Garden City, NY: Doubleday, 1966) 142.

10
LA ENCARNACIÓN FEMENINA

Desde ahora, todas las generaciones me llamarán dichosa;
porque el Poderoso ha hecho grandes cosas por mí,
y santo es su nombre.
—Lucas 1:48-49

En este breve capítulo voy a tomar algunos riesgos, pero creo que será provechoso porque, para muchos, podría provocar la revelación más importante de todas. Como hombre, mi perspectiva de lo femenino seguramente es limitada, pero este es un tema tan crucial y usualmente ignorado que debo invitarnos a todos y a todas a reivindicar y honrar la sabiduría femenina, que a menudo es *cualitativamente* diferente de la sabiduría masculina. Aprovecharé mis propias experiencias con mi madre (yo fui su favorito), hermanas más pequeñas y grandes, muchas amigas y colegas mujeres a lo largo de los años, y la mismísima naturaleza de algunos de mis encuentros con Dios. Espero que esta perspectiva pueda invitarte a confiar también en tus propias experiencias con la feminidad divina. Para muchos y muchas es una apertura completamente nueva, ya que, de alguna manera —y erróneamente—, siempre asumieron que Dios es masculino.

A pesar de que Jesús era claramente del género masculino, el Cristo está más allá del género, así que es de esperar que la Gran Tradición haya encontrado formas femeninas para, consciente o inconscientemente, simbolizar la plenitud de la Encarnación Divina y darle a Dios una más femenina, tal como la misma Biblia suele hacerlo.[1]

---
[1] Después del siglo XVI, cuando los occidentales se volvieron más racionales y letrados, la mayoría de nosotros dejó de pensar simbólicamente, alegóricamente o tipológicamente. Pero al hacerlo, perdimos algo bastante importante en nuestro entendimiento espiritual, intuitivo y no-racional de Dios y nosotros mismos. Estrechamos considerablemente el campo y realmente achicamos la probabilidad de una experiencia religiosa interna. La Biblia se convirtió en una excusa para *no* aprender como "funciona" la literatura. Los católicos estaban en

Cada vez que voy a Europa, siempre me sorprende la cantidad de iglesias que llevan el nombre de María, la madre de Jesús. Creo haberme topado con por lo menos una iglesia "Notre Dame de algo" en toda ciudad francesa que visité, y a veces incluso dos o tres en un pueblo pequeño. Algunas de estas iglesias son grandes y ornamentales, la mayoría son antiguas, y en general inspiran respeto y devoción, incluso entre no-creyentes. Sin embargo, como católico, a veces me pregunto: ¿Quiénes eran estos cristianos que parecen haber honrado a María mucho más que a Jesús? Después de todo, el Nuevo Testamento dice muy poco de María. ¡No es de extrañar que la Reforma Protestante reaccionara tan enérgicamente en contra de nuestra obsesión ortodoxa y católica!

¿Por qué durante los primeros mil cuatrocientos años de cristianismo, tanto en las iglesias occidentales como en las orientales, se enamoraron perdidamente de esta mujer aparentemente ordinaria? Le dimos nombres como *Theotókos*, Madre de Dios, Reina del Cielo, *Notre Dame*, La Virgen de esto o aquello, *Unsere Liebe Frau*, Nuestra Señora, Nuestra Madre de los Dolores, Nuestra Dama del Perpetuo Socorro y Nuestra Señora de casi todo pueblo o santuario en Europa. Claramente, no estamos tratando con una simple mujer, sino un símbolo fundacional —o, pidiendo prestado el lenguaje de Carl Jung, un "arquetipo"—, una imagen que constela una gran cantidad de significados que no se pueden comunicar de manera lógica. Nada emerge de forma tan global ni durante tanto tiempo si de alguna manera no se basa en nuestro inconsciente colectivo humano. Sería tonto descartar algo así tan fácilmente.

En la imaginación mítica, pienso que María simboliza intuitivamente a la primera Encarnación, o Madre Tierra, si me lo permites (no estoy diciendo que María *es* la primera encarnación, solo que se convirtió en el arquetipo y símbolo natural de ello, particularmente en el arte, por lo que quizás la Madonna sigue siendo el personaje más pintado en el arte occidental). Creo que María es el mayor arquetipo femenino del Misterio de Cristo. Este modelo ya se había mostrado como *Sofía* o Santa Sabiduría (ver Proverbios 8:1ss., Sabiduría 7:7ss) y nuevamente en el libro de Apocalipsis (12:1-17), en el

---

sobrecarga simbólica; los protestantes reaccionaron y quedaron hambrientos de símbolo.

símbolo cósmico de "una mujer vestida de sol, parada sobre la luna". Ni Sofía ni la Mujer de Apocalipsis son precisamente María de Nazaret; aun así, en muchos sentidos, lo son, y cada pasaje amplía nuestro entendimiento de la Divinidad Femenina.

Jung creía que los humanos producen en el arte *las imágenes internas que el alma necesita para verse a sí misma y permitir su propia transformación.* Solo intenta contar cuántas pinturas en los museos de arte, iglesias, y casas de todo el mundo muestran a una mujer maravillosamente vestida, ofrecida para tu admiración —y la de ella—, y, generalmente, a un bebé desnudo. ¿Cuál es la ubicuidad que esta imagen nos transmite al nivel del alma? Creo que es algo así:

La primera encarnación (creación) está simbolizada por la Personificación de Sofía, una María hermosa, femenina, multicolor y elegante.

Ella nos ofrece invariablemente a Jesús, Dios encarnado en vulnerabilidad y desnudez.

María se convirtió en el Símbolo de la Primera Encarnación Universal.

Entonces, ella nos entrega a la Segunda Encarnación, mientras permanece en segundo plano; el foco siempre está en el niño.

La Madre Tierra presentando al Hijo Espiritual, los dos primeros estadios de la Encarnación.

La Receptividad Femenina entregando el fruto de su *sí*.

E invitándonos a ofrecer nuestro propio *sí*.

En todo esto hay una plenitud que muchas personas encuentran de gran satisfacción para el alma.

Espero que no leas estas líneas de pensamiento como feminismo de moda, o simplemente un intento de abordar las preocupaciones de aquellos que han abandonado el cristianismo debido a los pecados del patriarcado, o del fracaso de la iglesia en reconocer y honrar una compresión femenina de Dios. Siempre tuvimos una encarnación femenina, de hecho, fue la primera encarnación, e incluso mejor: ¡se movió para incluirnos a todos y todas! *María es nosotros y nosotras recibiendo y entregando el regalo.* Nos agradó precisamente porque era una de nosotros, ¡y *no* Dios!

Creo que los cristianos y cristianas de los primeros mil años entendieron esto a un nivel intuitivo y alegórico. Pero, con el tiempo, para la época de la muy necesitada Reforma Protestante, todo lo que podíamos ver era "pero ella no es Dios", lo cual es completamente cierto. Sin embargo, ya no podíamos ver el todo en su plenitud, por lo que no podíamos ver que, mejor aún, "¡ella es nosotros!". Es por eso que la amamos, probablemente sin un entendimiento pleno del porqué. Gran parte de la raza humana puede imaginar más fácilmente el amor incondicional proveniente de lo femenino y lo maternal que de parte de un hombre. ¡Tengo que decirlo!

En muchas de las imágenes de María, los humanos ven su propia alma femenina. Necesitamos vernos en ella, y decir con ella "Dios me miró en mi soledad. Desde ahora en adelante, todas las generaciones me llamarán dichosa" (Lucas 1:48).

Me doy cuenta del peligro, y reconozco que, a todo efecto práctico, muchos católicos divinizaron a María, probablemente por sentimentalismo. De todos modos, te invito a considerar el mensaje más profundo y sutil. He dicho con regularidad que muchos católicos y católicas han tenido una pobre teología de María, pero una excelente psicología: *los humanos amamos, necesitamos y confiamos en que nuestras madres nos den regalos, nos nutran y siempre nos perdonen, que es lo que queremos de Dios.* Mis años de trabajo con grupos de hombres me han convencido de ello. De hecho, mientras más machista y patriarcal sea una cultura, más devoción hay hacia María. Una vez, conté once imágenes de María en solo una iglesia católica en Texas, un lugar vaquero. Lo veo como un intento inconsciente de la cultura, y usualmente no muy exitoso, por balancearse. Del mismo modo, ¡María les da a las mujeres en la iglesia católica una imagen femenina dominante para contrabalancear tanta masculinidad que desfila en primera plana!

La humanidad siempre ha estado recibiendo al Cristo en cada cultura y época, y las mujeres son vistas de forma natural como receptoras del Don Divino: piensen en Willendorf, Éfeso, Constantinopla, Ravena, el Monte Carmelo, Madonnas Negras, Valencia, Walsingham, Guadalupe; cada país tuvo su propia imagen femenina de alguien que recibió al Cristo en su propio cuerpo (¡no en su cabeza!). También presta atención al pronombre más bien universal "nuestra": siempre es "*Nuestra* Señora", nunca "*mi* Señora". Esta es una señal reveladora que nos asegura que estamos tratando con una Personalidad Colectiva (una que representa el todo) y con una comprensión colectiva de la salvación. Lo mismo con "Nuestro Señor" o "Nuestro Padre". Nunca escuché oraciones litúrgicas oficiales hablar de "mí Jesús" o "mí Señor". Dios y María siempre se abordaron como una experiencia compartida, al menos en las iglesias históricas y antes de nuestra posterior individualización de todo el mensaje del Evangelio.

Encuentro interesante que los dioses masculinos *tiendan* a venir desde los cielos, y generalmente sean asociados con el sol, el firmamento, el poder y la luz. Pero en la mayoría de las mitologías y los cuentos de hadas, las diosas femeninas tienden a salir de la tierra o del mar y generalmente son asociadas con la fertilidad, la sutileza, la buena oscuridad y la crianza. "Hermano Sol" y "Hermana Luna" son invariables en género, ¡excepto en alemán! Si la creación es, en efecto, la primera Encarnación y la "primera Biblia" (Romanos 1:20), si la madre precede al hijo, entonces no es para nada sorprendente que los símbolos físicos, terrenales y encarnados sean reconocidos en la mentalidad, el arte y la tradición como "Madre Tierra" (nunca "Padre"). A partir de esta idea, en los primeros mil cuatrocientos años de cristiandad, Este y Oeste hicieron una transferencia fácil a María, quien fue invariablemente vestida en un flujo de hermosura y color, a menudo coronada por Jesús, y no fue más la pobre y simple doncella de Nazaret.

Otro emergente no-bíblico importante fue la difundida creencia de que el cuerpo de María fue llevado a los cielos después de su muerte (este es el único ejemplo que conozco en el que el Vaticano realizó una encuesta antes de proclamar una doctrina, en 1950: descubrieron que la mayor parte del mundo católico ya creía que esto era cierto sin haber sido enseñado formalmente, lo que se llama *sensus fidelium*). Los relatos de la Asunción de María no se encuentran en ninguna parte de la Biblia —a menos que quieras leer Apocalipsis 12 de esa manera arquetípica—, pero ya circulaban entre los cristianos en el siglo IV. Y, para el tiempo en que el Vaticano formalizó la doctrina, ¡Carl Jung consideró la confirmación como "el desarrollo teológico más significativo del siglo veinte", porque proclamaba que *el cuerpo de una mujer* existe permanentemente en el terreno eternal! Guau. El panteón de las imágenes de los dioses masculinos se feminizó para siempre, y aún más, se declaró que los cuerpos humanos, no solo las almas o los espíritus, podían compartir el proceso de divinización. Esto tiene una importancia enorme. El símbolo de María reunió los dos mundos disímiles de materia y espíritu, la madre femenina y el niño masculino, la tierra y el cielo, nos guste o no. El inconsciente lo entendió, creo. Pero muchas personas se resistieron a ello de manera consciente (en mi opinión, para su propia pérdida). Hoy, gran parte del mundo ve al cristianismo como irremediablemente patriarcal.

Diciéndole sí a Dios

El punto es que, en cierto sentido, muchos humanos nos podemos identificar más con María que con Jesús, precisamente porque ella *no* era Dios, ¡sino el arquetipo para nuestro sí a Dios! No hay ningún acto heroico que se le atribuya, más que confiar en sí misma. *Puro ser y no hacer*. Desde su primer sí al ángel Gabriel (Lucas 1:38) pasando por el nacimiento mismo (2:7), hasta su último sí al pie de la cruz (Juan 19:25), y su plena presencia en el ardiente y ventoso Pentecostés (ver Hechos 1:14, donde es la única mujer nombrada en el primer derramamiento del Espíritu), María aparece en los momentos clave de las narraciones del Evangelio. Ella es Cada mujer y Cada hombre, y por eso la llamo el símbolo femenino de la encarnación universal.

María es el Gran Sí que la humanidad necesita por siempre para que Cristo nazca en el mundo. Incluso Paul McCartney inmortaliza esta idea en su canción "Let it Be", aunque en primera instancia estuviera hablando de su propia madre, también llamada María:

Madre María viene a mí,
Hablando palabras de sabiduría: "Déjalo Ser"

Esa es la razón por la cual las personas en los primeros mil años la amaron tanto. En María vemos que Dios nunca se nos debe imponer, y que nunca viene sin ser invitado.

Si Cristo y Jesús son arquetipos de lo que Dios está haciendo, María es el de *cómo recibir lo que Dios está haciendo y transmitirlo a otros*. En el arte, constantemente ofrece a Jesús al observador o nos invita a ir a él. "A Jesús a través de María", solíamos decir los católicos en los años 1950. De nuevo, una teología muy pobre pero, para muchas personas, una psicología y una pedagogía efectivas.

En María, la humanidad ha dicho *nuestro* sí eterno a Dios.

Un sí que no puede ser deshecho.

Un sí colectivo que anula nuestros tantos *noes*.

Esta es la razón por la que María fue comúnmente llamada la "Nueva Eva", quien deshizo el no colectivo de la primera Eva, y, en el arte, invariablemente es representada pisando a la serpiente que tentó a Eva (Génesis 3:15).

Hoy, en muchos grados, somos testigos de un inmenso anhelo de feminidad madura en cada nivel de nuestra sociedad: en nuestra política, la economía, la psique, la cultura, los patrones de liderazgo, la teología y en todo lo que se haya vuelto demasiado bélico, competitivo, mecanicista y no contemplativo. Estamos terriblemente desequilibrados.

Demasiadas veces lo femenino ha tenido que trabajar en secreto, detrás de escena, de manera indirecta. Y aun así, puede tener un efecto profundo. Vemos la delicadeza de la gracia, la paciencia y la humildad de María cuando dice en voz baja, en la fiesta de las bodas de Caná: "No tienen vino" (Juan 2:3b), y luego parece totalmente segura de que, a partir de ese momento, Jesús se encargará (Juan 2:5). ¡Y él lo hace!

Al igual que el propio Misterio de Cristo, la *profundidad femenina* generalmente trabaja bajo tierra y en las sombras, y —desde esa posición— crea un mensaje mucho más contagioso. Mientras la iglesia y la cultura se dedicaron a negar los roles, oficios y la autoridad formal de la Divinidad Femenina, lo femenino ha continuado ejerciendo un increíble poder a niveles cósmicos y personales. La mayoría de nosotros en la iglesia católica estadounidense sentimos que la cultura de la fe se nos transmitió mucho más a través de las monjas que de los sacerdotes. El poder femenino es profundamente relacional y simbólico —y, por lo tanto, transformador— en formas que los hombres no controlamos o siquiera entendemos. Sospecho que esta es la razón por la cual le tememos tanto.

11

ESTE ES MI CUERPO

*La vida es el destino que estás atado a rechazar
hasta que hayas consentido morir.*
—W. H. Auden, "For the Time Being"

En mis cincuenta años como sacerdote, estimo haber celebrado la Eucaristía (también conocida como Cena del Señor) miles de veces. No puedo decir que haya sido el centro de mi vida, aunque presidir la liturgia, de seguro, me dio muchas ocasiones maravillosas para servir a las personas en diferentes entornos y culturas, y, espero, predicar una palabra vivificante en ese contexto. La mayoría de las veces fue una verdadera experiencia de "comunión", como los católicos suelen llamarlo: comunión con Dios y con su pueblo, y generalmente conmigo mismo. Conocí y acepté la teología ortodoxa de la Eucaristía y ofrecí las oraciones con mucho gusto, aunque, a menudo, cuando sugerían algo incorrecto, las modificaba. Todo era bueno, algo que di por sentado como parte de mi trabajo y mi fe.

Sin embargo, hace algunos años un mensaje nuevo y persuasivo se hizo camino al interior de mi mente, corazón y cuerpo. Me di cuenta de que Jesús no dijo "Este es mi espíritu, que les he dado" o "Estos son mis pensamientos". En su lugar, y de manera audaz, dijo, "este es mi *cuerpo*", lo que parece un modo de hablar bastante material y arriesgado para un maestro espiritual, un hombre de Dios. Sin dudas, este anuncio crudo de Jesús impactó a sus primeros oyentes. Como informa Juan, "Muchos lo abandonaron y dejaron de ir con él" (Juan 6:66). De alguna forma, la Encarnación siempre es un escándalo, ¡"demasiado" con lo que lidiar!

Para la mayoría de nosotros y nosotras, "dar" nuestro cuerpo a otra persona tiene una connotación íntima, profundamente personal, y a menudo sexual, ¿Jesús lo sabía? ¿Por qué hablaría de esta forma, rebajando su mensaje espiritual a un nivel "carnal"? "Mi carne es comida verdadera, mi sangre es bebida verdadera", insistió (Juan 6:55). Francamente, hasta el día de hoy suena ingenuo, desconcertante y un poco caníbal. La palabra exacta que Juan utiliza aquí es *sarx*, la misma que usa Pablo a lo largo de sus cartas para describir lo opuesto al espíritu. No utiliza *soma, el término más suave para "cuerpo"*. Es algo que me resulta bastante sorprendente.

Llegué a darme cuenta de que, al ofrecer su cuerpo, *¡Jesús nos está dando precisamente toda su humanidad corporal, más que su divinidad espiritualizada!* "Cómanme", dice escandalosamente, siendo que comer es una acción fundamentalmente corporal, más básica y primitiva que pensar o hablar. Jesús presenta de manera positiva la misma humanidad carnal que Pablo usa más tarde de forma negativa.

Gracias a mi educación, estoy consciente de las distinciones y precisiones teológicas sobre lo que se supone que significan las palabras de Jesús: nos está brindando todo su ser de Jesucristo, esta simbiosis grandiosa de divinidad y humanidad. Pero el vehículo, el medio y el mensaje final aquí son físicos, consumibles, masticables; sí, carne humana digerible. Dios fue retratado comiendo o sacrificando humanos o animales, a los que ofrecíamos en los altares, por muchas religiones antiguas; ¡pero Jesús puso la religión y la historia de cabeza al invitarnos a imaginar que Dios se daría *a sí mismo como comida para nosotros y nosotras!*

Más aún, algunos podríamos saber cómo debemos recibir a otra persona humana, pero ¿a Dios? Esta es una zambullida que la mayoría no puede realizar en las primeras etapas de su viaje, excepto, quizás, de una manera sumamente intelectual. En nuestros corazones nos resulta difícil creer que somos dignos, lo que probablemente sea la razón por la que creamos razones intelectuales y morales para negarnos o excluirnos a nosotros mismos y a otros de la Eucaristía. En el rito romano, decimos públicamente ante el altar: "Señor, no soy digno de que vengas a mi casa". Entonces, parece que quienes sí venimos dispuestos a recibir debemos fingir que somos dignos. ¡Y el mensaje que todos conocen es que "los indignos" (definidos de varias formas) no tendrían que pasar a recibir la Eucaristía! Un mensaje muy entreverado y contradictorio, justo en el corazón de la liturgia.

Sin embargo, una instancia del ritual católico que sí ayuda es nuestra creencia ortodoxa en la "Presencia Real". Con esto queremos decir que Jesús, de algún modo, está físicamente presente en el pan sacramental. Y prepara el escenario para que los destinatarios experimenten lo que me gusta llamar el "conocimiento carnal" de Dios, a quien normalmente asumimos como Espíritu. Parece que el mero saber mental no es suficiente, porque no involucra al corazón o al alma. El error ocurre cuando quienes no pueden razonarlo así son menospreciados como "indignos" de recibir. Pero el único prerrequisito real o "mérito" para la participación es, de hecho, tu *capacidad de estar presente*. Esto es algo que no se logra solo en la cabeza. La presencia es una capacidad única que incluye cuerpo, corazón, mente y lo que sea que queramos decir con "alma". Las relaciones amorosas nunca suceden solo en la mente.

Solo la presencia puede conocer a la presencia. Y nuestra presencia real puede conocer a la Presencia Real.

Cuando Jesús pronunció las palabras "este es mi cuerpo", creo que no solo se refería al pan que tenía enfrente, sino a todo el universo, a todas las cosas físicas, materiales y, sin embargo, también llenas del espíritu (de ahí el nombre de este libro). Su afirmación y nuestra repetición resuenan sobre toda la creación antes de también asentarse en un trozo de pan, y ¿sabías qué?: el pan y el vino, y toda la creación, parecen creer, mucho más fácilmente que los humanos, quiénes y qué son. Ellos saben que son el Cuerpo de Cristo, incluso si el resto de nosotros nos resistimos a tal pensamiento. Cuando pronunciamos esas palabras sagradas en el altar, se las estamos diciendo tanto al pan como a la congregación, de modo que podamos llevarlas a "toda la creación" (Marcos 16:16). Como decía San Agustín, ¡debemos alimentar al pueblo de Dios con el cuerpo de Cristo hasta que sepan que son lo que comen! ¡Y que son lo que beben!

Honestamente, y sin tapujos, mi perra Venus me enseñó más acerca de la "presencia real", durante un periodo de quince años, que cualquier manual teológico nunca. Venus me enseñó cómo estar presente para las personas y cómo dejarlas estar presentes en mí a través de la forma en que siempre buscó y disfrutó plenamente de mi compañía, porque realmente la deseaba. Ella siempre estaba ansiosa por estar conmigo, incluso si la interrumpía en medio de la noche para que me acompañara a una visita médica. Literalmente, fue mi modelo de cómo estar presente para Dios y de cómo Dios debe estar presente para mí: "Como los ojos de una sirvienta, fijos en la mano de su ama" (Salmo 123:2), los ojos de Venus siempre estaban fijos en mí. Si tan solo pudiera haber sido siempre tan leal, entusiasta y sumiso con ella. No obstante, ella me enseñó a hacerlo.

La presencia siempre es recíproca, o no es presencia en absoluto.

La Presencia Encarnada Universal

Como si comer su cuerpo no fuera suficiente, Jesús nos lleva en direcciones aún más aterradoras y lejanas al añadir el simbolismo del vino embriagador al momento de levantar el cáliz y dirigirse a toda la humanidad sufriente: "Esta es mi sangre". Y nos encarga: "¡Bébanme, todos ustedes!". Detente por un momento e intenta tomar distancia de la domesticación de la Eucaristía que ha ocurrido en las iglesias. Recuerda que, por lo general, el contacto con la sangre era impureza ritual para un judío de esa época. ¿Soy solo yo, o esto está comenzado a tener connotaciones vampirescas? ¿Se supone que sea así? ¿Se supone que sea tan escandaloso e impactante?

Unas de las cosas que aprendí al estudiar los ritos de iniciación masculina es que son los rituales sorprendentes y vívidos los únicos que tienen más efecto psíquico (cosas como el ahogamiento simbólico, tener que cavar tu propia tumba, rodar desnudo sobre cenizas, o incluso la ahora anticuada bofetada que el obispo solía dar en la Confirmación, son de esas que provocan un sobresalto en nuestras conciencias). Cualquier cosa demasiado domesticada tiene poco efecto psíquico, al menos para los hombres, pero sospecho que para las mujeres también. Hay una diferencia real entre las ceremonias inofensivas y repetitivas y los rituales que cambian la vida. *Los académicos dicen que las ceremonias normalmente confirman y celebran el statu quo y niegan el lado oscuro dentro de las cosas (piensa en un desfile del 4 de julio), mientras que el verdadero ritual ofrece un universo alternativo en el que las sombras son nombradas (piensa en una verdadera Eucaristía). Me temo que, en la iglesia, mayormente tenemos ceremonias.* La mayoría de las misas a las que asistí afirman el *statu quo*, que rara vez revela —y, muchas veces, niega— el lado oscuro de la iglesia, el Estado o la cultura.

Asimismo, muchos místicos y teólogos de la liberación han reconocido que la invitación a beber vino *como si fuera su sangre* es una invitación a vivir en solidaridad corporal "con la sangre de cada persona derramada injustamente en esta tierra, desde la sangre de Abel el Santo hasta la sangre de Zacarías" (Mateo 23:35). Estos son el primer y el último asesinato registrados en la Biblia hebrea. En el acto de beber la sangre de Cristo en esta Comida Santa, te unes conscientemente con todo el sufrimiento injusto en el mundo, desde el principio de los tiempos hasta su fin. Donde sea que hubo y haya sufrimiento, está la simpatía y empatía de Dios. "¡Esta es *toda* mi sangre!", dice Jesús, lo que santifica a la víctima y le da un significado absoluto y definitivo a todo derramamiento de sangre.

En general, reflexiono en esto al pronunciar las mismas palabras de Jesús mientras miro a la congregación, que apenas parece interesada en el mensaje. *Verlo como un milagro no es el verdadero mensaje en absoluto.* Puedo ver por qué celebramos la Eucaristía tan a menudo. Este mensaje genera tal impacto en la psiquis, tal desafío a nuestro orgullo e individualismo, que requiere toda una vida de práctica y mucha vulnerabilidad para hundirse en nosotros *como el patrón de cada cosa y no solo como una práctica.*

El pan y el vino, juntos, son sustitutos de *los propios elementos del universo*, que también contienen y comunican la presencia encarnada. ¿Por qué nos resistimos tanto a este mensaje? Las iglesias auténticamente eucarísticas deberían haber sido las primeras en reconocer la naturaleza colectiva, universal y física de la "Cristificación" de la materia. Debemos continuar ofreciéndole a la humanidad esta maravillosa medicina homeopática, que nos alimenta *tanto con el problema como con su cura.* Si bien los católicos afirman correctamente la Presencia Real de Jesús en los elementos físicos de la tierra, la mayoría no se da cuenta de las implicaciones de tal aseveración. El pan y el vino son ampliamente entendidos como *una presencia exclusiva*, cuando, de hecho, su función plena es comunicar una presencia verdaderamente inclusiva y siempre impactante.

Un verdadero creyente está comiendo lo que él o ella teme ver y teme aceptar: *el universo es el Cuerpo de Dios, tanto en su esencia como en su sufrimiento.*

Como el papa Francisco insiste, el pan y vino de la Eucaristía no son un trofeo para los perfectos o un premio para quienes se portaron bien. Más bien, son alimento para el viaje humano y medicina para los enfermos. No venimos porque somos dignos, sino porque estamos heridos y, de alguna manera, somos "indignos". "No vine a los sanos, sino a los enfermos", dice Jesús (Marcos 2:17). Me pregunto cómo nos las arreglamos tan bien para pasar por alto esta cuestión central. Dios nos da nuestra propia dignidad, ¡y de manera *objetiva*!

"Dado por ustedes"

La otra frase trascendental que Jesús repitió en la Última Cena es "por ustedes". En los relatos de Mateo, Marcos y Lucas —y también en los de Pablo (1 Corintios 11:24ss)—, Jesús dice "mi cuerpo dado por ustedes", "quebrado por ustedes" y "mi sangre vertida por ustedes". Cualquiera que haya disfrutado de hacer el amor sabe que la emoción viene no solo de la sensación física sino del deseo de la otra persona de estar específicamente *contigo*, de estar desnuda *por ti*, de disfrutar *en ti*, de darte placer *a ti*. Uno piensa "Pero ¿por qué yo?". Y esperaría que la respuesta del otro lado fuera "¡Porque *te amo*!". Es la tan específica y definitiva experiencia "Yo-Tú" de Martin Buber.

Una mujer joven, parte del personal de nuestro centro, me ha dicho que cree que los ciclos de la menstruación femenina les han dado a las mujeres, en particular, un entendimiento experiencial y celular de este hecho. Porque cada mes pierden sangre en pos de la vida, y también dan *sangre y agua* en el parto, tal como Jesús en la cruz (Juan 19:34). ¡Claro! El "agua y sangre" del versículo siempre me han impactado como un simbolismo extraño. Pero, tal vez, a una mujer no le parezca raro si conoce el precio del parto. Cuán desafiante e impactante habrá sido para Jesús invertir toda la tradición de la sangre impura y hacerla *santa*, ¡hasta llegar a ser, incluso, el punto de contacto con lo divino! Este tema merece un libro entero de comentarios, y se supone que fue una experiencia paralizante, como debería ser todo sacramento genuino.

Del mismo modo, el efecto pretendido de la Eucaristía es el deseo mutuo.

Sabemos que a Jesús le encantaba referirse a sí mismo como el "novio" (Juan 3:29, Mateo 9:15), y uno de los primeros actos registrados de su ministerio fue generar alboroto en una fiesta de bodas (Juan 2:1) ¡al crear 150 galones de vino a partir de agua hacia el final de la fiesta! (¿Qué hacen los bautistas con esto?). También sabemos que, de alguna manera, el erótico *Cantar de los Cantares* se hizo lugar en la Biblia, y desde los primeros siglos sus imágenes de unión han sido preciosas para los místicos. Sin embargo, gran parte del cristianismo posterior ha sido más bien mojigato y vergonzoso del cuerpo humano, el cual Dios asumió tan gustoso a través Jesús y nos regaló abiertamente en la Eucaristía.

La Eucaristía es un encuentro de corazón, conocer la Presencia al ofrecer nuestra propia presencia. En la Eucaristía, nos movemos más allá de las meras palabras o pensamientos racionales y vamos hacia el lugar donde ya no hablamos del Misterio; lo masticamos. Jesús no dijo "piensen en esto" u "observen esto", ni siquiera "adoren esto". Dijo "¡Coman esto!".

Debemos mover nuestro entendimiento a un nivel corporal, celular, participativo y, por lo tanto, unitivo. Debemos seguir comiendo y bebiendo el Misterio, hasta que un día bajemos la guardia y caigamos en la cuenta: "¡Dios mío! ¡Realmente soy lo que como! También soy el Cuerpo de Cristo". Y, a partir de ahí, aceptar y confiar en lo que ha sido cierto desde el primer momento de nuestra existencia. Como mencioné antes, la Eucaristía debería paralizarnos, y no ser solo una linda ceremonia. Tenemos dignidad y poder fluyendo a través de nosotros y nosotras, en nuestra existencia desnuda y expuesta (a todos nos sucede, aunque la mayoría no lo sabe). Una conciencia corporal de este tipo es suficiente para dirigir y potenciar toda nuestra vida de fe, mientras que asentir o repetir palabras nunca nos dará la sacudida que necesitamos *para asimilar el deseo divino para nosotros, y para Sí mismo.* A un nivel llano, estamos hablando de la diferencia entre recibir una sincera tarjeta de San Valentín que diga "Te amo" y el acto físico de hacer el amor, desnudos y de manera tierna con alguien que te importa profundamente y se preocupa por ti. ¿Por qué le tenemos tanto miedo?

Esta es la razón por la que debo aferrarme a la creencia ortodoxa de que hay Presencia Real en el pan y el vino. Para mí, *si sacrificamos la Realidad en los elementos, terminamos sacrificando la misma Realidad en nosotros mismos.* Como Flannery O´Connor declaró una vez: "Bueno, si solo es un símbolo, ¡al diablo con él!".[1]

Entonces, la Eucaristía se convierte en nuestra piedra angular permanente para el viaje cristiano, un lugar al cual debemos regresar reiteradas veces para encontrar nuestro rostro, nuestro nombre y nuestra identidad absoluta; para saber quiénes somos en Cristo y, por lo tanto, quiénes somos para siempre. *No somos solo humanos viviendo una experiencia divina. La Eucaristía nos dice que, de alguna manera misteriosa, ¡somos Dios viviendo una experiencia humana!*

Esto persiste en Romanos 8:19-25 (como la creación), 1 Corintios 10:16ss. y 11:23ss. (como el pan y el vino), y en 12:12ss (como las personas). En cada uno de estos versículos, y en un sentido cada vez más expansivo, Pablo expresa su plena creencia de que existe una transferencia real de la identidad humana y espiritual de Cristo a la Creación, a los elementos del pan y el vino y, a través de ellos, hacia los seres humanos. El Gran Círculo de la Inclusión (la Trinidad) es una fuerza centrífuga que finalmente atraerá todo de vuelta hacia sí misma, exactamente como muchos físicos predicen que le sucederá al universo en el momento en que finalmente deje de expandirse. Lo llaman el "Big Crunch", y algunos incluso dicen que solo tardará un nanosegundo en suceder (¿Podría ser esta la descripción real de la "Segunda Venida de Cristo"? ¿O el "Juicio Final"? Creo que sí).

Así, la Eucaristía, como la Resurrección, no es un evento único o una anomalía extraña.

La Eucaristía es la Encarnación de Cristo llevada a su forma y propósito final (los elementos de la tierra misma).

Es todo un continuo de Encarnación.

Quiénes somos en Dios es quiénes somos todos y todas.

Lo demás está cambiando y desapareciendo.

Escrito con inmensa alegría el Domingo de Pascuas del 2017.

---

1 Flannery O´Connor, *The Habit of Being* [*El Hábito de Ser*] (New York: Farrar, Straus and Giroux, 1979), 125

12
¿POR QUÉ MURIÓ JESÚS?

*Nuestra predestinación a la gloria es previa por naturaleza
a cualquier noción de pecado.*
—Juan Duns Scoto, OFM

Treinta y cinco años de trabajo con hombres de todo el mundo me han demostrado cuán profundamente ha sido herida y marcada la psique humana en casi todas las culturas por padres (y otros hombres) violentos, ausentes y abusivos. El impacto de esta herida en nuestra sensibilidad espiritual es profundo. Claro, no faltan razones por las que alguien no confiaría o no creería en Dios, pero seguramente una de las cosas más contraproducentes que los cristianos han hecho es agregar a esas razones la presentación de "Dios el Padre" como un tirano, un sádico, un padre adicto a la ira, o un amante poco confiable.

Un ejemplo claro es la explicación dominante de por qué tuvo que morir Jesús y cómo esa transacción está relacionada con nuestra salvación. Hizo a Dios "el Padre" distante y frío.

Durante la mayor parte de la historia cristiana, no hubo ningún consenso que estableciera qué significa cuando los cristianos dicen "Jesús murió por nuestros pecados"; sin embargo, en los últimos siglos, una *teoría* prevaleció por sobre las demás. En general, se la conoce como "teoría de la expiación sustitutiva penal", especialmente una vez desarrollada luego de la Reforma. La expiación sustitutiva es la teoría de que Cristo, por su propia elección sacrificial, fue castigado en lugar de nosotros, los pecadores, y así satisfizo la "demanda de justicia" para que Dios pudiera perdonar nuestros pecados. En última instancia, esta teoría de la expiación se apoya en otra noción comúnmente aceptada: el "pecado original" de Adán y Eva, que nos dijeron que contamina a todos los seres humanos. No obstante, al igual que el pecado original, del que ya hemos hablado, a la mayoría de los cristianos nunca se les dijo cuán reciente y acotada es esta explicación, además de que se basa en una noción completamente retributiva de la justicia. Tampoco se les dijo que es solo una teoría, aunque algunos grupos la toman como un dogma de larga data. La iglesia primitiva nunca escuchó de ella; a lo sumo tenían alguna idea de "pago de rescate" a partir de las muchas metáforas bíblicas.

Hasta que no revelemos lo que nos ofrece, y lo que no, esta explicación de por qué Jesús tuvo que morir, será difícil liberar nuestras nociones tanto de Cristo como de Jesús para verlos como una revelación del infinito amor de la Trinidad y no como una transacción sangrienta "requerida" por la justicia agraviada de Dios, en orden de rectificar el problema del pecado humano.

En este capítulo, espero abordar la manera en que nuestra teoría expiativa comúnmente aceptada —especialmente como un logro a través de la vida, sufrimiento y muerte de Jesús— nos condujo a algunos malentendidos serios sobre el rol de Jesús y el propósito eterno de Cristo, reafirmando así nuestra noción estrecha de justicia retributiva y legitimando una noción de "violencia buena y necesaria". Me ocupo de este tema con entusiasmo e inquietud porque sé que la teoría de la expiación sustitutiva es central para la fe de muchas personas. No obstante, las preguntas de *por qué murió Jesús y cuál es el significado y el mensaje de su muerte* han dominado la narrativa cristiana reciente, en general, mucho más que su vida y enseñanza. Como algunos han dicho, si esta teoría es cierta, lo único que necesitábamos eran los últimos tres días, o incluso las últimas tres horas, de la vida de Jesús. En mi opinión, esta interpretación nos ha impedido una comprensión profunda y verdaderamente transformadora tanto de Jesús como de Cristo. La salvación se convirtió en un asunto único y transaccional entre Jesús y su Padre, en lugar de una *lección transformadora* continua para el alma humana y para toda la historia.

En el mejor de los casos, la teoría de expiación sustitutiva nos ha vacunado contra los verdaderos efectos del Evangelio, provocando que estemos profundamente "agradecidos" con Jesús en lugar de movernos a imitarlo honestamente. En el peor de los casos, nos lleva a ver a Dios como una figura fría y brutal, que demanda actos de violencia antes de poder amar a su propia creación. Ahora bien, no hay ninguna duda de que ambos testamentos están llenos de metáforas de expiación, sacrificio, redención, rescate, pagar el precio, abrir las puertas, etcétera. Pero estas son metáforas de templo comunes, que tendrían sentido para una audiencia judía. Antropológicamente hablando, estas palabras y sus implicancias reflejan una forma de pensar mágica o, como yo la llamo, "transaccional". Con esto quiero decir que lo único que tienes que hacer es creer en lo correcto, decir la oración apropiada o practicar el ritual correspondiente, y las cosas irán bien para ti en la sala del tribunal divino. En mi experiencia, esta forma de pensar pierde su poder conforme las personas y las culturas maduran y buscan cambios reales en sus mentes y corazones. Entonces, el pensamiento *transformativo* tiende a suplantar al pensamiento *transaccional*.

Como escribí antes, la visión del cristianismo sobre Dios fue un alejamiento radical de la mayoría de las religiones antiguas. En lugar de que Dios "coma" humanos, animales o cultivos sacrificados en un altar, ¡el cristianismo hizo la atrevida afirmación de que el propio cuerpo de Dios *nos fue dado para comer! Esto cambió todo y deshizo la aparente lógica del pensamiento "quid pro quo"*. Mientras empleemos cualquier noción *retributiva* de la justicia del Dios ofendido (castigo requerido por las malas acciones), cambiaremos el singular mensaje cristiano por la justicia fría y dura que ha prevalecido en la mayoría de las culturas a lo largo de la historia. No ofrecemos una alternativa redentora para la historia, sino que en realidad santificamos los mismos "poderes y principados" que Pablo afirma que controlan indebidamente el mundo (Efesios 3:9-10, 6:12). Nos quedamos dentro de lo que algunos llaman el "mito de la violencia redentora", que bien podría ser la línea narrativa dominante de la historia.

Es tiempo de que el cristianismo redescubra la profunda temática bíblica de la *justicia restaurativa*, que se centra en la rehabilitación y la reconciliación, y no en el castigo (lee Ezequiel 16 para un ejemplo supremo de esto). A la línea narrativa de Jesús podríamos llamarla "el mito del sufrimiento redentor" (no como "el pago de un precio", sino como el acto de ofrecerse a sí mismo por un otro u otra).

La *justicia restaurativa*, claramente, llega a su mayor demostración en el constante ministerio de sanidad de Jesús. Jesús representa el nivel más real y profundo de la enseñanza de los Profetas judíos: ¡él nunca castigó a nadie! Sí, desafió a las personas, pero siempre por el bien de la introspección, sanidad y restauración de ellas mismas y de las situaciones a su origen y fuente divinos. Una vez que reconocemos que la misión de Jesús (expresada de forma clara en los cuatro Evangelios) era sanar a las personas, y no castigarlas, las teorías dominantes de la justicia retributiva empiezan a perder su autoridad y atractivo.

La historia de una teoría

El hecho de que los primeros cristianos y cristianas buscaran una explicación lógica y profundamente significativa para él "por qué" de la trágica muerte del fundador de su religión tiene sentido. Pero, durante siglos, la respuesta no fue apaciguar a un Padre enojado y fanático. Durante los primeros mil cien años, el consenso fue que la muerte sacrificial de Jesús en la cruz —el "precio" o el rescate— no se pagaba a Dios, ¡sino al diablo! Sí, sé que puede parecer tonto, pero es lo que muchos cristianos y cristianas creyeron durante casi un milenio. Esto hizo al diablo bastante poderoso y a Dios bastante débil, pero les dio a las personas alguien a quien culpar por la muerte de Jesús. Y, al menos en ese momento, no fue a Dios.

Luego, en el siglo XI, Anselmo de Canterbury escribió un artículo llamado "¿Cur Deus Homo?" o "¿Por qué Dios se convirtió en humano?", lo cual, desafortunadamente, podría ser la obra teológica más exitosa jamás escrita. Pensando que podía resolver el problema del pecado desde la lógica del código medieval de honor y la vergüenza feudal, Anselmo, en efecto, dijo: "Sí, era necesario pagar un precio para restaurar el honor de Dios el Padre, y era necesario que lo hiciera alguien que fuera igualmente divino". Aparentemente, Anselmo nunca pensó en las desastrosas implicaciones de su teoría, especialmente para las personas que ya tenían miedo o estaban resentidas con Dios. En culturas autoritarias y patriarcales, la mayoría de las personas estaban totalmente programadas para pensar así (hacer lo posible para apacentar una figura de autoridad iracunda, punitiva y siempre violenta en sus reacciones). En la actualidad, muchas personas aún operan así, especialmente si tuvieron un padre o una madre abusivos o iracundos. Las personas se adaptan a este tipo de Dios, porque encaja en su propia historia.

Desafortunadamente, por una razón simple pero devastadora, este entendimiento también anula cualquier viaje espiritual profundo: ¿Por qué amarías, confiarías o desearías estar con un Dios así?

Durante los siguientes siglos, este pensamiento de Anselmo, basado en el honor y la vergüenza, fue aceptado entre los cristianos, aunque encontró la resistencia de algunos, particularmente en mi propia escuela franciscana. Los protestantes aceptaron la posición católica principal y la abrazaron aún con más fervor. Más tarde, los evangélicos lo consagraron como uno de los "cuatro pilares" de la creencia cristiana fundamental, algo que el periodo anterior habría considerado insólito. Nunca se les contó de la variada historia de esta creencia, ni siquiera entre un puñado de protestantes, y, si llegabas a provenir de una cultura de "ley y orden", algo que la mayoría tuvo hasta hace muy poco, todo tenía perfecto sentido.

De todos modos, los franciscanos, guiados por Juan Duns Scoto (1266-1308), se negaron a ver la Encarnación, y su desenlace final en la cruz, como una mera reacción al pecado. En lugar de eso, afirmaron que la cruz era una *revelación de Amor Absoluto voluntariamente elegida* por parte de Dios. Así, invirtieron la marcha de casi todas las religiones hasta ese punto, que asumían que *teníamos* que derramar sangre para llegar a un Dios distante y exigente. La escuela franciscana creía que, en la cruz, ¡Dios "derramaba su sangre" para alcanzarnos![1] Este es un cambio radical de conciencia. La cruz, en lugar de ser considerada una transacción, fue vista como una demostración dramática del amor que emana de Dios, con la intención de conmocionar por completo el corazón y volverlo hacia la confianza y el amor del Creador.

Para la escuela franciscana, Dios no necesita que le paguen para perdonar a su propia creación por sus faltas. El amor no puede ser comprado por ningún "sacrificio necesario"; si así fuera, no tendría ni podría tener efectos transformadores. Intenta amar a tu pareja o a tus hijos o hijas de esa forma, y observa a dónde te lleva. Scoto y sus seguidores estaban comprometidos a proteger *la libertad y el amor absolutos de Dios*. Si el perdón necesita ser

---
[1] Mary Beth Ingham, *Scotus For Dunces* [*Scoto para burros*] (St. Bonaventure, NY: Franciscan Institute, 2003). 75ss.

comprado o pagado, entonces no es auténtico; el perdón libera de manera voluntaria, gratuitamente.

No estoy seguro de que los cristianos y cristianas reconozcan aún los daños de la teoría de la expiación sustitutiva penal. Tal vez, las implicaciones subyacentes nunca hayan sido aclaradas, aunque, en general, a través de los siglos la gente pensante repelió este tipo de nociones de mal gusto sobre Dios. Incluso en nuestros tiempos, estas teorías se convirtieron en los clavos del ataúd de la fe para muchas personas. Algunos cristianos simplemente reprimen sus dudas porque creen que implican una pérdida total de fe. Pero apostaría a que, por cada persona que expresa dudas, muchas más se alejan en silencio de una religión que parece irracional, mitológica y profundamente insatisfactoria para el corazón y el alma. ¡Y no son personas malas!

Podemos hacerlo mucho mejor, y sin minimizar a Jesús en absoluto. De hecho, permitirá que Jesús tome una dimensión de atractivo universal y humano que golpee en el centro de nuestra inhabilidad para creer en el amor incondicional. La cruz no puede ser un sacrificio arbitrario y sangriento completamente dependiente del pecado cometido una vez por un hombre y una mujer debajo de un árbol entre el Tigris y el Éufrates. Esa idea, francamente, reduce cualquier noción de una revelación universal o verdaderamente "católica" a solo un planeta, al borde de un sistema solar, en un universo que ahora parece tener billones de galaxias con trillones de sistemas solares. En pocas palabras, una religión basada en sacrificios necesarios y requeridos (principalmente de Jesús y más tarde de las clases bajas) no es lo suficientemente gloriosa ni esperanzadora o, siquiera, lo suficientemente acorde a la maravillosa creación de la que somos parte. A quienes se aferran a la comprensión de Anselmo, les diría, como J. B. Phillips escribió hace muchos años, "tu Dios es demasiado pequeño".

Se han cometido demasiadas atrocidades en la historia bajo el grito manipulador de "sacrificio", generalmente, de un sacrificio violento y necesario por una causa siempre "noble" (ve a cualquier desfile del Día de los Veteranos y verás que el sacrificio une a liberales y conservadores bastante rápido). Sin embargo, creo que, en definitiva, Jesús deshace la noción de *exigencias sacrificiales* —primero en él mismo, y luego en todos nosotros—

para que Dios nos ame. "Vayan, aprendan el significado de las palabras, lo que quiero es misericordia, ¡no sacrificio!", dice Jesús a lo largo de los Evangelios (Mateo 9:13, 12:7) Allí estaba citando al profeta Oseas, quien agrega: "Quiero conocimiento de Dios, no sus holocaustos" (6:6). Las nociones sacrificiales nos mantienen en el marco retributivo de la justicia y fuera del Evangelio esencial de la gracia y el amor inmerecido. Esto es fundamental para entender el Evangelio. El filósofo francés y crítico literario René Girard (1923-2015) hace todo lo posible para demostrar que Jesús pone fin a todas las nociones de religión sacrificial, que solo mantienen nuestras cosmovisiones *quid pro quo*.[2] Lo recomiendo sin duda.

Una colisión de propósitos cruzados

Con este contexto, déjame ofrecerte lo que pienso que es el significado principal y más constructivo de la muerte de Jesús (cómo el acto más famoso de la historia cristiana revela el problema al que nos enfrentamos y nos da una forma de superarlo). Mi premisa, como verán, es que:

El violento no es Dios. Somos nosotros y nosotras.

No es Dios quien demanda sufrimiento humano. Nosotros y nosotras lo hacemos.

Dios no necesita ni desea sufrimiento; ni el de Jesús ni el nuestro.

De manera bastante concluyente, Girard entiende la repetida frase de Hebreos "una vez y para siempre" (7:27, 9:12, 26, 10:10) como el fin de cualquier necesidad de sacrificios para complacer a Dios. El problema del amor divino se resuelve desde el lado de Dios. En nuestra inseguridad, seguimos recreando "sacrificios necesarios".

Escucha las palabras de Jesús en el Evangelio de Juan: "No vine a condenar al mundo, sino a salvarlo" (12:47). O en Mateo: "Vengan a mí todos los cansados y angustiados, y les daré descanso […] porque soy gentil y humilde de corazón. Sí, mi yugo es fácil y ligera es mi carga" (11:28). Si creciste como cristiano o cristiana, probablemente hayas leído estos versículos docenas de veces. Pero una vez que puedes hacer el cambio de una cosmovisión jurídica

---
2 René Girard, *The Girard Reader*, James G. Williams (ed.). (New York: Crossroad, 1966).

y punitiva a una transformadora y llena de gracia, verás esos pasajes bajo una nueva luz a lo largo de todo el Nuevo Testamento.

La mayoría todavía estamos programados para leer las Escrituras acorde a las leyes comunes de la jurisprudencia, que difícilmente están basadas en la *justicia restaurativa* (el término ni siquiera era común hasta hace poco). La justicia restaurativa fue el descubrimiento asombroso de los profetas judíos, ¡cuando Yahvé castigó a Israel amándolos incluso más! (Ezequiel 16:53ss). La jurisprudencia tiene un lugar importante en la sociedad humana, pero no puede ser transferida a la mente divina. No puede guiarnos dentro del reino del amor infinito ni a cualquier cosa que sea infinita. Una cosmovisión de pesaje y escrutinio es completamente insuficiente una vez que caes en el océano de la misericordia. Si puedo parafrasear apenas un poco a mi querida Teresa de Lisieux, *hay una ciencia de la que Dios no sabe nada: suma y resta*. Teresa entendió el significado completo y final de ser salvos solo por gracia como pocos lo han hecho en la historia del cristianismo.

La Mente Divina transforma todo sufrimiento humano al identificarse por completo con la situación humana y al apegarse a ella en total solidaridad de principio a fin. Este es el verdadero significado de la crucifixión. La cruz no es simplemente un evento singular. Es la declaración de Dios de que *la realidad tiene un diseño cruciforme*. Jesús fue asesinado en una colisión de propósitos cruzados, intereses en conflicto y medias verdades atrapadas entre las demandas del imperio y religión establecida de su época. La cruz fue el precio que Jesús pagó por vivir en un mundo "mixto", que es tanto humano como divino, simultáneamente roto y totalmente íntegro. Colgó entre un buen ladrón y un mal ladrón, entre el cielo y la tierra, dentro de la humanidad como de la divinidad, en un cuerpo masculino con un alma femenina, completamente íntegro y, aun así, desfigurado. Todos opuestos esenciales.

Al hacerlo, Jesús demostró que la Realidad no es insignificante y absurda, ni siquiera cuando no siempre es perfectamente lógica o coherente. Sabemos que la Realidad siempre está llena de contradicciones, lo que San Buenaventura y otros (como Alan de Lille y Nicolás de Cusa) llamaron la "coincidencia de opuestos".

Jesús el Cristo, en su crucifixión y resurrección, "reunió todas las cosas en sí mismo, todo en el cielo como en la tierra" (Efesios 1:10). Este versículo es el resumen de la cristología franciscana. Jesús aceptó llevar el misterio del sufrimiento universal. Permitió ser cambiado por él ("Resurrección"), y nuestra esperanza es que también nos cambie a nosotros, a fin de liberarnos del ciclo interminable de proyectar nuestro dolor en otro lugar o permanecer atrapados dentro de él.

Esta es la vida plenamente resucitada, la única forma de ser felices, libres, amorosos y, por lo tanto, "salvos". En efecto, Jesús estaba diciendo: "Si yo puedo confiar en esto, ustedes también". Sin dudas, la cruz nos salva más de lo que creemos. Las personas que sostienen las contradicciones y las resuelven en sí mismas son las salvadoras del mundo. Son los únicos agentes reales de transformación, de reconciliación y de lo novedoso.

Los cristianos y las cristianas están destinados a ser la compasión visible de Dios en la tierra, más que "aquellos que irán al cielo". Son la levadura que acepta compartir el destino de Dios para la vida del mundo de hoy y así evitar que toda la masa se aplaste sobre sí misma. *Un cristiano o cristiana está invitado, no obligado, a aceptar y vivir la forma cruciforme de la realidad.* No es tanto un deber, ni siquiera una exigencia, es, más bien, una *vocación libre*. Algunas personas se sienten llamadas y aceptan no esconderse del lado oscuro de las cosas o de los grupos rechazados, sino que, de hecho, se acercan al dolor del mundo y permiten que cambie radicalmente sus perspectivas. Acuerdan abrazar la imperfección e incluso las injusticias del mundo y permiten que estas situaciones cambien desde adentro hacia afuera, que, a fin de cuentas, es la única manera en que las cosas cambian.

Como algunos de nuestros santos han dicho con distintas palabras, Jesús no es leal a grupos, países, batallas o equipos. *Jesús solo es leal al sufrimiento.* Está tan presente para el soldado iraquí que sufre como para el soldado estadounidense herido, del mismo modo que se preocupa por el soldado nazi desilusionado y por el soldado británico desalentado que sangran hasta morir en el campo de batalla. Como dice Isaías escandalosamente: "Ante él las naciones cuentan como la nada y el vacío" (40:17). La *Nación de Jesús* cruza todos los límites y fronteras, y solo está ocupada por la sabiduría y la libertad de quienes han sufrido y llegado del otro lado; no destruidos, sino más grandes, fuertes y sabios. El Evangelio es simplemente la sabiduría de quienes aceptan llevar parte del sufrimiento infinito de Dios. Irónicamente, muchos no cristianos y no cristianas —pienso en Ana Frank, Simone Weil y Etty Hillesum, judías las tres— parecen aceptar completamente esta vocación con mayor libertad que muchos y muchas que sí lo son.

El chivo expiatorio y el "pecado del mundo"

Considero que la Escritura hebrea que más sienta las bases para el entendimiento de la muerte de Jesús se halla en Levítico 16, texto que el filósofo francés e historiador René Girard llama "el más efectivo de los rituales religiosos jamás creado". En el "Día de la Expiación" el sumo sacerdote Aarón recibió instrucciones de colocar simbólicamente todos los pecados de la gente en una cabra desafortunada. La gente golpearía al animal hasta que este huyera al desierto.[3] Era un acto simbólico y gráfico que ayudaba a unir y liberar a las personas a corto plazo. Presagiaba lo que los católicos más tarde llamaríamos "absolución general" o "confesión pública". En lugar de adueñarnos de nuestros pecados, este ritual nos permitió exportarlos a otro lugar; en este caso, a un animal inocente.

Para nuestro propósito aquí, la imagen del chivo expiatorio refleja y revela de manera poderosa la necesidad humana universal, pero inconsciente en gran medida, de transferir nuestra culpa sobre algo (o alguien) más, y luego señalar a ese otro para que reciba un trato negativo e inmerecido. Este patrón es visto en muchas facetas de nuestra sociedad y de nuestras vidas privadas e internas; tanto es así, que casi podríamos nombrarlo "*el* pecado del mundo" (nota que "pecado" es singular en Juan 1:29). El relato bíblico, de todos modos, parece reconocer que solo un "cordero de Dios" puede tanto *revelar como resolver* ese pecado en un solo acto noviolento (cualquier *león de Dios* perpetuaría la ilusión de que podríamos superar al poder con la misma clase de poder, duplicando el problema).

---

3 Aclaración entre paréntesis en el original: The word "scapegoat" came from the phrase "escaping goat", used in early English translations of the Bible [La palabra "scapegoat" viene de la frase "cabra que escapa", usada en las primeras traducciones inglesas de la Biblia].
El término "scapegoat", utilizado en las traducciones que menciona el autor, no tiene referencia alguna en las Biblias en español, que realizan la traducción directa del idioma original como "chivo expiatorio". (N. del E.)

Además, nota que el chivo expiatorio en Levítico está basado en una decisión arbitraria entre dos cabras (Levítico 16:7-10). Realmente, no hay alguna diferencia entre la "cabra de YHWH, que es ofrecida como sacrificio apropiado por el pecado" y la "cabra de Azazel" (Azazel es un demonio de los páramos), que es golpeada en el desierto, excepto en cómo esta era percibida y escogida por el pueblo. Supuestamente, Dios creó ambas cabras, pero somos los humanos quienes decidimos cuál debería ser eliminada. Tal pensamiento dualista es falso, pero nuestros egos lo encuentran conveniente y útil (sin mencionar lo necesario que resulta para trasladar la culpa).

Hasta hoy, el chivo expiatorio caracteriza al discurso personal, político y público. La gente de la izquierda acusa a la derecha de solo ser "pronacimiento", a la vez que son proguerra y proarmas, y por lo tanto hipócritas cuando se hacen llamar "provida". Las personas de la derecha acusan a la izquierda de ser "proaborto" y "proelección", por lo tanto, para nada "provida". Al concentrarse en la cabra del otro grupo, ambos bandos evitan ser completamente coherentes. Es sorprendente cómo esta lógica funciona de manera bastante efectiva para evitar que ambos seamos honestos. En realidad, una posición provida, íntegra y completamente coherente, probablemente conformaría a muy pocos por lo que exigiría (incluyendo el sacrificio de algunos de nuestros supuestos incuestionables). Muy pocos pueden adoptar una "postura libre de contradicciones" cuando afirman que todo el tiempo son provida. Parece que no hay ningún lugar completamente puro en donde posicionarse, y antes de que podamos resolver un problema a cualquier nivel, debemos nombrar y aceptar honestamente esta imperfección. Es la ilusión egoica de nuestra perfecta rectitud lo que a menudo nos permite crucificar a otros.

Girard demostró que el mecanismo del chivo expiatorio es probablemente el principio fundacional para la mayoría de los grupos sociales y de las culturas. Rara vez somos conscientes de que estamos ejerciendo o proyectando este mecanismo. Como dijo Jesús, las personas literalmente "no saben lo que hacen" (Lucas 23:34). De hecho, ¡la efectividad de este mecanismo depende de que *no se vea*! Es casi completamente automático, arraigado e inconsciente. "Ella me hizo hacerlo". "Él es culpable". "Él se lo merece". "Ellos son el problema". "Ellos son malvados". Los humanos deberíamos reconocer nuestra propia negatividad y pecaminosidad pero, en lugar de eso, en gran medida odiamos o culpamos a casi cualquier otra cosa.

A menos que el mecanismo del chivo expiatorio sea visto y nombrado de manera consciente a través de rituales concretos, de hacernos cargo de nuestros errores o de lo que muchos llaman "arrepentimiento", el patrón seguirá permaneciendo inconsciente e indiscutido. Hizo falta llegar hasta el siglo XX para que la psicología moderna reconociera cómo los humanos casi siempre proyectamos nuestro material oscuro inconsciente sobre otras personas y grupos, aunque Jesús lo haya revelado hace dos mil años. "Cuando alguien los mate, pensará que está cumpliendo el deber santo de Dios", dijo (Juan 16:2). Odiamos nuestras propias fallas en otras personas, y, tristemente, a menudo encontramos en la religión el mejor escondite para esa proyección. Me temo que Dios y la religión han sido utilizados para justificar la mayor parte de nuestra violencia y para esconder, incluso de nosotros mismos, nuestras partes oscuras que preferiríamos no admitir.

Aun así, y de manera acertada, las Escrituras llaman "pecado" a ese odio ignorante que mata, y Jesús vino precisamente a "quitar" (Juan 1:29) nuestra capacidad para cometerlo, al exponer la mentira a la vista de todos y todas. Al igual que hablar con cualquier buen guía espiritual o confesor, contemplar al Crucificado te ayuda a ver a la mentira en todo su dramatismo. Recuerda que Jesús fue el completo inocente que acabó condenado por las más altas autoridades de la "iglesia y el estado" (Jerusalén y Roma), un acto que debería crear una sospecha saludable sobre cuán equivocados pueden estar los poderes más altos. Tal vez, el poder todavía no quiere que veamos esto, y es por eso que nos concentramos tanto en los pecados privados de la carne. Los pecados negados que de verdad están destruyendo al mundo son muchos más que los que solemos admirar y aceptar totalmente en nuestras figuras públicas: orgullo, ambición, avaricia, glotonería, falso testimonio, asesinato legítimo, vanidad, etc. Esto es difícil de negar.

Como dice Juan, "Él le mostrará al mundo cuán equivocado estaba acerca del pecado, acerca de quién estaba realmente en lo correcto y sobre el verdadero juicio" (16:8). Esto es lo que Jesús expone y derrota en la cruz. Él no vino a cambiar la opinión de Dios sobre nosotros y nosotras. No necesitaba ser cambiada. Jesús vino a cambiar nuestra opinión sobre Dios —y sobre nosotros mismos— y sobre dónde radican realmente el bien y el mal.

Cargamos y amamos lo que Dios carga y ama

Entonces, ¿qué significa seguir a Jesús? Creo que se nos invita a contemplar la imagen del Jesús crucificado para ablandar nuestros corazones a todo sufrimiento, para ayudarnos a ver la manera en que nosotros mismos hemos sido "mordidos" por el odio y la violencia, y para saber que el corazón de Dios siempre se ha enternecido por nosotros. Al volver nuestra mirada a esta verdad divina —y abandonar las tantas formas de aplicar los mecanismos de chivo expiatorio y autojustificación—, obtenemos compasión hacia nosotros y nosotras y hacia todos los que sufren. En gran medida, esto sucede a un nivel psíquico e inconsciente, pero es exactamente ahí donde yacen nuestros dolores y nuestra disposición a la violencia, alojados en el primitivo "cerebro de reptil", donde casi no tenemos control racional.

Una religión transformadora debe tocarnos en este nivel del tallo cerebral, primitivo, o no es transformadora en absoluto. La historia es continuamente agraciada con personas que de alguna manera aprendieron a actuar más allá de su propio interés y por el bien del mundo, personas que claramente operaban por un poder más grande que el suyo. Los Gandhi del mundo, los Oskar Schindler, los Martin Luther King Jr. Sumemos a Rosa Parks, Madre Teresa, Dorothy Day, Oscar Romero, Cesar Chávez, y muchos otros "soldados desconocidos". Estas figuras inspiradoras nos dieron evidencia contundente de que la mente de Cristo todavía habita el mundo. La mayoría somos afortunados de tener caminos cruzados con muchas personas menos conocidas que exhiben la misma presencia. No sabría decir cómo uno se convierte en tales personas. Todo lo que puedo suponer es que todas tuvieron sus momentos "Crísticos", en los cuales dejaron de negar sus propias sombras, cesaron de proyectarlas hacia algún otro lugar, y aceptaron adueñarse de sus identidades más profundas en solidaridad con el mundo.

Pero tal actitud cristiana no nos coloca en una posición envidiable.

Seguir a Jesús es una vocación de compartir el destino de Dios para la vida del mundo.

Es permitir lo que Dios permite —y usa— por alguna razón.
Y sufrir muy levemente lo que Dios sufre eternamente.

A menudo, esto tiene poco que ver con creer las cosas correctas sobre Dios, más allá del hecho de que Dios es el amor mismo.

Las personas que aceptan cargar y amar lo que Dios ama —tanto el bien como el mal— y pagar el precio de la reconciliación dentro de sí mismas, estas son las seguidoras de Jesucristo. Son la levadura, la sal, el remanente, el grano de mostaza que Dios usa para transformar el mundo. La cruz, entonces, es una imagen muy dramática de lo que se necesita para ser *utilizable* por Dios. No quiere decir que vas a ir al cielo y otros no; más bien, significa que has entrado al cielo mucho antes y, por lo tanto, puedes ver las cosas de manera trascendente, completa y sanadora aquí y ahora.

Mantener esta mente y corazón a largo plazo es la verdadera espiritualidad. No tengo duda de que conlleva muchas decisiones y rendiciones diarias. Es de gran ayuda buscar personas con ideas afines. Tal gracia y libertad nunca es un logro solitario. Un cielo creado por tu cuenta nunca será cielo durante mucho tiempo. Los santos y las santas son quienes despiertan mientras están en este mundo, en lugar de esperar al siguiente. Francisco de Asís, William Wilberforce, Teresa de Lisieux, y Harriet Tubman no se sintieron superiores a nadie; simplemente sabían que se les había contado un gran secreto divino y querían aportar su granito de arena para revelarlo.

Todos y todas se negaron a confiar incluso en su propio poder, a menos que este hubiera sido enseñado y perfeccionado primero por la impotencia.

Esta no es una verdad sencilla. Una vez que todo su marco mental fue desarmado y reformulado de esta manera, tuvieron que descubrir cómo encajaban en la visión dominante del mundo (y la mayoría de ellos nunca lo hizo, al menos no del todo). Esto se volvió su crucifixión. El "camino de la cruz" no puede pasar de moda porque seguramente nunca estará de moda. Nunca se convierte en la conciencia dominante en ningún lado. Pero es esta impotencia de Dios la que salva al mundo.

El mecanismo del chivo expiatorio, nuestra habilidad de odiarnos a nosotros mismos en las demás personas y atacarlas es demasiado seductor y demasiado difícil de reconocer para la mayoría. Debe ser resistido una y otra vez en cada generación y cultura. El Reino de Dios es siempre una levadura, un remanente, una masa crítica, algunos elegidos, un minyan judío —"diez hombres justos"— que nos salvan de nosotros mismos por el bien de la verdad.

Dios es el ser noviolento supremo, por lo que no nos atrevemos a aceptar ninguna teoría de salvación basada en la violencia, la exclusión, la presión social o la coerción moral. Cuando lo hacemos, estos se legitiman como la manera adecuada de vivir. *Dios salva amando e incluyendo, no excluyendo o castigando.*

Este Dios llama *a todos, a todas y a cada cosa, no simplemente a unos pocos elegidos,* a su Ser (Génesis 8:16-17, Efesios 1:9-10, Colosenses 1:15-20, Hechos 3:21, 1 Timoteo 2:4, Juan 3:17). Para que cada cosa y todos lleguen hasta allí, Dios primero necesita modelos e imágenes que estén dispuestos a "llegar a ser como su cuerpo en la muerte" y transformados en el cuerpo de su resurrección (Filipenses 3:10). Estos son la "nueva creación" (Gálatas 6:15), y su estado transformado todavía se filtra en la historia y la convierte muy lentamente en "vida y vida en abundancia" (Juan 10:10).

Si no reconocemos que nosotros mismos somos el problema, seguiremos haciendo de Dios un chivo expiatorio, que es exactamente lo que hemos hecho al matar al Dios-Hombre en la cruz. La crucifixión de Jesús —a quien consideramos el Hijo de Dios— fue una profecía devastadora de que los humanos preferían matar a Dios antes que cambiar. Sin embargo, el Dios-Hombre sufre nuestro rechazo voluntariamente a fin de que algo más grande pueda suceder.

Un diálogo con el Dios Crucificado

Muchos años atrás, escribí una meditación que llamé "Un diálogo con el Dios Crucificado", para ayudar a las personas a experimentar lo que tan tímidamente intento describir aquí. Sugiero que esperes hasta tener un espacio de tiempo libre, tranquilo y solitario, y reces en voz alta para que tus oídos puedan escuchar tus propias palabras salir de tu propia boca. En adición, sugiero que te sitúes ante una imagen tierna del Jesús crucificado, que te permitirá tanto dar como recibir.

Y debes saber dos cosas antes de comenzar:

- Necesitamos imágenes para revelar estados internos. Verás una imagen de lo que los humanos niegan y de lo que más temen: exposición, vergüenza, vulnerabilidad y fracaso. Como la medicina homeopática, Jesús se convirtió en una exhibición completa del problema a fin de liberarnos de ese mismo problema. La cruz retira la cortina de la negación y del miedo de nuestros ojos y psiquis. Jesús se convirtió en la víctima para que dejáramos de victimizar a otras personas u ocupar nosotros y nosotras el lugar de víctimas.
- Cualquier imagen auténtica del crucificado ya es una imagen de resurrección. Los brazos abiertos y la mirada comprensiva ya son la victoria sobre cualquier sufrimiento.

Jesús te habla desde la cruz

Yo soy lo que más te asusta: tu yo más profundo, herido y desnudo. Soy lo que le haces a lo que podrías amar.

Soy tu bondad más profunda y tu más profunda belleza, la cual niegas y desfiguras. Tu única maldad consiste en lo que le haces a la bondad; a la tuya y a la de los demás.

Huyes de —e incluso atacas a— lo único que realmente te transformará. Pero no hay nada que odiar o atacar. Si lo intentas, te convertirás en una imagen reflejada de eso mismo.

Abrázalo todo en mí. Soy tú mismo. Soy toda la creación. Soy todos y todas las cosas.

Le respondes al crucificado

Hermano Jesús, eres mi vida, la cual niego. Eres mi muerte, a la que temo. Abrazo ambas en ti. Ahora reconozco —a través de ti y por ti— que la muerte y la vida no son opuestas. Eres mi ser completo, expuesto. Eres el infinito en acción, lo cual me convierte en un infinito devenir. Esta es mi posibilidad divina. (*Quédate con este pensamiento hasta que trascienda las palabras*).

Tú, Hermano Jesús, eres mi alma terriblemente ignorada y descuidada. Eres lo que le hacemos a la bondad. Eres el alma atrozmente ignorada y descuidada de todas las cosas. Eres lo que le hacemos a lo que deberíamos y podríamos amar. Eres lo que nos hacemos los unos a los otros. Eres lo que le hacemos a la Realidad que tenemos justo enfrente. Eres lo que nos hacemos a nosotros mismos. (*Quédate con esto hasta que se hunda dentro de ti*).

Odio y temo las mismas cosas que me salvarán. Que este pensamiento me ayude a amar a estas cosas, a ser paciente con ellas e incluso a perdonarlas.

Simplemente no puedo dejar que nadie me ame "sin motivos". Insisto en ser digno y merecedor. Y luego demando lo mismo en los otros. Aun así, tus brazos permanecen extendidos y abrazan a todo el mundo.

Solo tú, Cristo Jesús, te niegas a ser un crucificador, aun al costo de ser crucificado. Nunca juegas a ser la víctima ni pides venganza, sino que infundes un perdón universal sobre el universo desde la posición de crucificado, tu trono del revés.

Nosotros los humanos muy a menudo nos odiamos a nosotros mismos, pero en su lugar te matamos a ti y otros incorrectamente.

Siempre supiste que haríamos esto, ¿no? Y lo aceptaste.

Ahora me invitas a que salga de este ciclo perpetuo ilusorio y de violencia hacia mí mismo y hacia cualquier otra persona.

Quiero dejar de crucificar tu bendita carne, esta humanidad bendecida, esta santa madre tierra.

Te agradezco, Hermano Jesús, por convertirte en un ser humano y caminar todo el viaje conmigo. Ahora no tengo que aparentar que Yo soy Dios.

Solo saber que lo estamos haciendo juntos es más que suficiente y más que bueno.

Te agradezco por volverte finito y limitado, así no tengo que pretender ser infinito o ilimitado.

Te agradezco por hacerte inferior y pequeño, así no tengo que pretender ser más grande y superior que alguien.

Te agradezco por llevar nuestra vergüenza y desnudez en público de manera tan audaz, por lo que no necesito ocultar ni negar nuestra realidad humana.

Te agradezco por aceptar la exclusión y la expulsión al ser crucificado "fuera de los muros", permitiéndome saber que es exactamente allí donde te conoceré.

Te agradezco por "hacerte pecado", por lo cual no tengo que negar mis propias faltas, y puedo reconocer que incluso mis errores son el camino más verdadero y sorprendente al amor.

Te agradezco por hacerte débil, así no tengo que fingir ser fuerte.

Te agradezco por estar tan dispuesto a ser considerado imperfecto, errado, y extraño, así no tengo que ser perfecto o estar en lo correcto, o idealizar aquello que llamamos normal.

Te agradezco por no ser amado o querido por muchos, así no tengo que esforzarme tanto para ser amado y querido por alguien.

Te agradezco por ser considerado un fracaso, por lo que no tengo que fingir ni intentar ser un "éxito".

Te agradezco por permitirte ser considerado incorrecto según los estándares del estado y la religión, por lo que no tengo que estar en lo cierto en ningún lado.

Te agradezco por ser pobre en todo sentido, así no tengo que buscar ser rico en ninguna manera.

Te agradezco, Hermano Jesús, por ser todas las cosas que la humanidad desprecia y teme, ¡por lo que puedo aceptarme a mí mismo y a todos los demás dentro y a través de ti!

Jesús crucificado, te agradezco por revelarme todas estas cosas en una gran imagen de introspección y misericordia. Lo que dijeron los místicos medievales es cierto, *Crux probat omnia*: "La cruz legitima/ prueba/ usa todo". (*Quédate con esta máxima cristiana hasta que tenga sentido en ti*).

Quiero amarte de esta forma, Hermano Jesús; necesito amarte de este modo, o nunca seré libre o feliz en este mundo.

Tú y yo, Hermano Jesús, somos lo mismo.

13
NO PODEMOS SOLOS

*Hay un cuerpo, un Espíritu, y todos ustedes fueron llamados
a una misma esperanza...
Y a cada uno de nosotros se nos ha dado nuestra propia
porción de gracia, según nos concedió Cristo.*
—Efesios 4:4, 7

En los últimos años, he tenido que dejar de mirar las noticias de la tarde porque no podía soportar ver a más mujeres y niños correr por sus vidas en Siria o bebés morir de hambre en África. Todo me angustiaba profundamente e incluso me sentía con náuseas. No me gustaba ser humano. Luego, mi país entró en un ciclo electoral donde las palabras parecían perder su sentido. Todo eran ilusiones y ambiciones al desnudo. La política estadounidense se sintió insustancial, delirante, inútil —y, por lo tanto, vana—, un fundamento sobre el que es imposible construir una civilización. Aun así, un gran número, incluyendo un 82 por ciento de evangélicos blancos y un 52 por ciento de católicos blancos, parecía pensar que el racismo descarado y la mezquindad más bien universal de alguna manera se parecían al Jesús que tanto amaban. Mi corazón anhelaba con dolor algo sólido y real. ¿Cómo podía estar pasando esto?

Luego, días antes de empezar a escribir este libro, me enteré de que tendría que sacrificar a mi labradora negra de quince años porque padecía un cáncer inoperable. Venus me había estado dando una mirada de comprensión y profunda aceptación hacía semanas, pero no supe como leerla. En el fondo, no quería saber. Después de su diagnóstico, cada vez que la miraba, ella me devolvía la mirada con sus ojos suaves y permisivos, como diciendo: "Está bien, puedes dejarme ir. Sé que es mi tiempo". Pero esperó pacientemente hasta que yo estuviera listo.

Lloré una y otra vez durante un mes después de la muerte de Venus, especialmente cuando veía otro perro o pronunciaba su nombre. Pero en las semanas previas a su muerte, Venus *de alguna manera* me comunicó que toda la tristeza, ya sea cósmica, humana o canina, es una y la misma. De alguna manera, sus ojos eran todos los ojos, incluso los de Dios, y la tristeza que expresaba era una tristeza divina y universal. Me preguntaba si a Dios le sería más fácil usar animales para comunicar quién es Dios, ya que no parecen tan obstinados y retorcidos como nosotros. Aun así, pensé, ¿era todo esto una proyección, un mero producto del sentimentalismo y la imaginación?

Poco tiempo después, cristalicé estas ideas mientras estaba de retiro escribiendo este libro. Un amigo había dejado un DVD de la aclamada película *Lion*, creyendo que necesitaría un descanso de mi trabajo. ¡A regañadientes, cedí ante un poco de vulgar entretenimiento! Mientras seguía la historia desgarradora y verídica de un niño de la India oriental y su búsqueda de sí mismo y de su familia durante toda su vida, mi tristeza llegó a un punto de inflexión y comencé a llorar. ¡El lamento "la vida es tan injusta" me abrumó! Allí, en la soledad de mi retiro, me sentí en una clase de desesperación profunda. Durante horas, incluso días, nada tenía sentido. Solo quería saltar del barco de la humanidad.

En ese momento, no estaba triste por algo en particular, sino por todo. Las tragedias que había presenciado en los meses previos se apilaron juntas y se desbordaron en un amontonamiento grande de tristeza y sufrimiento del que no podía escapar. Es lo que mi amigo William Paul Young denomina "Gran Tristeza", un dolor tan enorme y profundo que se siente como si nunca fuera a terminar. Y, aun así, la tristeza no estaba enfocada en un asunto en particular sino en todos ellos a la vez.

En lo personal —solo puedo hablar de mi caso— me ayudó profundamente pensar en los ojos de Venus, y llamar todo este sufrimiento y tristeza *"la tristeza única de Dios"*. De esta manera, no tenía que llevarla sola. Y aprendí que no podía sostenerla solo, sino que era una experiencia compartida, lo cual me trajo gran consuelo. De algún modo profundamente ilógico y no racional, me identifiqué con lo que Pablo escribe al principio de Colosenses: "Me hace feliz sufrir por ustedes, como estoy sufriendo ahora, y en mi propio cuerpo hacer lo que pueda para compensar todo lo que Cristo todavía tiene que sufrir" (Colosenses 1:24).

No soy masoquista, y seguramente no tenga complejo de mártir, pero creo que la única forma para salir de la profunda tristeza es ir *con ella y a través de ella*. Algunas veces me pregunto si esto es a lo que nos referimos cuando levantamos un cáliz de vino en la Eucaristía y decimos: "A través de él, con él, y en él". Me pregunto si la única forma de poder contener espiritualmente el sufrimiento —y no dejar que nos destruya— es reconocer que no podemos llevarlo solos. Cuando heroicamente trato de hacerlo por mi cuenta, me deslizo en distracciones, negaciones y fingimientos, *y no aprendo las lecciones enternecedoras del sufrimiento*. Pero, cuando encuentro un sentido común para algo, especialmente si me permite amar a Dios y a otros en la misma acción, Dios me puede ayudar a superarlo. Empiezo a confiar en el ambiguo proceso de la vida.

Llevar nuestro pequeño sufrimiento en solidaridad con el anhelo universal de toda la humanidad nos ayuda a evitar la autocompasión o la preocupación por uno mismo. Sabemos que estamos juntos y juntas en esto, y es igualmente difícil para todos. *Casi todas las personas están llevando una herida grande y secreta, incluso cuando no lo saben.* Cuando podemos hacer el cambio para darnos cuenta de esto, el espacio fortificado alrededor de nuestros corazones se enternece. Hace que resulte difícil ser cruel con alguien. De alguna manera, nos hace uno (de una forma en la que la comodidad y el simple ocio nunca pueden).

Algunos místicos han ido tan lejos como para decir que el sufrimiento individual no existe en absoluto, y que hay un solo sufrimiento, es todo el mismo, y todo es el sufrimiento de Dios. De alguna manera, la imagen de Jesús en la cruz le comunica eso al alma dispuesta. Un Dios crucificado es el símbolo dramático *del único sufrimiento* al que Dios entra de lleno *con nosotros y nosotras* (mucho más que solo *para nosotros y nosotras*, como la mayoría fuimos entrenados para pensar).

Si sufrir, incluso de forma injusta (y todo sufrimiento es injusto), es parte del Gran Misterio, entonces estoy dispuesto —y a veces feliz— de llevar mi pequeña porción. Y debo saber que es una manera de ayudar a alguien o algo, y que es importante en el gran esquema de las cosas. Etty Hillesum, a quien conocimos antes, en verdad creía que su sufrimiento también era el sufrimiento de Dios. Incluso expresaba un gran deseo de ayudar a Dios, llevando un poco de ese sufrimiento. Para mí, tal libertad y generosidad de espíritu son casi inimaginables. ¿De dónde sale esta clase de personas tan increíbles? Su altruismo es difícil de entender casi para cualquier definición psicológica de la persona humana.

"Todo a la vez"

En el siglo catorce, el autor inspirado y anónimo de *The Cloud of Unknowing* [*La nube de lo desconocido*] enseñó que Dios, en Cristo, lidió con el pecado, la muerte, el perdón, la salvación *"todo a la vez"*. Es una frase extraña, tal vez coloquial, pero creo que esta lectura colectiva e incluso mística de la historia divina contribuye a la visión unitiva que estamos buscando, mientras tratamos de entender al Cristo Universal. Por sí mismo, Jesús luce como un individuo, por muy divino que fuese; pero el Cristo que describí en este libro es una imagen convincente para esta visión de la realidad del "todo a la vez". Este autor del siglo XIV habría disfrutado de los últimos restos del holismo místico antes de que fuera eliminado por los estragos dualísticos —aunque también necesarios— de la Reforma y la Ilustración. Él reflejó la comprensión sobre la resurrección más propia de la iglesia oriental; como un fenómeno universal, y no tan solo como el Jesús solitario que resucita de entre los muertos y levanta las manos como si acabara de anotar un gol, tal como se muestra en la mayor parte del arte occidental —e incluso en un gigante mosaico que se cierne sobre el estadio de fútbol de la universidad de Notre Dame ("gol de Jesús", solíamos llamarlo).

Estoy convencido de que Dios nos ofrece un entendimiento holístico, "todo a la vez", de las cosas. Una vez que tengas un descubrimiento similar, verás esta idea por todas partes en los pasajes paulinos, expresada de diferentes maneras: "en ese cuerpo condenó el pecado" (Romanos 8:3); "Él experimentó la muerte por toda la humanidad" (Hebreos 2:1-9); ha sido sacrificado y ha sufrido "una vez y para siempre" (Hebreos 7:28); o en el lenguaje encarnacional de Filipenses, donde se dice que Jesús nos guía a través del "modelo del pecado y la muerte" para que podamos "tomar nuestro lugar en la resurrección" (3:9-12). Y, por supuesto, todo esto emerge de la mayor metáfora de Jesús, el "Reino de Dios", una noción totalmente colectiva, que, según algunos académicos, es de lo único que Jesús habla. Hasta que no empecemos a leer la historia de Jesús a través de la noción colectiva que nos ofrece el Cristo, honestamente pienso que nos perderemos mucho del mensaje central, y que lo leeremos todo en términos de salvación individual y recompensa y castigo individual. La sociedad permanecerá sin que esto la afecte.

Creo que esta noción colectiva es lo que los cristianos y las cristianas intentaban verbalizar cuando hicieron una adición tardía al antiguo Credo de los Apóstoles: "Creo en la comunión de los santos". Nos estaban ofreciendo esta nueva idea de que los muertos son uno con los vivos, ya sean nuestros ancestros directos, los santos en gloria o incluso las llamadas "almas en el purgatorio". Todas las cosas son una, solo que en diferentes estadios, todo ello amado corporativamente por Dios (y, uno espera, por nosotros). Dentro de esta cosmovisión, somos salvados no por ser particularmente perfectos, sino por ser "parte del cuerpo", humildes eslabones de la gran cadena de la historia. Esta visión hace eco del *concepto bíblico de un pacto de amor dado a todo Israel*, y nunca a un individuo como Abraham, Noé o David. Esto es absolutamente claro en el texto, e ignorarlo es perderse un mensaje importante y crucial. Los cristianos del 1500 todavía lo veían así, pero no puedo imaginarnos agregando tal declaración al credo en el panorama religioso de hoy. Ahora estamos muy preocupados por la "salvación de los individuos" como para leer la historia de manera corporativo, y los resultados han sido desastrosos. Hoy, al individuo aislado se lo deja vulnerable y a la defensiva, a la deriva en un enorme océano de otros que también intentan salvarse a sí mismos (y no a la totalidad). El cristianismo actual es más un concurso, o incluso un viaje del ego, que una proclamación de victoria y amor divinos.

Sospecho que el *individualismo* occidental ha hecho más que cualquier otro factor para anestesiar e incluso aplicarle la eutanasia al poder del Evangelio. La salvación, el cielo, el infierno, el merecimiento, la gracia y la vida eterna, todo pasó a leerse a través de los lentes del ego segregador, expulsando el poder de Dios, transformador de la historia y la sociedad. Incluso la necesaria "justificación por fe" de Martín Lutero nos envió a una batalla de quinientos años por el alma privada del individuo.[1] Así, nos quedamos casi sin cuidado de la tierra, de la sociedad, del forastero o del Cuerpo de Cristo en su conjunto. Seguramente, esta es la razón por la que el cristianismo se halló incapaz de criticar calamidades sociales como el nazismo, la esclavitud o el consumismo occidental. Durante quinientos años, los profesores cristianos definieron y redefinieron la salvación casi enteramente en términos individualistas, mientras que los males sociales bien camuflados (avaricia, orgullo, ambición, engaño, glotonería) se trasladaron a los niveles más altos de poder e influencia, incluso en nuestras iglesias.

El individuo solitario es demasiado pequeño e inseguro para llevar "el peso de la gloria" o "la carga del pecado" por sí mismo. Sin embargo, es la imposible tarea que le dimos. Nunca funcionará. Crea un egocentrismo religioso bien disfrazado, porque nos obliga a tomarnos demasiado en serio nuestro ser individual y aislado: *tanto lo maravilloso como lo terrible de nosotros;* y ambos, me temo, son dos tipos de viajes del ego.

Un efecto secundario de nuestra lectura individualizada del Evangelio es que le permite al clero un gran control sobre el comportamiento individual a través de amenazas y recompensas. En este marco, la obediencia a las autoridades se convirtió en la más alta virtud, en vez del amor, la comunión o la solidaridad con Dios u otros, incluidos los marginados.

Aprobamos la responsabilidad jerárquica o vertical pero *casi ninguna responsabilidad lateral entre nosotros,* como Jesús esperaba para el mundo cuando oraba por que "seamos uno" (Juan 17:21). Una lectura colectiva de los Evangelios da esperanza y justicia a la historia, pero otorga menos control sobre las personas, lo que probablemente sea la razón por la cual al clero no le gusta demasiado y, por lo tanto, no lo predica con entusiasmo.

Vi esto en mi propia experiencia en el catolicismo y en el seminario, pre Vaticano II. En aquellos días, me temo que las únicas virtudes admiradas y promovidas eran la *obediencia y la lealtad a la Iglesia.* Nadie nos enseñó cómo amar bien o cómo ser leales a la humanidad como un todo (al menos

---

1 Ver Krister Stendahl, "The Apostle Paul and the Introspective Conscience of the West" ["El Apóstol Pablo y la Consciencia Introspectiva del Occidente"]. *The Harvard*

no desde el púlpito). Para ser sincero, la mayoría de mis profesores tampoco eran hombres muy amorosos. En general, habían sido ordenados por su capacidad para superar pruebas académicas y no porque fuesen pastores, profetas o personas del pueblo. Fueron entrenados para ser miembros creyentes y leales más que servidores del misterio de Dios. Hombres de la Iglesia más que hombres del Evangelio. La consonancia no es lo mismo que el amor; unirse no implica un cambio real de corazón y mente. Pocos nos enseñaron cómo ser la Simpatía de Dios o la Compasión por el Mundo, y esta experiencia me ha parecido cierta en diversos grados en cada denominación con la que he trabajado.

A menos que encontremos el *sentido y significado comunal* del sufrimiento de toda vida y ecosistemas en nuestro planeta, continuaremos refugiándonos en nuestros mundos individuales y pequeños en pos de la búsqueda personal de seguridad y cordura. *La salvación privada nunca suma al cambio colectivo porque, desde el primer momento, atrae y legitima a los individualistas*. Piénsalo.

Una Vida, Una Muerte, Un Sufrimiento

El Cristo Universal intenta comunicar, al nivel intuitivo más profundo, que en esta tierra solo hay Una Vida, Una Muerte y Un Sufrimiento. Todos estamos invitados a montar la ola, que es la única que hay. Llámala Realidad, si quieres. Pero estamos juntos y juntas en esto.

Considera las formas en las que una conciencia del "todo a la vez" de la realidad revierte tantas de nuestras obsesiones religiosas actuales. Nuestros argumentos sobre el merecimiento privado; recompensa y castigo; género, raza y distinciones de clase; posesiones privadas y todas las cosas que nos hacen discutir y competir se convierten en una completa pérdida de tiempo y en una ilusión. Todos estos argumentos dependen de algún tipo de pesaje, medición, cómputo, listado, etiquetado y comparación. El Evangelio, por contraste, se trata acerca de aprender a vivir y a morir *en Dios y con Dios*, con todo y nuestros defectos, incluidos y perdonados por un Amor Infinito. El verdadero Evangelio democratiza el mundo.

Theological Review, no. 3 (1963): 199-215.

Todas las personas somos salvas a pesar de nuestros errores y a pesar de nosotros mismos.

Todas las personas somos atrapadas en el alcance cósmico de la gracia y misericordia Divina.

Y todas debemos aprender a confiar en la oración del salmista: "No a nosotros, no a nosotros, oh Señor, sino a tu nombre sea la gloria" (Salmo 115:1).

Las buenas noticias liberadoras del Evangelio son que Dios está salvando y redimiendo al Todo, en primer lugar, y que todos y todas estamos atrapados en este Barrido Cósmico de Amor Divino. Las partes —tú, yo y todas las demás personas— somos los benditos beneficiarios, los parásitos desesperados, los participantes parcialmente voluntarios en el Todo. Pablo escribe que nuestra única tarea es confiar en esta realidad "hasta que Dios sea todo en todos" (1 Corintios 15:28). ¡Qué distinta idea de fe! "Cuando Cristo", escribe Pablo a los colosenses, "que es su vida, sea revelado, también ustedes serán revelados en toda su gloria con él" (3:4). A menos que, y hasta que, podamos gozar de esto, mucho de lo que sucede en el cristianismo equivaldrá poco más que a un narcisismo bien disfrazado y a una política autorreferencial. Vemos que este fenómeno se desarrolla en los valores de facto de las personas que se identifican enérgicamente como cristianas. A menudo son más racistas, clasistas y sexistas que los no cristianos. "Otros pueden llevar la carga y el dolor de la injusticia, pero no mi grupo", parecen decir.

Una vez que sé que todo sufrimiento es tanto *nuestro sufrimiento como el sufrimiento de Dios,* puedo soportar y confiar mejor en las desolaciones y decepciones que se me presentan. Cuando veo mi parte en el calentamiento global, puedo vivir con menos comodidades y conveniencias. Puedo hablar con un tono de voz suave y confiable en el ámbito público si hacerlo ayudará a disminuir el odio y la desconfianza humana. Puedo dejar de cerrar filas con mi grupo, si hacerlo ayudará a reconocer nuestra humanidad común.

Si puedo reconocer que todo el sufrimiento de la crucifixión (divino, planetario, humano, animal) es "un cuerpo" y un día será transmutado en "un cuerpo" de resurrección cósmica (Filipenses 3:21), al menos puedo vivir sin volverme loco o sin estar permanentemente deprimido. En este mismo pasaje, Pablo continúa diciendo que "Dios hará esto por el mismo poder ['operación' o 'energía'] por el cual está transformando al universo entero". Para él, es todo un movimiento continuo. Debemos destacar estas comprensiones casi escondidas pero totalmente colectivas en Pablo, ya que la mayoría de las mentes occidentales dualistas han sido preconcicionadas para leer sus cartas de una forma puramente antropocéntrica e individualista. Esto no es ni bueno ni nuevo. Es la misma narrativa de la sociedad secular cubierta con un poco de glaseado religioso.

Nuestra completa —y, de hecho, voluntaria— "Opción por Cristo" nos ofrece muchas cosas buenas y nuevas: *un Dios totalmente solidario con todos nosotros y nosotras en cada etapa del viaje, y que nos llevará a nuestro destino juntos en amor.*

Ya no se trata de estar en lo correcto, sino de estar conectados. Estar en una relación correcta es mucho, mucho mejor que solo tratar de ser "correcto".

14
EL VIAJE DE LA RESURRECCIÓN

Al final, todo estará bien.
Si no está todo bien, entonces aún no es el final.
—The Best Exotic Marigold Hotel

Estuvimos hablando acerca de cómo el sufrimiento y la tristeza pueden tener un significado positivo cuando adoptamos una visión del "todo a la vez" de la realidad. Pero si todos y todas somos uno en el sufrimiento, ¿no tendríamos que decir también que somos uno en la vida? En este capítulo, quiero ampliar tu visión de la resurrección desde un milagro puntual en la vida de Jesús que demanda aprobación y fe, a un patrón creacional que siempre ha sido verdad, y que nos invita a mucho más que creer en un milagro. Debe ser más que la victoria individual de un hombre para probar que es Dios.

Ningún predicador o maestro me señaló esto jamás, pero en el discurso de Pablo a los corintios sobre la naturaleza de la resurrección, él dice algo muy diferente a lo que la mayoría de nosotros escuchamos o esperamos. Pablo escribe: "Si no hay resurrección de la muerte, Cristo mismo no puede ser resucitado" (1 Corintios 15:13). Presenta la "resurrección" como un principio universal, pero la mayoría solo recordamos el siguiente versículo: "Si Cristo no ha sido resucitado, nuestra prédica es inútil, y nuestra fe también" (15:14). El versículo 14 nos da una declaración apologética acerca de la resurrección de Jesús, pero el versículo anterior da a entender de manera contundente que la razón por la que podemos confiar en la resurrección de Jesús es *que ya podemos ver la resurrección sucediendo en todos lados.* ¿Por qué no nos dimos cuenta? ¿Tal vez porque recién la ciencia moderna es quien lo evidencia?

Si el universo está "Cristificado" desde el principio, entonces es claro que nunca puede morir eternamente.

La Resurrección es solo la encarnación llevada a su conclusión lógica.

Si Dios habita la materia, entonces naturalmente podemos creer en la "resurrección" del cuerpo.

Dicho más simple ¡nada realmente bueno puede morir! (¡Es probable que confiar en esto sea nuestro verdadero acto de fe!).

Pablo presenta la Resurrección como el principio general de toda la realidad. Él no argumenta acerca de una anomalía ocasional y luego nos pide que creamos en este "milagro" de Jesús, algo que la mayoría de los cristianos hacen con entusiasmo. En su lugar, Pablo menciona el patrón cósmico, y luego, en muchos lugares, dice que el "Espíritu que llevamos en nuestros corazones" es el ícono, la garantía, la señal y la promesa, o incluso "el pago inicial" de ese mensaje universal (ver 2 Corintios 1:21-2, Efesios 1:14). Como intento hacer de manera precaria en todo este libro, él siempre busca metáforas que hagan que el mensaje universal nos suene más familiar y orgánico.

Nada es igual para siempre, dice la ciencia moderna. Noventa y siete por ciento de los átomos de nuestros cuerpos son reemplazados cada año. Los geólogos, con toda la gran evidencia de milenios, pueden demostrar que ningún paisaje es permanente. El agua, la niebla, el vapor y el hielo son lo mismo pero en diferentes etapas y temperaturas. *La "Resurrección" es otra palabra para el cambio, pero particularmente para el cambio positivo (que tendemos a ver solo a largo plazo). A corto plazo, a menudo solo parece muerte.* El Prefacio de la liturgia del funeral católico dice: "La vida no terminó, solo cambió". Hoy, la ciencia nos brinda un lenguaje muy útil para lo que la religión intuyó e imaginó correctamente, solo que en lenguaje mitológico. Recuerda, *mito* no significa "no verdadero", que es el malentendido común: en realidad se refiere a las cosas que son ¡*siempre ciertas*!

Dios no podía esperar a que la ciencia moderna le diera esperanzas a la historia. Fue suficiente creer que Jesús "fue resucitado de los muertos", lo que de alguna manera implanta la esperanza y posibilidad de la resurrección en nuestro más profundo inconsciente. La primera vida encarnada de Jesús, su paso a la muerte y su resurrección a la vida sin fin de Cristo es el modelo arquetípico de todo el patrón de la creación. Él es un microcosmos para todo el cosmos, o el mapa de todo el viaje, en caso de que necesites o quieras uno. Hoy, la mayoría no parece pensar que necesitan un mapa, especialmente cuando son jóvenes. Pero los azares y decepciones del viaje de la vida eventualmente te hacen anhelar alguna dirección, propósito u objetivo general que esté más allá de sobrevivir otro día.

Todos los que sostienen algún tipo de esperanza inexplicable creen en la resurrección, sean cristianos formales o no, incluso si no creen que Jesús resucitó físicamente de los muertos. Conocí a tales personas en todo tipo de trasfondos, religiosos y no religiosos. Sin embargo, creo en la resurrección física de Jesús, porque afirma lo que todo el universo físico y biológico también dice, y lo establece como algo más que una mera espiritualidad o creencia milagrosa: ¡También debe ser una creencia totalmente práctica y material! Si la materia es habitada por Dios, entonces la materia es de alguna manera eterna, y cuando el credo dice, creemos en la "resurrección del cuerpo", ¡también incluye a nuestros cuerpos, y no solo al de Jesús! Como es en él, así también es en todos nosotros. Como es en todos nosotros, también es en él. Así que soy bastante conservador y ortodoxo para la mayoría de los estándares en este asunto tan importante, aunque también me doy cuenta de que parece ser un tipo de encarnación muy diferente de todos los relatos de resurrección de los Evangelios. Creo en "un cielo nuevo y una tierra nueva" (Isaías 65:17, Romanos 8:18-25. 2 Pedro 3:13, Apocalipsis 21:1); y creo que *la resurrección de Jesús es como el ícono al que le das clic en tu computadora para llegar al lugar apropiado.*

La narrativa singular y verdadera del cristianismo siempre ha sido la encarnación. Si la creación es "muy buena" (Génesis 1:31) en su misma concepción, ¿cómo podría una agenda tan divina ser deshecha por cualquier fracaso humano en cooperar plenamente? Creo que "muy bueno" nos establece en una trayectoria hacia la resurrección. Dios no pierde ni falla. Eso es lo que significa ser Dios.

Jesús y Cristo son guías para leer la Realidad para quienes no tenemos el tiempo o la mente para analizar toda la situación por nuestra cuenta. ¿Y quién puede hacerlo en periodos de vida tan pequeños?

El banquete de bodas

La metáfora e imagen más consistente de Jesús para este estado final de las cosas fue alguna versión de festín o banquete de bodas[1]. En los cuatro Evangelios, Jesús se refiere a sí mismo como el anfitrión o el "novio de la boda" de un banquete abierto e inclusivo, disponible para "los buenos y malos por igual" (Mateo 22:10). Sin embargo, parecía saber que a la gente, por su naturaleza, no le gustaría eso. De tal modo que la resistencia viene incluida en el texto: los invitados que buscan un lugar más alto en la mesa (Lucas 14:7-11), el anfitrión que insiste que todos los invitados usen vestimenta de boda (Mateo 22:11-14), o el que quiere ofrecer un evento maravilloso solo a aquellos "que puedan retribuir la invitación" mientras rechaza a "los pobres, los lisiados, los cojos y los ciegos" (Lucas 14:12-14). ¡Siempre le hemos hecho difícil a Dios regalar a Dios!

El frágil ego siempre quiere establecer límites, un precio, o algún tipo de requisito de entrada. Tristemente, muchos cristianos y cristianas prefieren leer estos pasajes desde una cosmovisión de escasez en lugar de hacerlo desde un Evangelio de abundancia divina, y esta constante resistencia al Amor Infinito está revelado en el propio texto bíblico. El problema está atado a la solución, por así decirlo; la resistencia está incluida en la resolución.[2] Parece haber un villano necesario en cada historia, y casi siempre es hallado dentro del texto bíblico. No conozco otro modo de encontrarle el sentido a las tantas contradicciones y obvias inconsistencias de Dios en la Biblia.

A la mente mezquina no le gusta el banquete de bodas. Prefiere la imagen de la corte dualista como metáfora del fin de los tiempos, por lo que la parábola de las cabras y las oveja de Mateo 25 es la más recordada, a pesar de que no se entiende su mensaje real acerca de los pobres y solo se recuerda el veredicto aterrador del final. En otras palabras, a Mateo 25:46b se le permite triunfar por sobre todo Mateo 25:31-45. ¡La gente asustadiza recuerda las amenazas y no oye las invitaciones!

---

1 Ver Mateo 8:11, 22:2ss; Lucas 13:29, 14:15ss; y Apocalipsis 19:9. Todos esos pasajes se basan en los textos fuente de Isaías 25:6-12 y 55:1-5.
2 John Dominic Crossan, *How to Read the Bible and Still Be a Christian* (New York: HarperCollins, 2018). Aquí se realiza el mismo argumento de una manera mucho más detallada y académica de lo que yo puedo hacer.

Así como en la primera creación, en la que algo parte de la nada (*creatio ex nihilo*) parece imposible para mente humana, cualquier noción de vida después de la muerte parece demandar el mismo salto enorme de fe. La definición fundamental de Gracia podría ser "algo que viene de la nada" y la mente humana simplemente no sabe como procesar eso. Así como no le gusta la gracia, tampoco le gusta la resurrección. Es la misma resistencia. La Resurrección, como la mayoría de los dones de bondad, también es una *creatio ex nihilo*, que es precisamente la descripción central del trabajo de Dios: Dios es aquel "*que da vida a los muertos y llama a la existencia a las cosas que no existen*" (Romanos 4:17b), según una línea maravillosa de Pablo. O como Walt Whitman expresó de manera tan bella:

> *Todo avanza y se extiende... y nada, pues, se destruye.*
> *Y la muerte no es como la suponemos,*
> *sino más feliz.*[3]

"Realidad Personificada"

El asunto central aquí no es si Jesús resucitó físicamente o no de los muertos, lo que supuestamente "comprueba" la veracidad de la religión cristiana si estás de acuerdo, y la refuta si no lo estás. Es probable que nunca sea posible obtener una prueba científica del hecho. Además, nuestros intentos interminables por validar un evento sobrenatural están, para empezar, mal guiados, porque, en primer lugar, ni Cristo ni Jesús *están fuera de nuestra realidad natural*.

Seas cristiano o cristiana, o no, de veras te ayudará comenzar a ver a Jesús —y a Cristo— como emergiendo de la Realidad, nombrándola, dándole una cara, y no apareciendo en la Realidad desde otro mundo. No hay ningún grupo al que unirse, ninguna necesidad de firmar sobre la línea de puntos, solo un momento generoso para reconocer que el Interior y el Exterior son uno y lo mismo. Nuestro sentido interno y el sentido externo de Cristo, si quieres verlo así, se reflejan uno al otro: la antropología humana coincide con la teología divina. ¿Cómo te suena para un Gran Ecosistema? Si tu teología

---

[3] Walt Whitman, "A child said, What is the grass", in *Song of Myself* ["Un niño me preguntó '¿qué es la hierba?'", en *Canto de mí mismo*], 6.

(visión de Dios) no cambia significativamente tu antropología (visión de la humanidad), estamos frente a lo que llamamos "choque mental".

La Resurrección también es la gracia llevada a su conclusión final y lógica. Si la realidad comienza en la gracia, por supuesto que debe continuar con "gracia sobre gracia" (Juan 1:16b) la cual "desde esta plenitud todos hemos recibido" (1:16a). En tal panorama, ahora tal vez tendremos el valor para unirnos a Jesús al imaginar que, junto a él, podemos decir: "el Padre y Yo somos uno" (Juan 10:30). Eso es también lo que quiero decir con la teología que cambia a la antropología. Si la muerte y la resurrección solo son sobre Jesús, y no acerca de la historia, el mundo continuará perdiendo el interés en nuestra narrativa.

Al teólogo evolucionista Michael Dowd le encanta decir que Dios tal vez sea mejor visto como la *"Realidad personificada"*.[4] A través de Dios, el mundo que nos rodea —todo lo que existe— parece estar en diálogo con nosotros y nosotras, lo disfrutemos o no, confiemos o no en ello. Espero que esto te sea tan provechoso como lo es para mí. Incluso cuando nuestras vidas se sientan faltas de sentido, todavía podemos confiar y estar seguros de que Alguien habla, y de que ese Alguien también escucha cuando hablamos. Estar fuera de esa interfaz constante es lo que, probablemente, significa *no* creer. Cada vez que eliges amar o conectar positivamente con alguien o algo, estás en contacto con la Personalidad Divina. Ni siquiera necesitas llamarlo Dios (a Dios no parece importarle en absoluto). Es de igual importancia decir que conectarse negativamente, odiar, temer u oponerse es *no* encontrarse con la Personalidad Divina. Es por eso que se nos advierte enérgicamente contra tal negatividad en todos los sentidos, y por eso a estas cosas se les llama "pecado" o incluso el estado del "infierno", que no es realmente un lugar geográfico sino un estado de conciencia muy real. Todas las recompensas y castigos deben ser considerados fundamentalmente como *cuestiones inherentes al buen o mal comportamiento*.

Me resulta muy interesante que el Nuevo Testamento solo "envía" a aquellos (*apostolos*) que pueden "ser testigos de la resurrección" (Lucas 24:48), Hechos 1:22, 3:15b, 13:31), es decir, testigos de esta inmensa conversación

---

4 Michael Dowd, *Thank God for Evolution* [*Gracias Dios por la evolución*] (New York; Viking, 2007), 118ss. Un libro brillante que te cambia la vida.

interna y externa que siempre está ocurriendo. De otra manera, no tenemos casi nada útil que decir, y solo creamos problemas innecesarios para las personas. Las personas cínicas o negativas, quienes adscriben a teorías conspirativas y todos los predictores del Armagedón son los polos opuestos de los testigos de la resurrección. Y muchas de estas personas parecen estar dirigiendo el mundo y las iglesias. El Cristo del Evangelio de Juan dice: "Sean valientes. Yo vencí al mundo" (16:33) y a su desesperanza. ¡Nuestro mensaje es valentía y confianza! No amenaza y miedo.

¿Qué pasó en la resurrección de Jesús?

Lo que pasó en la resurrección es que Jesús fue revelado completamente como el Cristo eternal e inmortal materializado en un cuerpo. Básicamente, *el cuerpo circunscripto de Jesús se transformó en Luz ubicua.* En adelante, la luz es probablemente la mejor metáfora de Cristo o de Dios.

Durante la mayor parte de los primeros seis siglos, no se podía pintar ni esculpir el momento de la resurrección de Jesús. La costumbre durante mucho tiempo fue solo retratar el santuario en Jerusalén donde se suponía que había ocurrido la resurrección, pero nunca el evento en sí.[5] De manera análoga, el evento como tal no está en el Nuevo Testamento. Todo lo que vemos son las historias posteriores: guardias aturdidos, ángeles sentados y mujeres visitantes. Lo más cercano que tenemos a una descripción se nos da de forma indirecta en Mateo 27:51-53, pero aquí se describe una resurrección general, tumbas que se abren y cuerpos que resucitan, y no solo la resurrección de Jesús. Lee este versículo ahora, ¡y asómbrate de sus efectos! "Las tumbas también fueron abiertas. Y muchos cuerpos de aquellos que han caído dormidos fueron resucitados".

Después de las historias de resurrección, más seguidores se atrevieron a ver a Jesús como "el Señor", o al menos como uno con el Señor, que a menudo traducimos como "el Hijo de Dios". Este es un avance claro y dramático, una comprensión que se percibe en su totalidad solo después de la resurrección, aunque se habían vislumbrado algunos indicios a lo largo de la vida de Je-

---

5 John Dominic Crossan and Sara Sexton Crossan, *Resurrecting Easter: How the West Lost and the East Kept the Original Easter VIsion* [*Pascua de Resurrección: cómo el Occidente perdió y el Oriente conservó la Pascua original*] (New York: Haper One),

sús. Podríamos decir que se revela gradualmente como "Luz", como vemos especialmente en los tres relatos de la "Transfiguración" (Mateo 17:1-8, Marcos 9:2-8, Lucas 9:28-36). Probablemente, estos son relatos de resurrección trasplantados, al igual que la historia de Jesús caminando sobre el agua. Si escuchamos y observamos con cuidado, muchos de nosotros también tenemos tales momentos de resurrección en medio de nuestras vidas, en los que, de vez en cuando, "el velo se rasga". "Crean en la luz para convertirse en hijos de la luz", dice Jesús en el Evangelio de Juan (12:36), dejándonos saber que participamos en el mismo misterio, y que él está aquí, ayudando en el proceso.

Mi creencia personal es que la mente humana de Jesús supo de su identidad plenamente divina solo después de la resurrección. Tuvo que vivir su vida con la misma fe que nosotros, a medida que "creció en sabiduría, edad y gracia" (Lucas 2:40), tal como nosotros hacemos. Jesús "no fue incapaz de sentir nuestra debilidad, sino que ha sido puesto a prueba exactamente como nosotros" (Hebreos 4:15b), entonces puede servir como nuestro modelo práctico y guía, el "pionero y perfeccionador de nuestra fe" (Hebreos 12:2).

En 1967, mi profesor de teología sistemática, Fr. Cyrin Maus, OFM, me dijo que si hubieran colocado una cámara de video frente a la tumba de Jesús, no habría filmado a un hombre solitario emergiendo de una tumba (que sería resucitación más que resurrección). Es más probable, pensó, que hubiera capturado algo así como rayos de luz disparados en todas direcciones. En la resurrección, el cuerpo único y físico de Jesús se movió más allá de los límites del espacio y el tiempo hacia una nueva noción de materialidad y luz (que, en su encarnación, nos incluye a todos nosotros). Los cristianos y las cristianas suelen llamar a esto el "cuerpo glorificado", y de hecho es similar a lo que hindúes y budistas a veces llaman el "cuerpo sutil". Ambas tradiciones lo retrataron a través de lo que se convirtió en el halo o aura, y los cristianos la ubican alrededor de todos los "santos" para mostrar que participaron en La Luz compartida.

Para mí, este es un significado muy útil para la resurrección de Jesús, que, tal vez, sería mejor descrito como la "universalización" de Jesús, una especie de deformación einsteniana del espacio y tiempo, por así decirlo. De manera objetiva, Jesús siempre fue el Cristo Universal, pero ahora su importancia para la humanidad y para nosotros se hizo *ubicua, personal y atrayente* para aquellas personas dispuestas a conocer la Realidad a través de él. Muchas personas conocen la Realidad Divina sin este acceso directo, y debemos ser honestos sobre eso. No puedo probar que Jesús sea el acceso directo —y él tampoco necesita que lo haga—, excepto a través de las abundantes vidas de quienes, de manera sincera, "hacen clic en el enlace" y "siguen las indicaciones". Solo "por los frutos los conocerán", dice Jesús (Mateo 7:16-20). Las personas bien alineadas con el Amor y la Luz siempre verán de maneras que al resto de nosotros no nos resultarán obvias, y a esto lo conocemos como "iluminación".

Tales personas no necesitan "pruebas" de que Jesús es Dios, o Cristo, ni de que sea perfecto, tal como vemos en los padres del hombre nacido ciego (Juan 9:18-23). Solo necesitan mirar honestamente la evidencia. Incluso el mismo hombre nacido ciego dice: "Todo lo que sé es que estaba ciego y ahora puedo ver" (Juan 9:25). Las personas de Luz simplemente revelarán un alto nivel de visión, tanto en profundidad como en amplitud, lo que les permite incluir más y más, y excluir menos y menos. Esa es la única prueba que nos ofrecerán, y es la única prueba que deberíamos necesitar.

En la resurrección, Jesucristo fue revelado como Cada Hombre y Cada Mujer en su estado pleno. Como teólogo, San Máximo el Confesor (580-662) expresó "Dios hizo a todos los seres para este fin, para [gozar de la misma unión] de humanidad y divinidad que fue unida en Cristo".[6] Más tarde, San Gregorio Palamás (1296-1359) fue aún más específico: "Dios reveló al Cristo [en Jesús] para que la humanidad nunca pueda ser separada del modelo que él encarnó".[7] Esta clase de joyas son encontradas en muchos más escritos de la Iglesia oriental y sus padres. El gran Atanasio (298-373) lo dijo de esta forma: "*Dios [en Cristo] se convirtió en el portador de la carne [durante un tiempo] para que la humanidad pudiera convertirse en la portadora de Espíritu para siempre*".[8] Este fue el Gran Intercambio. Jesús pretendía ser la garantía

---

[6] Máximo el Confesor, *Greek Fathers* 90.621.A.
[7] Gregorio Palamás, *The Triads*. Nicholas Gendle (trad.). Editado y con introducción de John Meyendorff (New York: Paulist Press, 1983).
[8] Atanasio, *On the Incarnation* 8, Oliver Clement (trad.), *The Roots of Christian Mysticism* (New York: New City Press, 1995), 263.

de que la divinidad podía residir dentro de la humanidad, lo cual es siempre nuestra gran duda y negación. Y una vez que esto es posible, entonces la mayoría de nuestros problemas están resueltos. ¡La resurrección, tanto de las personas como de los planetas, se vuelve una conclusión inevitable! Qué significa exactamente eso, no puedo saberlo de ningún modo (1 Corintios 2:9), pero puedo decir:

> *La Creación es la primera, y probablemente definitiva, Biblia.*
> *La Encarnación ya es la Redención*
> *La Navidad ya es la Pascua, y*
> *Jesús ya es Cristo.*

En simples palabras, si la muerte no es posible para Cristo, entonces tampoco es posible para nada que "comparta la naturaleza divina" (2 Pedro 1:4). Dios es eterno por definición, y Dios es Amor (1 Juan 4:16), que también es eterno (1 Corintios 13:13), y este mismo Amor fue plantado en nuestros corazones (Romanos 5:5, 8:9) por el Espíritu que mora dentro de nosotros y nosotras. *Tal Amor plenamente Implantado no puede más que evolucionar y resultar victorioso, y nuestra palabra para esa victoria final es "resurrección".* Pedro lo afirma de manera directa: "Por la resurrección de Jesucristo de los muertos, tenemos una esperanza y una promesa segura de una herencia que no puede ser nunca estropeada, manchada ni desaparecida. Está guardada para ustedes en los cielos […] y será completamente revelada al final de los tiempos" (1 Pedro 1:4-6).

Entonces, ¿qué pasa con el infierno?

Uno de nuestros mayores obstáculos para esta comprensión tanto más saludable de la cruz y la resurrección es la noción predominante de Dios el Padre como Jefe de los Castigadores, una deidad enojada que condena a los pecadores a la tortura y tormento eterno *en lugar de ser aquel que es la vida misma*. Esta idea se origina en algunas Escrituras mal interpretadas, en gran parte situadas en Evangelio de Mateo, a quien le gusta terminar con amenazas, y también en una frase del Credo de los Apóstoles que dice que Jesús "descendió al infierno", por lo que, seguramente, debe haber uno (fue allí para liberarlo y *deshacerlo*, como hizo con el templo, pero pocas personas lo leen de esa forma). A muchos de nosotros, cuando éramos niños pequeños y susceptibles, se nos enseñó una visión de Dios como el Atormentador, y eso se nos depositó en la parte más baja de nuestro tronco encefálico, como todas las lesiones traumáticas. Así que es difícil hablar del infierno de manera tranquila e inteligente con la mayoría de las personas que han sido cristianas desde niños.

La frase "descenso al infierno" emerge de dos pasajes muy oscuros en el Nuevo Testamento. En 1 Pedro 3, donde leemos que Jesús "fue e hizo una proclamación a los espíritus en prisión", y en Efesios 4, donde dice que descendió "a las regiones bajas". En ambos casos, las descripciones se parecen menos al "Infierno" punitivo de Dante que a los términos antiguos ampliamente utilizados para "lugar de los muertos", como el Hades, Seol, Gehena, "prisión", "entre las sombras", o incluso la noción de Limbo. Pero la versión de Dante se convirtió en la dominante, moldeando nuestra mente occidental más que cualquier otra (incluso las descritas en la misma Biblia).[9] Las representaciones del infierno se convirtieron en elementos básicos del arte de la iglesia, embelleciendo las entradas de la mayoría de las catedrales góticas e incluso proporcionando todo el telón de fondo de la Capilla Sixtina. Cuando el mensaje de un Dios castigador es tan visible, dualista, y temible, ¿cómo haces para desarmarlo, sin importar cuán consoladores puedan ser tus sermones y liturgias? Incluso peor, muchas canciones evangélicas acerca de la ira de Dios, junto con sermones de "fuego y azufre", a menudo no hacían más que reforzar el temor de Dios en detrimento de su confianza o amor.

Si tienes miedo de Dios, ese nunca es el Dios verdadero. Si te sientes amado en Dios, has encontrado un Dios digno de Jesús y de Cristo. La manera en que llegas al lugar al que arribas.

En la tradición anglicana, así como en la oriental ortodoxa, la narrativa del descenso toma una forma ligeramente diferente. En general, se refieren a ella como "*Harrowing of Hell*", un término en inglés que se puede asemejar a "*despojar*" o "*deshacer*" algo, como lo hacían los agricultores de aquel

---
[9] Jon Sweeney, *Inventing Hell* (New York: Jericho Books, 2014).

tiempo cuando nivelaban sus tierras con una herramienta llamada grada.[10] Esta visión del descenso de Cristo se resumió poderosamente en la antífona de las Vísperas del Sábado Santo en la liturgia ortodoxa, donde se dice: "El infierno reina, pero no para siempre". La iconografía de la tradición oriental —en contraste con las imágenes occidentales, que hacen énfasis en las llamas y la tortura— a menudo representa a Jesús sacando las almas del infierno, no echándolas en él (si dudas de mí, búscalo en Google). ¡Qué mensaje tan diferente! No resulta una sorpresa que la Pascua sea un evento mucho más grande y más celebrado en la iglesia oriental, donde la congregación voluntariamente vitorea y grita de alegría: "*¡Cristo ha resucitado! ¡De verdad Cristo ha resucitado!*". (¡El mensaje subyacente es que nosotros y nosotras también!)

En su comentario del Credo de los Apóstoles, el Papa Benedicto admite que la frase "descendió al infierno" era problemática, confusa y basada en lenguaje mitológico.[11] Concluye que, si Cristo realmente hubiese ido allí, podría no haber hecho nada más que *deshacer el lugar;* hubiese frenado su funcionamiento, así como hizo cuando les "pasó la grada" a los cambistas en el templo.[12] El Infierno y Cristo no pueden coexistir, parece decir. Debemos ver a Jesús triunfando sobre el infierno y vaciándolo. Muchos de nuestros himnos y sermones pascuales lo dicen, pero la mayoría nunca aceptamos la enormidad de este mensaje. "Destruyó la muerte", solemos cantar, aunque no parece que lo digamos en serio.

Las raíces de tan mala teología están en haber organizado una cosmovisión alrededor de la noción retributiva de la justicia, que discutimos antes y que distinguimos de *una justicia restaurativa* (un término elegante para la sanidad). Jesús no practicó ni enseñó la retribución, pero esa es la teología que prefiere el imperio: ganadores y perdedores definidos. Las cosmovisiones descendentes no resisten los ordenados dualismos de una cosmovisión de entrada y salida, de nosotros y ellos. Pero Jesús rechaza categóricamente tales nociones tanto en sus parábolas como en sus enseñanzas, por ejemplo,

---

10 *Harrow* (en español, "grada"). La grada es una herramienta agrícola dentada utilizada para surcar y remover la tierra, quitar piedras y deshacer grandes bloques de tierra. Si bien se suele traducir la frase como "Descenso al infierno", una traducción literal podría ser "Deshacer, remover o rasgar el infierno". (N. del E.)

11 Benedicto XVI, *The Faith* (Huntington, IN: Our Sunday Visitor, 2013), cap. 10.

12 Hilarion Alfeyev, *Christ the Conqueror of Hell* [Cristo el conquistador del infierno] (New Yorl: St. Vladimir's Seminary Press, 2009).

cuando dice: "Quien quiera que no esté en contra de nosotros, está a favor de nosotros" (Marcos 9:40), y que "Dios provoca que el sol se eleve sobre buenos y malos por igual, y que llueva sobre honestos y deshonestos por igual" (Mateo 5:45), y cuando pone como héroes de la mayoría de sus historias a los de afuera y a los atípicos.

Los Padres y Madres del Desierto de los primeros siglos del cristianismo ofrecieron una respuesta en común cuando fueron confrontados con la noción de un Dios que castiga a sus enemigos por la eternidad, o con la posibilidad de que alguien pudiera experimentar felicidad en el cielo mientras que otros que conocimos y amamos serían torturados eternamente en el infierno. Algunos de ellos dijeron, sin caer en ningún tipo de gimnasia teológica, "*el amor no podría soportarlo*".

En general, hemos tardado en notar cómo Dios se vuelve cada vez más *noviolento* a lo largo de las Escrituras, o incluso como esta evolución se hace completamente obvia en Jesús. El amor infinito, la gracia y el perdón son asuntos difíciles para que la mente humana siquiera pueda imaginarlos, así que la mayoría de las personas parecen necesitar una noción del infierno para mantener su lógica de retribución, castigo justo y mundo justo, como lo entienden. Dios no necesita del infierno, pero parece que nosotros sí. Como Jon Sweeney y Julie Ferwerda[13] demuestran de manera bastante convincente en sus respectivos libros, nuestra imagen habitual del infierno tiene mucho más que ver con el pensamiento mitológico, con competencias de atletismo y con prácticas punitivas que con cualquier cosa que represente la radicalidad e infinidad de Dios.

Años atrás, cuando era un joven sacerdote, en un desayuno de oración con hombres católicos en Cincinnati, dije: "¿Qué pasa si el Evangelio realmente nos ofrece un escenario donde solo ganamos?". Un hombre de negocios bien vestido se acercó a mí en el descanso, y, en un tono muy condescendiente, mientras tocaba el atril con los dedos, dijo: "¡Padre, Padre! ¿Solo ganar? ¡Eso ni siquiera es interesante!". Tal vez, era alguien cuya cosmovisión no había sido formada por el Evangelio sino por los deportes, las negociaciones comerciales y la política estadounidense, y solo estaba siendo coherente.

---

13 Sweeney, *Inventing the Hell* [*Inventando al Infierno*]; Julie Ferwerda, *Raising Hell: Christianity's Most Controversial Doctrine Put Under Fire* [*Levantando el Infierno: la*

No obstante, a través de los años, he visto que esa es la norma. Los sistemas de este mundo son inherentemente contestatarios, competitivos, dualistas, basados en un modelo de escasez de Dios, gracia y misericordia. Confunden retribución —lo que a menudo es poco más que una venganza grosera— con las nociones bíblicas evolutivas sobre sanidad, perdón y misericordia divina.

La iglesia estaba destinada a ser una sociedad alternativa en manos de una narrativa completamente diferente. La justicia restaurativa es usada en Nueva Zelanda como el principal modelo de justicia juvenil, y los obispos católicos de aquel país han hecho muy buenas declaraciones sobre ello. En la Escritura, vemos actuar este modelo alternativo de justicia en la famosa historia de Jesús sobre el regreso del pródigo (Lucas 15:11ss), pero casi siempre en los profetas (si primero somos capaces de soportar sus diatribas). *La justicia de Dios corrige las cosas en su esencia, y el amor divino no logra sus fines a través del simple castigo o de la retribución.*

Considera el breve libro de Habacuc, que se desarrolla con mensajes vívidos de juicio solo para, al final, hacer un giro con su "¡Gran Sin Embargo!". Durante tres capítulos, Habacuc escandaliza al pueblo judío, y al final Dios dice: "*¡Pero te amaré aún más, hasta que vuelvas a mí!*". Vemos lo mismo en Ezequiel, en la historia de los huesos secos (Capítulo 16) y en la noción clave del "nuevo pacto" de Jeremías (Capítulo 31:31ss). ¡Dios siempre supera el pecado de los israelitas al amarlos aún más! Esta es la justicia restaurativa de Dios.

Aun así, recordamos colectivamente los duros juicios que generalmente vienen antes de todos estos textos, que debo creer que fue la forma en que los profetas enseñaron el principio del *karma* (la bondad es su propia recompensa, y el mal siempre será su propio castigo). Este fue su modo de comunicar la justicia divina incorporada en nuestras buenas y malas acciones. Pero, por la naturaleza de nuestras neuronas, parece ser que recordamos lo negativo y olvidamos lo positivo. *Desafortunadamente, las amenazas del infierno son más recordables para las personas que las promesas del cielo.*[14]

---

doctrina más controvertida del cristianismo bajo fuego] (Lander, WY: Vagond Group, 2011).
14 Conferencia de Obispos en Nueva Zelanda, "Creando Nuevos Corazones" (30 de agosto de 1995).

Mientras operes dentro de un modelo de escasez, nunca habrá suficiente Dios o gracia para ir por la vida. Jesús vino a deshacer nuestras nociones de escasez y a llevarnos a una cosmovisión de abundancia absoluta, o lo que él llamaría el "Reino de Dios". El Evangelio revela un mundo divino de infinitud, una cosmovisión de suficiencia y más que suficiencia. Nuestra palabra para esta abundancia inmerecida es "gracia": "Da y habrá más regalos para ti: medida llena, apretada, sacudida y desbordante en tu regazo" (Lucas 6:38). Pasar de un modelo de escasez a un modelo de abundancia es una gran conversión mental y del corazón.

Ningún Evangelio será digno de ser llamado "Buenas Noticias", a menos que de verdad sea una cosmovisión donde solo se gana, y que sean "buenas noticias para todas las personas" (Lucas 2:10) sin excepción. El derecho a decidir quién está adentro y quién está afuera no es algo que nuestras pequeñas mentes y corazones pueden siquiera imaginar. El tema principal de Jesús en el Reino de Dios es decir: "Solo Dios puede imaginar con tal infinitud, así que confía en la Mente Divina".

Todos seremos cambiados

Cuando estudias o rezas ante los íconos de resurrección de la ortodoxia oriental, ves algo bastante diferente de los retratos occidentales. Los íconos orientales representan al Cristo resucitado con un pie a cada lado de la oscuridad y de las tumbas, *sacando* almas del infierno. Las cadenas y las cerraduras se cruzan en todas las direcciones del cuadro. Estas son buenas noticias que se ganaron llamarse así. La primera vez que sentí este avance en mi corazón fue cuando un joven sacerdote austriaco vino a mí después de haber dirigido un rito de iniciación masculino cerca de Salzburgo. Me entregó un emblema como regalo y dijo con gran entusiasmo: "Esto es lo que estás enseñando, te des cuenta de ello o no". El gozo y la paz que vi tanto en la cara del sacerdote como en las imágenes del emblema me mostraron lo que seguramente es el verdadero mensaje de la Resurrección. Como dije antes, pero vale la pena que lo repita, John Dominic Crossan demuestra de manera convincente a través del arte que *"el Occidente perdió y el Oriente mantuvo la visión original de las Pascuas*"[15]. Si eso es cierto, es un factor que puede cambiar las cosas. En mi opinión, tratamos de respirar todo el aire del Evangelio solo con el pulmón de la iglesia occidental, y eso nos deja con un mensaje muy incompleto y no muy victorioso.

"Les digo algo que ha sido un secreto", escribe Pablo en 1 Corintios 15:51, *"no todos moriremos, pero todos seremos transformados"*. E incluso dice "todos" dos veces, aunque nuestra propia perversidad no nos permite verlo. La mayoría de los cuadros cristianos occidentales de la resurrección muestran un hombre saliendo de la tumba con una banderola blanca en su mano, pero en muchos viajes a las iglesias y museos de arte alrededor del mundo, todavía no vi ninguna palabra escrita en la banderola. Siempre me pregunto "¿Por qué existe el espacio en blanco?". Tal vez, porque nosotros mismos aún no estábamos seguros del mensaje de la resurrección. Creímos que la resurrección se trataba solo de Jesús, pero nos encontramos incapaces de probarlo, y luego tampoco pudimos encontrar esta vida abundante dentro de nosotros mismos.

¡Pero ahora te han hablado del Cristo Eterno, que nunca muere, y que nunca muere *en ti*! La resurrección se trata de toda la creación, de toda la historia, acerca de todo humano que jamás haya sido concebido, pecado, sufrido, y muerto; sobre cada animal que ha vivido y ha sido torturado hasta la muerte; acerca de cada elemento que ha cambiado de sólido a líquido y a éter durante millones y millones de años. Se trata acerca de mí y de ti. Es acerca de todo. El "camino" del Cristo es, de hecho, otro nombre para todas las cosas.

Como para confirmar este mensaje por mí mismo, mientras escribía este capítulo en un divino día de otoño en Nuevo México, escuché los trompeteos y los "graznidos" de las grullas canadienses justo sobre mi pequeña casa. Salí a presenciar un remolino de unos cincuenta elegantes pájaros que daban vueltas en las corrientes cálidas del cielo celeste sobre mí. Era casi como si se hubieran detenido en su viaje hacia el sur por el Río Grande, solo para alegrarse por un momento, dando vueltas una y otra vez, dándose aliento entre sí y dándomelo a mí. ¡Qué ruido jubiloso! Después de veinte

---

[15] John Dominic Crossan y Sara Sexton Crossan, *Resurrecting Easter: How the West Lost and the East Kept the Original Easter Vision*. (New York: Haper One) 4559.

minutos de pura celebración, volvieron a formarse en "V" para retomar su viaje, decididos a seguir adelante; sin embargo, sin ninguna prisa, cada uno "anunciaba su lugar en la familia de las cosas", como María Oliver dice de manera hermosa en su poema "Gansos Salvajes".[16]

Espero que muchos otros y muchas otras vean lo que yo pude ver, que puedan disfrutar lo que yo disfruté, y recibir todo lo que yo recibí. La resurrección es contagiosa y gratuita. Está en todos lados, visible, disponible para quienes han aprendido a ver, a regocijarse y a no atesorar ni limitar el obsequio omnipresente de Dios.

---

16 Mary Oliver "Wild Geese" [Gansos Salvajes], in *Owls and Other Fantasies* [*en Búhos y otras fantasias*](Boston, Masachussetss; Beaon Press, 2003), 1.

15
DOS TESTIGOS DE JESÚS Y DE CRISTO

Entre los ejemplos que encontramos en la Biblia de personas que pueden llevarnos a un conocimiento más profundo de Jesús y de Cristo, se destacan dos testigos: María Magdalena, que conocía totalmente a Jesús en su humanidad y también fue la primera en verlo como el Cristo Resucitado; y Pablo, quien nunca conoció a Jesús en su humanidad y habla casi por completo de Cristo. Luego, él se convierte en el testigo más elocuente de esta versión de Jesús a través de muchas cartas. Esta última es la misma experiencia que todos nosotros y nosotras tenemos disponible, la del Cristo siempre presente más que la del Jesús atado al tiempo, así que Pablo es un escritor perfecto para el Nuevo Testamento y para toda la historia posterior.

Magdalena amó a un Jesús muy concreto que la guio a un Cristo Resucitado ubicuo. Pablo empezó con un Cristo Universal y lo ancló a un Jesús amable y bastante familiar, que fue rechazado, crucificado y resucitado. Trabajando juntos, Magdalena y Pablo guían y dirigen la experiencia cristiana de formas verdaderamente útiles, tanto hacia Jesús como hacia Cristo, aunque desde lados opuestos.

María Magdalena

En el evangelio de Lucas (8:2), María Magdalena es descrita como una mujer que se hizo seguidora y amiga de Jesús después de que él expulsó siete demonios fuera de ella. No es un comienzo muy prometedor para una persona que luego es mencionada doce veces a lo largo de los Evangelios (más que cualquiera de los apóstoles). Por cierto, en ningún relato se menciona a la prostitución como uno de sus demonios; jamás. Sospecho que el *sexo* es nuestro demonio y que se lo proyectamos a ella.

En los cuatro relatos de los Evangelios, se dice que María Magdalena estuvo presente con la madre de Jesús y otras mujeres en la crucifixión (Mateo 27:56, Marcos 15:40, Lucas 24:10, Juan 19:25ss). Una vez que Jesús fue descolgado de la cruz, su madre, María, y otras mujeres acompañaron el cuerpo a la tumba (los relatos de quiénes son exactamente estas mujeres no concuerdan, pero lo interesante es que siempre son mujeres las que acompañan al cuerpo, con la excepción del Evangelio de Juan). Cuando el Sabbat terminó, María Magdalena volvió a la tumba al amanecer y la encontró abierta y vacía. Ella se apresuró a contarles esta noticia sorprendente a dos de los apóstoles, que corrieron hasta el lugar para confirmarlo. Con la sospecha de que un ladrón había robado el cuerpo, los apóstoles regresaron a sus casas. Pero María Magdalena se quedó, llorando y duelando la pérdida de su querido amigo y maestro (Mateo 27:61). Ella es una testigo congruente y fiel.

En el relato de Juan, dos ángeles aparecen y le preguntan: "Mujer, ¿por qué lloras?". Ella responde: "Se han llevado a mi Señor, y no sé dónde lo han puesto". Luego voltea y ve a un hombre al cual no reconoce. María supone que es un jardinero (Juan 20:15) y le pregunta a dónde llevaron a Jesús. Entonces, en uno de los momentos más dramáticos de los Evangelios, el hombre simplemente pronuncia su nombre: "¡María!".

¿Qué pasa a continuación? La traducción dice "ella cambió", o "ella supo", o "volteando su cara a él", ella grita "¡Rabbuni!", que quiere decir "Maestro" (Juan 20:13-16). Al instante, María ve al que está adelante de una manera diferente; se podría decir que lo ve *relacionalmente en lugar de solo físicamente*. Ella se da cuenta de que todavía es Jesús, pero que se ha convertido completamente en Cristo.

En respuesta, Jesús el Cristo dice una línea algo impactante, traducida de varias maneras como "No me toques" o "No te aferres a mí" (Juan 20:17a). ¿Por qué, de repente, daría una réplica tan fría? Su respuesta yace en un entendimiento del Cristo Eterno.

No creo que el Jesús resucitado estuviera siendo distante o rechazando la amistad de María, tampoco que le temiera a la intimidad. Estaba diciendo que el Cristo es intocable de *una manera extraordinaria* porque es omnipresente *en todas las formas*. Pronto vemos al "jardinero" de la tumba (Juan 20:15) como un caminante en el camino de Emaús (Lucas 24:13) y como un hombre que enciende un fuego para cocinar a la orilla del lago

(Juan 21:4). En cada uno de estos viajes internos y externos, Jesús estaba en el proceso de regresar a su Dios y Padre, a quien describe de forma reveladora como "mi Dios" y "mi Padre" y "su Dios" y "su Padre" (Juan 20:17b). Ahora, Jesús habla desde su rol de Cristo omnipresente e inclusivo (en lo personal, sospecho que este es el mismo tipo de presencia que tantas personas experimentan justo después del fallecimiento de un amigo o amiga, o poco después).

Creo que, al repetir "mi" y "tu" dos veces, el texto intenta comunicar que el evento en curso describe una experiencia común y compartida de Dios: suya y nuestra. Sí, ¡son las mismas experiencias! Podrías decir que incluso esta es la primera premonición de lo que sería la doctrina del Cuerpo de Cristo, la unidad radical entre Cristo y todas las personas (1 Corintios 12:12ss). Jesús de Nazaret, un hombre, se ha convertido en Cristo, una Personalidad Colectiva.

Solíamos conocerlo principalmente *por observación externa*, pero ahora lo conocemos principalmente por *un intercambio interior* (así es como todos y todas conocemos a Cristo, y comúnmente se le llama "oración").

Ahora podemos unir toda la historia de María Magdalena. Aparentemente, durante una gran parte de la vida ministerial de Jesús, ella había sido una testigo frecuente del Jesús de Nazaret personal y concreto. Sin embargo, luego de la resurrección, también tuvo la experiencia exclusiva de ser *la primera testigo* del Cristo Omnipresente. Luego, procede a contarles a sus amigos lo que había visto: María les transmitió las buenas nuevas a los "apóstoles" (Juan 20:18, Mateo 28:8). Sin lugar a dudas, este rol singular la convierte en la "apóstola de apóstoles", que es exactamente la manera en que la iglesia primitiva, los comentadores a través de la historia, e incluso los primeros textos litúrgicos la honran. La primera apóstola fue una mujer. Y decirlo no es tratar de ser políticamente correcto. Lo valida la definición temprana de apóstol como "testigo de la resurrección" (Hechos 1:22).

Al igual que María, de alguna manera debemos oír pronunciar nuestro nombre, debemos escucharnos a nosotros mismos considerados y estimados por el Amor, antes de ser capaces de reconocer a este Cristo en medio nuestro. Y al igual que María, en general necesitamos empezar con el encuentro concreto antes de movernos a la experiencia universal, disponible para todos y todas. El conocimiento espiritual es un encuentro interno; un saber interno sereno que generalmente identificamos como conocimiento del "alma". Necesitamos este conocimiento interno porque *no podemos quedarnos en el nivel visual o siempre creeremos que podemos ubicar, limitar o capturar a Dios* como una posesión privada (ver Juan 20:29) o como algo que debe o puede ser "comprobado" a otros.

Esto no es poca cosa. Si Dios es Dios, entonces la Presencia Divina necesariamente debe estar en todos lados y ser accesible de manera universal. Si puedes "tocar" físicamente a Dios, es fácil pensar que Dios solo está aquí y no allí, que es mío pero no tuyo.

Obviamente, en los primeros siglos, el cristianismo casi completamente patriarcal no reconoció el rol extraordinario de María Magdalena. La mayoría todavía imaginaba que todos los apóstoles eran hombres, y por lo tanto el sacerdocio y ministerio deberían ser reservados para los hombres (como si el género fuera una cualidad del Verdadero Ser, del Ser restaurado ¡o del ser ontológico en Dios!). Creo que este argumento se deshace cuando Cristo resucitado se le aparece *primero* a María, y le pide que sea su primera testigo. Sí, es cierto que los hombres terminaron siendo los enviados al mundo, sin lugar a dudas porque solo los hombres eran tomados en serio como testigos o incluso maestros religiosos en la mayoría de las culturas de ese momento.

También es importante mencionar que, en los relatos del Evangelio, los doce hombres son constantemente retratados como muy lentos para responder y, en general, llenos de dudas y vacilación (Marcos 16:11, 13-14) e incluso de resistencia, negación y traición, aunque todo esto no sea traído a colación como impedimento para el liderazgo. Pero María pareció reconocer el nuevo tipo de Presencia de Jesús en el momento en que él pronunció su nombre. Considero que las personas que reconocen la Presencia son las más preparadas para hablar de ella con autoridad, y no solo quienes poseen un rol o un oficio. Sin embargo, parece que las instituciones solo pueden sobrevivir estructuralmente al definir roles y oficios. Lo entiendo.

Aun así, no es insignificante que haya sido necesaria una mujer que primero amó personalmente a Jesús para construir el puente de Jesús a Cristo. María entró rápidamente en pleno entendimiento espiritual a causa de *conocer a través del amor relacional, y de la misma presencia*. Nota que ella conocía y confiaba en la voz de Jesús, incluso cuando no pudo reconocerlo. Cuán diferente es eso de nuestro conocimiento empírico más común, que se limita a varios tipos de "pruebas", a su propia forma de razonar, y a momentos ocasionales de revelación divina específica. Creo que si no aprendemos cómo enviar a las personas a *viajes internos* o *viajes de amor*, todo el proyecto religioso continuará desmoronándose, porque no tendremos testigos vivientes de una vida transformada.

Observa que María no emprendió su viaje *aferrándose* al viejo Jesús, sino permitiéndole que le presentara al Cristo aún mayor. En el Evangelio de Marcos, este nuevo modo de presencia es afirmado de manera intencional, ya que dice "se mostró bajo otra forma" (Marcos 16:12). Otros textos lo presentan como bilocalizado, atravesando puertas o caminando sobre el agua, todos indicios de un nuevo tipo de presencia, que aquí llamamos el "Cristo" (algunas de estas historias de posresurrección aparecen en el Evangelio como eventos preresurrección, como la escena de la Transfiguración o la de Jesús caminando sobre el agua). En general, tenemos que dejar ir a Jesús en algún nivel, antes de aceptar creer en "Jesús el Cristo". Si tu Jesús permanece demasiado pequeño, sentimental (por ejemplo, "Jesús, mi novio personal") o muy atado al tiempo y a la cultura, no irás para nada lejos. Para que Jesús se convierta en Cristo, debe superar los límites del espacio y del tiempo, el origen étnico, la nacionalidad, la clase y el género. Francamente, se debe elevar por sobre cualquier religión formada en su nombre que permanezca tribal, clasista, xenófoba o exclusiva. De lo contrario, él no es el "Salvador del mundo" (Juan 4:42) en absoluto. Esto conforma gran parte del problema de credibilidad que hoy enfrentamos en este mismo mundo que Él todavía intenta salvar.

María Magdalena sirve como testigo del amor e intimidad personal, que para la mayoría de las personas es el mejor y más fácil comienzo en el camino hacia el amor universal. Luego, en el jardín, en Pascua, experimentó un cambio repentino de reconocimiento hacia la Presencia Universal o Cristo. *¡Él, realmente, es el jardinero! ¡Se ha convertido en cada hombre y cada mujer!*

Ella no estaba equivocada en absoluto cuando "supuso que era un jardinero" (Juan 20:15).

En nuestro segundo testigo, conoceremos a quien empieza con el Cristo Universal, el cual, luego, lo lleva a una profunda devoción hacia el Jesús crucificado y resucitado. Mientras permanezcamos en el camino durante todo el viaje, Dios puede usar cualquiera de las sendas.

Pablo

A diferencia de María Magdalena, el apóstol Pablo nunca conoció a Jesús en la carne; solamente, y para siempre, conoció al Cristo Resucitado. Antes, relatamos su vivencia de ser abatido y cegado, y de allí pasamos a considerar cómo esta experiencia trascendente —capturada en su frase favorita *"en Cristo"*— lo alejó de la religión limitada y lo llevó hacia una visión universal. Aquí quiero enfocarme en cómo Pablo, en efecto, empezó con Cristo y rápidamente se identificó con Jesús, cuya *voz* oyó en el camino a Damasco (Hechos 9:4).

Más que leer el pensamiento Paulino principalmente como argumentos sobre el pecado y la salvación, como tendimos a hacer los cristianos, quiero leer a Pablo como un testigo para la transformación tanto personal como cultural que él mismo atravesó. Jesús representa el nivel personal, y Cristo el cultural, histórico y social. Pablo enseña ambas, aunque la segunda ha sido ampliamente *sub*enfatizada hasta los últimos cincuenta años.

¿Recuerdas que, mientras viajaba por el camino a Damasco, Pablo (entonces conocido por su nombre hebreo, Saulo) escuchó una voz preguntarle "¿Por qué me persigues?"? Él respondió: "¿Quién eres, Señor?". Y el Señor dijo: "Yo soy a quien persigues" (Hechos 9:4-5). Pablo estuvo ciego durante tres días (lo que a menudo simboliza un momento de transición necesaria a un nuevo conocimiento), y tuvo que ser llevado a Damasco de la mano. Durante estos tres días, Pablo vivió en lo que yo llamo el *"espacio liminal"* entre ambos mundos; no llevó comida ni bebida del "viejo mundo", a las que estaba acostumbrado, y comenzó su transición hacia un "nuevo mundo" en Cristo. La suya es una descripción clásica de conversión, seguida de la típica evolución *del amor hacia uno mismo, al amor al grupo, y luego al amor universal*. Sin embargo, Pablo lo hizo más bien rápido, mientras que a muchos de nosotros y nosotras nos lleva toda la vida. Muy pronto, su "vista fue restaurada" y el odiador fue bautizado en un amor universal. Se volvió el profesor y pregonero más destacado del Evangelio (Hechos 9:17), incluso más que los Doce originales, y, por el resto de su vida, trabajó para construir un puente sólido entre su amado judaísmo y esta nueva "secta" del judaísmo, como claramente consideraba al principio (lee Romanos 11).

El hecho de que Pablo no conociese a Jesús en persona lo hace la voz perfecta para nombrar la experiencia de Cristo para quienes venimos después de él. ¿Sabías que Pablo usa la palabra "Jesús", sin añadir "Cristo" o "Señor", solo cinco veces en todas sus cartas originales? (Y dos de ellas aparecen en el himno de los Filipenses 2:10-11, que aparentemente no escribió). En los siglos recientes, los cristianos y cristianas lo han leído mayormente como si Pablo estuviese concentrado en lo que se necesita para que las personas "vayan al cielo" y eviten el infierno. ¡Pero él nunca, ni una vez, habla sobre nuestra noción de infierno! La mayoría de las personas no se dan cuenta. Creo que él hubiera estado de acuerdo con Jesús en que los humanos son castigados *por* sus propios pecados más que *a causa* de sus pecados. El bien es su propia recompensa y la maldad es su propio castigo (aunque el pensamiento y el lenguaje de ese período llevaron a que la mayoría de las personas le atribuyeran la causalidad final a Dios).

Si observas todos los textos paulinos sobre la maldad o "el problema", te das cuenta de que, en realidad, el pecado para Pablo era una combinación de ceguera grupal o ilusión colectiva y de la impotencia del individuo para enfrentarlo (Romanos 7:14ss), además de la maldad sistémica (Efesios 6:12 y Colosenses 1:16ss). La maldad no es solamente inmundicia individual. "*Nuestra lucha no es contra fuerzas humanas, sino contra Principados y Poderes que se originan en la oscuridad, los espíritus de maldad en el aire*" (Efesios 6:12). Ahora vemos que estos sistemas (corporaciones, Estados nación, instituciones) tienen vida propia, y usualmente no rinden cuentas a la razón o ni siquiera a la ley, por mucho que tratemos de que lo hagan. Los antiguos no eran ingenuos acerca de tales cosas.

Pablo parece haber creído que los humanos están atrapados en una doble atadura, y estaba convencido de que solo la bondad colectiva podría enfrentarse alguna vez a la maldad corporativa; así que su énfasis está en la construcción de la comunidad y de la "iglesia". Probablemente, esta es la razón por la que Pablo suele ser llamado el "fundador de la iglesia", y por qué espera y desea tanto de aquellas primeras comunidades cristianas. Era un orgulloso padre de "niños" ejemplares, a quienes quería usar de ejemplo ante los paganos. Es cierto que, a menudo, esto lo hace parecer didáctico y moralista, algo que a muchas personas no les gusta. *Pero recuerda: cuanta más luz seas, mayor será la sombra que proyectes.* Y Pablo es una luz gigantesca.

Lo que Pablo llama "pecado" y personifica como "Adán" o "el viejo hombre" (Romanos 5:12ss, 1 Corintios 15:21ss), muchos de nosotros hoy lo podríamos llamar *la "tragedia humana"*. Sea cual sea el término que uses, Pablo creía que Cristo nombraba a la situación humana normal como una trampa, incluso una esclavitud, y, como Jesús, intentó darnos una salida de lo que veía como efímero, pasajero, opresivo y, finalmente, ilusorio. Su visión no era cosmética sino revolucionaria, y, si lo convertimos en un mero moralizador u "hombre de iglesia", nos la perdemos.

Insistiría en que el fundamento del programa social de Jesús es lo que llamaría *la noidolatría o la sustracción de tu entusiasmo por todos los reinos, excepto por el Reino de Dios*. Esta agenda es mucho mejor que sentir que debes realizar ataques directos, o derrotar a los otros Estados nación, al sistema bancario, al complejo militar-industrial o incluso al sistema religioso. No estar atado o atada (libertad de la lealtad a los sistemas de dominación hechos por el ser humano) es la mejor forma que conozco de proteger a las personas del fanatismo religioso o de cualquier clase de pensamiento o comportamiento antagonista. *No hay nada a lo que oponerse. ¡Sigue concentrándote en el Gran Algo para el que estás!* (Piensa en Francisco de Asís o en la Madre Teresa). La noción de pecado de Pablo está sorprendentemente cerca de nuestro entendimiento actual sobre la adicción. Y por eso quería liberarnos de nuestras fascinaciones, a las cuales consideraba "mera basura" (Filipenses 3:8), indignas de nuestra lealtad. "¡Si solo pudiera tener a Cristo y recibir un lugar en él!". ¿Oyes la concepción corporativa de Pablo en frases como esta?

En el entendimiento de Pablo, *el adicto, o pecador, en realidad no disfruta del mundo, sino que está esclavizado o esclavizada a él*. Jesús había venido a ofrecernos una verdadera alternativa al orden social del mundo aquí y ahora y no solo una "vía al cielo" para más adelante.

¿Alguna vez notaste que Jesús no estaba tan triste por el mal comportamiento que la mayoría llamamos pecado? En lugar de eso, dirigió su atención crítica hacia las personas que no se consideraban pecadoras, que no podían ver sus propias sombras o lados oscuros ni reconocer su complicidad con los sistemas de dominación del mundo. La mayoría somos proclives a atacar a un blanco fácil y visible —preferentemente el sexo y los asuntos relacionados con el cuerpo— a fin de sentirnos "puros" o "morales". Como cualquier maestro espiritual auténtico, Jesús expuso las causas de la raíz del mal (casi siempre alguna forma de idolatría), y no perdió el tiempo castigando los meros síntomas, como las personas moralistas suelen hacer.

En su innovador estudio *The Apostle Paul and the Introspective Conscience of the West* [El apóstol Pablo y la conciencia introspectiva del Occidente], el reconocido erudito y pastor de Harvard Krister Stendahl (1921-2008) escribe que Pablo casi nunca habla de la culpa personal o de la salvación personal y privada, ¡solo que estamos entrenados para escucharlo de esa manera! Stendahl va lo suficientemente lejos como para decir que, en las indiscutidas siete cartas originales de Pablo, el apóstol no habla del perdón personal tanto como del perdón general de Dios de todo pecado y maldad. Para los profetas judíos y para Pablo, el pecado, la salvación y el perdón son conceptos siempre colectivos, sociales e históricos. Cuando nos damos cuenta de esto, toda nuestra lectura de los Evangelios cambia.

Creo que Pablo era implícitamente un pensador evolutivo, algo que explicita bastante en Romanos 8. Ahora, el poder real está disponible y el poder falso ha sido expuesto en el pensamiento paulino, y *es solo cuestión de tiempo hasta que los poderes falsos caigan*. En mi corto tiempo de vida, he sido testigo de esta evolución de la conciencia en muchas oportunidades: hacia la noviolencia, la inclusión, el misticismo y mucho más hacia amor desinteresado, como también hacia el nombramiento correcto del lado oscuro de las cosas. Esta es la gradual "segunda venida de Cristo". Nuestra política actual, altamente partidista, las guerras culturales llenas de odio y los círculos de protección alrededor del privilegio blanco son los últimos gritos del antiguo y moribundo paradigma. Jesús y Pablo ya creían en esto hace dos mil años, y ahora estamos viendo los resultados inevitables a un ritmo acelerado. La violencia está en su índice más bajo de toda la historia, dicen los estadísticos (¿Cómo debe haber sido antes?).

Para Pablo, es todo un "juego de tronos", y solo hay un trono legítimo que mantiene a los reinos más pequeños en perspectiva hasta, finalmente, perderlos. "Jesús es el Señor" es, probablemente, nuestro primer credo y declaración (1 Corintios 12:3) que niega el imperial y romano "El César es el Señor". Este es el grandioso y extremo acto de fe de Pablo. *Estas entidades más pequeñas tienen vida y muerte en sí mismas, y nunca pueden ser captadas en el acto concreto de asesinar o "redimir" a un individuo. Tanto Jesús como Pablo veían al mal como una atadura e ilusión colectivas, más que simplemente como una conducta perversa y privada.* Por supuesto, en el cuadro completo, ambas son verdad.

Una idea paulina muy importante y definitivamente nueva fue que el Evangelio no se trataba de seguir algún criterio *externo* a la persona humana —a lo que llamó "la ley"—, sino que el lugar de autoridad había sido movido hacia *adentro* de la persona humana. Esta es la razón por la cual despotricó contra la ley de manera tan tajante y sorprendente tanto en Romanos como en Gálatas. La "nueva" ley real es una participación con *Alguien en nuestro interior*: el "amor de Dios que ha sido derramado en nuestros corazones por el Espíritu Santo" (Romanos 5:5 en adelante). Él cree que esta Autoridad Interna, esta brújula moral personal, nos guiará más que cualquier presión externa o ley, y que está disponible para todos y todas. Es revolucionario y, sin dudas, da miedo. Como Pablo escribe en Romanos 2:14-15, incluso "los paganos [...] pueden identificar la sustancia de la ley que ya está escrita en sus corazones [...], pueden demostrar el efecto de la Ley [...], de lo cual su propia conciencia da testimonio". De este modo, Pablo provee la cabecera de nuestra teología, en gran parte aún no desarrollada, de la ley natural y de la conciencia individual. Está construyendo directamente sobre lo que Jeremías había presagiado como "el nuevo pacto" (31:31-34), que sería "escrito en nuestros corazones". Nos hace preguntarnos a la mayoría si todavía estamos en el "viejo pacto" de la ley, el orden y la mera autoridad externa. Pablo estaba muy adelantado a la mayor parte de la historia, y ya nos estaba señalando hacia lo que llamo "espiritualidad de la segunda mitad de la vida".[1]

Finalmente, Pablo intenta crear algunas "asistencias audiovisuales" para este gran mensaje, a las que llama "iglesias" (un término usado por Jesús solo *dos veces*, en Mateo 16:18 y 18:17). Él necesita modelos vivientes y visibles para este nuevo tipo de vida —para mostrar que las personas de Cristo realmente se distinguen de la consciencia de masas—, personas que "puedan ser inocentes y genuinas [...] y puedan brillar como estrellas entre una generación engañosa y depravada" (Filipenses 2:15). En su pensamiento, se supone que debemos vivir dentro de una sociedad alternativa, casi utópica, y desde tal plenitud salir hacia "el mundo". En lugar de eso, creamos un modelo por el cual las personas viven casi por completo en el mundo, totalmente desviadas en sus actitudes hacia el dinero, la guerra, el poder y el género (y, de vez en cuando, "van a la iglesia"). ¡No estoy seguro de que esté funcionando! Las personas como los amish, los bruderhof, las iglesias negras, y los miembros de algunas órdenes religiosas católicas probablemente tienen una mejor oportunidad de mantener una conciencia alternativa; sin embargo, la mayoría terminamos pensando y operando de manera similar a nuestra cultura circundante. Seguramente, previendo esto, la intención de Pablo era que este nuevo pueblo "viviera en la iglesia", por así decirlo, y que desde esa base sólida saliera al mundo. Todavía lo hacemos al revés, viviendo plenamente en los sistemas mundanos y, ocasionalmente, yendo a la iglesia.

De todos modos, muchas personas están encontrando este tipo de solidaridad en laboratorios de ideas o grupos de reflexión (*think tank*), grupos de apoyo, de oración, de estudio, proyectos de construcción de casas para los pobres, círculos de sanación u organizaciones misioneras. Así que, tal vez sin reconocerlo del todo, a menudo nos dirigimos en la dirección correcta. Estamos creando muchas organizaciones paraeclesiales, y algunos estudios recientes declaran que, si miramos las estadísticas, veremos que los cristianos y las cristianas no están abandonando el cristianismo, más bien se están

---

1 Rohr, Falling Upward.

realineando con grupos que viven los valores cristianos en el mundo, en lugar de solo reunirse el domingo a escuchar otra vez las lecturas, recitar el credo y cantar canciones. En ese sentido, el comportamiento verdaderamente cristiano podría estar creciendo más de lo que pensamos.

Recuerda, no es la etiqueta la que importa.
Es hacer que el corazón de Dios esté disponible y activo en esta tierra.

El resultado directo de la predicación del Evangelio es, sorprendentemente, una "secularidad" en la que el mensaje se ha convertido en la misión misma y no tan solo en la constante formación del equipo. Lo importante es que el trabajo de Dios sea hecho, y no que nuestro grupo, u otro, se lleve el crédito. Me topo con cristianos y cristianas que viven sus valores casi todos los días, y cada vez más y más *simplemente lo hacen* ("ortopraxis"), sin toda la parafernalia sobre lo acertados que están ("ortodoxia"). Están entrenando en lugar de enseñar, como lo suelen expresar los entrenadores en la actualidad.

Así como el Cristo Universal continuó avanzando durante miles de millones de años, sin ningún nombre, el Cristo Aún en Evolución sigue haciendo lo mismo. Obviamente, Dios es muy humilde y paciente, y hará su trabajo sin la necesidad de tenernos como sus porristas. Si Dios puede usar a una mujer con siete demonios y a un fanático religioso asesino como sus principales testigos, entonces es mejor que nos preguntemos: ¿De qué testificaban? No se trataba solamente de algunas nuevas ideas; era un nuevo estilo de vida, una energía vital, una visión del mundo que realmente creía en la "libertad y la justicia para todos y todas".

16
TRANSFORMACIÓN Y CONTEMPLACIÓN

El día de mi despertar espiritual
fue el día en que vi, y supe que había visto, que todas las cosas
estaban en Dios
y Dios en todas las cosas.
—Matilde de Magdeburgo (1212-1282)

Si hasta ahora se nos ha impedido apreciar una noción cósmica de Cristo, no ha sido por mala voluntad, ignorancia u obstinación. Se debe a que hemos tratado de entender una noción ampliamente no dualista con la mente dualista que domina al racionalismo y cientificismo occidental. No funcionará jamás. A la mayoría nunca se nos dijo que necesitábamos instalar un *software* diferente al de resolver problemas con la lógica de "una cosa o la otra" o del "todo o nada" a la que estábamos acostumbrados para sobrellevar nuestros días. Solo el cristianismo primitivo, y muchos místicos a lo largo del camino, se inclinaron a entender que la contemplación es realmente una forma diferente de procesar nuestra experiencia —una forma radicalmente diferente de ver— que, a una gran parte de nosotros y nosotras, se nos tiene que enseñar.

Tales visionarios casi siempre fueron marginados, como la querida Matilda, citada en el epígrafe, de la que quizás nunca hayas oído hablar. Canonizamos a muchas de estas personas después de que murieron, una vez que ya no eran de gran amenaza; sin embargo, sospecho que, durante sus vidas, muchos tuvieron que marginarse en bosques, en la práctica del silencio, en ermitas y en monasterios para mantener la cordura. El cristianismo común y corriente estaba bastante conforme con una figura de Dios para adorar, a la que llamaron Jesús, sin gran interés en lo que él realmente representaba para la humanidad.

Como vimos en las páginas anteriores, el rol de Cristo es mucho más grande, abarca todo el universo, se describió con bastante claridad en —y siempre en los primeros capítulos— el Evangelio de Juan, Colosenses, Efesios, Hebreos y 1 Juan, y, poco después, en los escritos de los primeros Padres Orientales, al igual que en los de muchos místicos a lo largo del camino. Pero nuestras mentes no contemplativas no notaron que estos escritores procesaban la realidad de manera diferente a nosotros (de hecho, muy diferente). Eventualmente, tal cristianismo inherentemente argumentativo dio un salto aún más allá. Nos hizo basarnos en un modo "racional" de conocer, muy limitado, que simplemente no proveía un lente con la amplitud necesaria como para procesar aquellas escrituras o antiguas enseñanzas contemplativas. Era como querer tratar de ver el universo con un telescopio muy pequeño. Nos mantuvimos tan ocupados intentando procesar la idea de Jesús como encarnación personal de Dios, y de un Dios al que un imperio (¡Oriente u Occidente!) pudiera utilizar, que no tuvimos tanto tiempo o preparación para universalizar aquel mensaje a toda "carne" (Juan 1:14), y muchos menos a toda la creación (Romanos 8:18-23). Y, seguramente, no había lugar para "pecadores" o marginados de casi ningún tipo (que era, obviamente, todo lo contrario al mensaje y misión de Jesús). Nuestros pequeños imperios y mentes necesitaban un Dios para beneficio propio y un Jesús domesticado que pudieran ser usados con fines étnicos.

Aquí es donde debe venir a nuestro rescate un modo de conocer contemplativo que nos permita comprender la noción cósmica de Cristo y la noción no tribal de Jesús. También nos ayudará a entender que no fue solo la mala voluntad la que nos alejó del Evangelio, sino *la falta de atención o de concientización plena* y la capacidad de brindar nuestra presencia (junto con nuestro cautiverio cultural al poder, el dinero y la guerra, por supuesto).

La mente contemplativa puede ver las cosas en su profundidad y de manera integral en lugar de solo sus partes. La mente binaria, tan buena para el pensamiento racional, se encuentra totalmente fuera de su territorio cuando trata con cuestiones como el amor, la muerte, el sufrimiento, la infinitud, Dios, la sexualidad o el misterio en general. ¡Simplemente continúa limitando la realidad a dos alternativas y se cree inteligente por poder escoger una!

No estoy exagerando.[1] Las dos alternativas son siempre exclusivas, y en general se sostienen con vehemencia y enojo: las cosas son totalmente correctas o totalmente erróneas, concuerdan conmigo o están en mi contra, masculino o femenino, demócratas o republicanos, cristianos o paganos, y así sucesivamente. La mente binaria provee rápidamente falsa seguridad y confort, pero nunca sabiduría. Se cree lista por contrargumentar tu idea con una opuesta. En general, no hay mucho lugar para un "tercero conciliador". Puedo verlo en mí casi todos los días.

En nuestro tiempo, he sido alentado a ver un redescubrimiento de la mente contemplativa en su amplitud y profundidad, que durante los primeros dos mil años de cristianismo estuvo muy acotada a los monjes y místicos. Este descubrimiento ha sido el corazón de nuestro propósito en el Centro para la Acción y la Contemplación, y la centralidad de mi enseñanza en los últimos cuarenta años. No es nuestra metafísica ("lo que es real") lo que está cambiando, sino nuestra epistemología: *cómo creemos que sabemos lo que es real*. Por eso, podemos reconocer una combinación de ideas desde la psicología, las terapias, la guía espiritual, la historia, y las religiones orientales, junto con el redescubrimiento de la tradición contemplativa occidental y cristiana, comenzando con Thomas Merton en la década del 1960. Ahora, esta nueva epistemología está explotando por todo el mundo y en todas las denominaciones, ¡ayudándonos a entender mucho mejor nuestras metafísicas! Qué irónico y sorpresivo.

Francamente, en nuestra cristiandad está emergiendo una nueva humildad mientras empezamos a reconocer nuestros principales errores del pasado, especialmente nuestro trato trágico hacia los pueblos originarios en casi todas las naciones que los cristianos colonizaron, junto con nuestro silencio y plena complicidad con la esclavitud, el consumismo destructivo, el apartheid, el privilegio blanco, la devastación del planeta, la homofobia, el clasismo y el Holocausto. Nuestra lógica dualista nos permitió justificar casi todo lo que el ego colectivo deseó. Ahora somos un poco menos arrogantes acerca de nuestra habilidad para entender —y menos todavía sobre nuestra habilidad para vivir— nuestra "religión única y verdadera". Y nuestros críti-

---

1 Esto es lo relevante de *The Naked Now,* mi libro anterior.

cos no están dispuestos a dejarnos olvidar los errores pasados. Los duros juicios de la humanidad en contra de la *práctica* concreta del cristianismo nos acompañan por el resto de la historia. Todo lo que la gente necesita hacer es buscar en Google, y sabrán lo que realmente parece haber sucedido.

Nunca es una historia es blanca de un lado y negra del otro, aunque nuestra mente dualista quiera resumirla así. De todos modos, puedes conocer el lado oscuro de la historia cristiana y aun así ser cristiano en paz (¡me considero parte del grupo!). Sin embargo, esto requiere una mente contemplativa o no dualista, que no te permite negar, sino que te enseña integración, reconciliación y perdón. Debes armar tu carpa en algún lugar de este mundo, y no hay ningún pedestal de pureza sobre el cual mantenerte apartado y por encima del resto. "La sangre grita desde" cada trozo de tierra de este mundo (Génesis 4:10). Son solo nuestros egos los que quieren y demandan tal superioridad. La religión tiende a inaugurar "códigos de pureza" de algún modo u otro, pero no tiene por qué terminar ahí.

Agrega a este conocimiento de la historia un creciente conocimiento del desarrollo humano, los niveles de conciencia, los puntos de partida originales de cada cultura, y los diversos indicadores, como el de Myers-Briggs, las Dinámicas de Espiral y el Eneagrama. Todos estos nos han dado un conocimiento mucho más honesto y útil de nosotros mismos y de otros. Detener nuestras mentes calculadoras durante el tiempo suficiente como para observar de forma crítica *nuestra manera de conocer* es como poner una lente gran angular a color en lo que solía ser una cámara pequeña en blanco y negro. Podemos empezar a entender que el Misterio de Cristo no es algo que necesitamos comprobar —ni siquiera *podemos* hacerlo—, *sino un campo amplio que podemos reconocer por nuestra cuenta* cuando miramos de manera contemplativa, lo que seguramente nos resultará más simbólico e intuitivo que racional; más como un misterio no dual y menos como simples opciones binarias que funcionan como falsos atajos a la sabiduría.

Lo que muchos comenzaron a ver es que necesitas tener una mente que escape de lo dualista, de los enojos y de lo meramente argumentativo para procesar los *grandes problemas* con profundidad y honestidad, y a la mayoría no se nos enseñó a hacerlo de manera efectiva. Por el contrario, se nos ha enseñado con mucho empeño *qué* creer, en lugar de *cómo* creer. A menudo, tuvimos fe *en* Jesús como si fuese un ídolo, y no compartimos la fe expansiva *de* Jesús, que siempre es humilde y paciente (Mateo 11:25), y que puede ser entendida solo por los humildes y pacientes. Esto es lo que espero abordar en el resto de este capítulo y el siguiente.

Amor y Sufrimiento como maneras de conocer

Espero que me perdones por comenzar esta sección con una declaración más bien absoluta. En el orden práctico de la vida, *si nunca hemos sufrido o amado profundamente, somos incapaces de entender los asuntos espirituales en profundidad*. Cualquier religión sana y "verdadera" te enseña cómo lidiar con el sufrimiento y con el amor. Y, si permites este proceso con sinceridad, pronto reconocerás que realmente estás tratando con el amor y sufrimiento ¡como nada más puede! *Incluso Dios tiene que usar el amor y el sufrimiento para enseñarte todas las lecciones que realmente importan. Son sus herramientas principales para la transformación humana.*

Probablemente no te diste cuenta en aquel tiempo, pero cuando estuviste en ese estadio de luna de miel al comenzar un nuevo amor, disfrutaste temporalmente de una mente unitiva, no dual o contemplativa. Durante ese periodo de gracia no tuviste tiempo para iniciar peleas o irritarte por trivialidades; fuiste capaz de pasar por alto ofensas, incluso de perdonar a tus hermanos y hermanas, incluso hasta a tus padres. ¡Las madres piensan que sus hijos con nuevas novias han vuelto a nacer! Son realmente amables, y levantan su ropa; incluso dicen "hola" y "perdóname". Siempre amé dar instrucciones premaritales porque, en general, las parejas comprometidas estaban viviendo un periodo de alta recepción a la enseñanza, y asentían a cada argumento que daba. Había muy poca resistencia.

Por el contrario, en los días, semanas y años después de un gran dolor, pérdida o muerte de alguien cercano, a menudo entras en la misma mente unitiva, pero ahora por otra puerta. La magnitud de la tragedia pone todo lo demás en perspectiva y la simple sonrisa de una chica o un chico detrás de un mostrador parece un bálsamo sanador para tu alma entristecida. No tenemos tiempo ni interés para iniciar peleas, incluso con respecto a las cosas que solían molestarnos. Parece ser que toma un año, como mínimo, volver a la "normalidad" después de la pérdida de alguien a quien estabas profundamente vinculado, y muchas veces nunca vuelves a la "normalidad". Estás reconfigurado para siempre. En general, este es el primer nacimiento de la compasión, de la paciencia e incluso del amor, ya que el corazón se suaviza y ablanda a través de la tristeza, la depresión y el duelo. Estos son los portales privilegiados hacia la profundidad y la verdad.

Pero ¿cómo retener estos frutos preciosos a largo plazo? El amor y el sufrimiento nos guían hacia los principios de la mente contemplativa si nos sometemos a ellos, y muchos de nosotros lo hacemos durante un tiempo. Sin embargo, demasiado a menudo, la mayoría pronto regresamos a la argumentación interna dualista y a nuestros viejos y trillados juicios, tratando de recuperar el control. Abandonamos este jardín impregnado de la desnudez de Adán y Eva y entramos al mundo bélico y competitivo de Caín y Abel. Luego, nos "asentamos en la tierra de Nod [o *errante*], al este del Edén" (Génesis 4:16), antes de encontrarnos deseosos y sedientos de lo que una vez probamos en el Edén. Tal vez, necesitamos errar durante algún tiempo para encontrar el camino, o para desearlo de verdad.

Si tenemos buenos maestros, aprenderemos a desarrollar una mente consciente no dual, una contemplación elegida, algunas prácticas o disciplinas espirituales que puedan regresarnos a la conciencia unitiva de manera diaria y continua. Cualquier práctica que sea, debe convertirse en "nuestro pan diario". Ese es el consenso de los maestros espirituales a través de los tiempos. Las palabras que generalmente se utilizan para muchas de estas formas de prácticas ("reconexiones") son "meditación", "contemplación", cualquier "oración de quietud", "oración centrada", "soledad escogida", pero siempre es alguna forma de silencio interno, simbolizado por el descanso Sabático judío. Toda religión en el mundo —*cuando llega a la madurez*— descubre algunas formas de práctica para liberarnos de nuestra mente adictiva, que consideramos que es normal. Ninguna religión de "comida rápida" o "cristianismo hacia arriba" llegan allí y, por lo tanto, proporcionan muy poca nutrición real para sostener a las personas en los tiempos difíciles, caprichos, pruebas, idolatrías, oscuridad y obsesiones que, eventualmente, siempre aparecen. Algunos llamamos a ese tipo de religión escaladora el "evangelio de la prosperidad", que es bastante común entre quienes aún evitan el gran amor y el gran sufrimiento. Habitualmente, esta clase de religión no sabe qué hacer con la *oscuridad*, así que siempre la proyecta hacia algún otro lugar. ¿Acaso no te vienen a la mente muchos ejemplos de esto?

Empezando en la década de 1960, nuestra interacción creciente con las religiones orientales en general, y el budismo en particular, nos ayudaron a reconocer y redescubrir nuestra propia tradición contemplativa cristiana ancestral. A través de cistercienses[2] como Thomas Merton, y más tarde Thomas Keating, los cristianos y las cristianas nos dimos cuenta de que siempre tuvimos estas enseñanzas, pero que se habían sumido en la oscuridad y casi no desempeñaron ningún papel en nuestras Reformas del siglo XVI o en la Contrarreforma católica. De hecho, sucedió prácticamente lo contrario. En los últimos quinientos años, casi todo el pensamiento de cada uno de los bandos ha sido altamente dualista y divisivo, y por lo tanto violento. No hubo grandes revoluciones pacifistas hasta mediados del siglo XX.

Cuando la civilización occidental se puso en marcha en sus numerosos caminos de triunfo, logro y conquista, la mente contemplativa parecía poco interesante o incluso contraproducente para nuestros propósitos egoístas. Se interpuso en el camino de nuestra filosofía del progreso, la ciencia y el desarrollo, características de lado izquierdo del cerebro, que fueron muy buenas y necesarias a su manera, *pero no para el conocimiento del alma*. Lo que perdimos fue casi cualquier noción de paradoja, misterio o sabiduría de lo desconocido o indecible, que son las cualidades de final abierto que hacen que la fe bíblica sea tan dinámica, creativa y noviolenta. Pero insistimos en "saber", ¡e incluso en saber *a ciencia cierta*! ¡Todo el tiempo y a cada paso del camino! Este ya no es el camino de iluminación de Abraham, Moisés, María o Jesús. Es más bien una forma de religión tardía y totalmente insuficiente, y probablemente la razón por la que, hoy, tantas personas (¿la mitad de la población occidental?) dicen que son "espirituales pero no religiosos". No puedo culparlos; una vez más, lo que oigo son restos de la vieja mente dualista.

---

2 Perteneciente a la orden del Císter, una orden monástica católica reformada.

Entonces, ¿por qué este interés en el budismo?

Estoy convencido de que, en muchos sentidos, el budismo y el cristianismo se hacen sombra entre sí. Revelan los puntos ciegos del otro. En general, los cristianos occidentales no han tenido un buen contacto con la contemplación, y el budismo no ha llevado a cabo del todo bien la acción. En décadas más recientes, estamos viendo el emerger de lo que se llama "Budismo Comprometido", que hemos aprendido de maestros como Thich Nhat Hanh y el Dalai Dama. Hay una razón por la cual la mayoría del arte muestra a Jesús con los ojos abiertos y a Buda con los ojos cerrados. En el Occidente, hemos sido una religión ampliamente extravertida, con toda la superficialidad que eso representa; y el Oriente se ha pronunciado ampliamente con formas de religión introvertidas, hasta ahora con poco compromiso social. Asumiendo el riesgo de sobregeneralizar, diré que nosotros no entendimos muy bien la mente o el corazón humano, y que ellos no entendieron muy bien el trabajo de servicio o la justicia. Por lo tanto, produjimos un capitalismo muy rígido y ellos, en general, cayeron en un comunismo ideológico. Ambas religiones intentaron respirar con un pulmón, y eso no es del todo bueno. O mejor dicho, *no puedes solo inhalar y no puedes solo exhalar.*

En su mejor versión, el cristianismo occidental es dinámico y fluye. Pero la desventaja es que este instinto emprendedor a menudo hizo que subsumiera o pisoteara totalmente las culturas en las que entramos, en lugar de transformarlas a niveles más profundos. Nos convertimos en una religión formal y muy eficiente que sintió que su trabajo era decirles a las personas *qué ver en lugar de cómo ver*. De algún modo, funcionó durante un tiempo, pero, en mi opinión, ya no.

Viví en monasterios budistas en Japón, Suiza y en EE. UU. Definitivamente, son más disciplinados que la mayoría de los monasterios cristianos y definitivamente mucho más serios. La primera pregunta que me hizo un abad japonés fue "¿Cuál es tu práctica?". La primera pregunta cuando te reúnes con un abad cristiano probablemente será algo parecido a "¿Cómo estuvo el viaje?", "¿Tienes todo lo que necesitas para tu estadía aquí?" o "¿Tienes hambre?".

Ambos abordajes tienen sus fortalezas y sus limitaciones. En la mayoría de sus formas, el budismo es más una manera de conocer y de limpiar las lentes que una religión teísta ocupada con preguntas metafísicas sobre "Dios". Al decirte mayormente *cómo* ver, el budismo nos atrae y amenaza porque demanda mucha más vulnerabilidad y compromiso inmediato con una práctica, más que simplemente "asistir" a un servicio, como hacen muchos cristianos y cristianas. El budismo es más una filosofía, una cosmovisión, una serie de prácticas para liberarnos a la verdad y al amor, que un sistema formal de creencias de alguna noción de Dios. Provee introspección y principios para abordar el *cómo* de la práctica espiritual, con muy poca preocupación acerca del *qué* o del *Quién* está detrás de todo. Esa es su fortaleza, y no estoy seguro de por qué sería una amenaza para los "creyentes".

En contraste, los cristianos han pasado siglos tratando de definir el *qué* y el *Quién* de la religión, y generalmente le dieron a la gente muy poco del *cómo*, más allá de las transacciones "cuasimágicas" (sacramentos, conductas morales y versículos bíblicos de emergencia), que por sí mismas parecen tener muy poco efecto en *cómo* la persona humana realmente vive, cambia o crece. Estas transacciones tienden más a mantener a las personas en piloto automático en lugar de ofrecer un encuentro o compromiso genuino y nuevo. Lamento tener que decir esto, pero es mi experiencia de casi cincuenta años como sacerdote y maestro de muchos grupos.

La transformación, o la salvación, es mucho más que un favor que Jesús efectúa para ciertos individuos en un libro celestial en algún lugar. *Es un mapa completo para un viaje humano verdadero. En realidad no es una necesidad absoluta, ¡pero de seguro es un gran regalo!* Y este mapa también es una experiencia participativa con una comunidad de algún tipo, incluso con la comunidad de la historia en desarrollo. Creo que la noción cristiana de salvación no es solo iluminación personal, sino también conexión social y comunión (que, irónicamente, también resulta ser conexión divina). Solo esto es la plena encarnación del cristianismo, con ambas líneas, vertical y horizontal, formando nuestro símbolo central de la cruz. Nunca confíes solo en la línea vertical o solo en la línea horizontal. Deben estar cruzadas y entrelazarse para convertirse una. Eso es realmente la crucifixión.

La espiritualidad se trata de honrar el viaje humano, amarlo y vivirlo en toda su maravilla y tragedia. No hay nada "sobrenatural" acerca del amor y del sufrimiento. Son completamente naturales, nos llevan a través de la profunda interacción entre la muerte y la vida, la rendición y el perdón, en todas sus manifestaciones básicas y fundamentales. "*Dios viene a ti disfrazado de tu vida*", dice tan bien mi amiga Paula D'Arcy. ¿Quién lo hubiera dicho? A mí me habían contado que se trataba de ir a la iglesia.

El cristianismo auténtico no es tanto un sistema de creencias como un sistema de vida y muerte que te muestra cómo regalar tu vida, como regalar tu amor y, al final, como regalar tu muerte. Básicamente, cómo *entregarse* y, al hacerlo, conectar con el mundo, con todas las otras criaturas y con Dios.

Mi metodología

La epistemología es una ciencia que intenta explorar y responder a la pregunta "¿De qué manera *conocemos lo que pensamos que sabemos*?". Los cristianos y las cristianas necesitan ir más allá y preguntar "¿De qué manera *conocemos lo que pensamos que sabemos con certeza?*", y así dejar de producir fundamentalismos estériles, conocimiento arrogante y dualista, y patrones dualistas de argumentación. *Ser obligados a escoger entre dos opciones que se nos presentan nunca es ver con profundidad, sutileza o compasión.* En nuestra *Living School*, aquí en Nuevo México, enseñamos una metodología que llamamos nuestro "triciclo". Nos mueve hacia adelante sobre tres ruedas: *Experiencia, Escritura y Tradición*, que debemos dejar que se regulen y balanceen entre sí. A muy pocos cristianos y cristianas se nos dio el permiso, o el entrenamiento, para conducir las tres ruedas juntas, mucho menos para permitirle a la experiencia ser la rueda delantera. Además, *intentamos conducir las tres ruedas de un modo "racional"*, sabiendo que si le damos a la razón su propia rueda, terminará conduciendo todo el triciclo.

Hasta ahora, católicos y ortodoxos han utilizado la Tradición tanto de buena como de mala manera, los protestantes usaron la Escritura de la misma forma, y ninguno lidió del todo bien con la experiencia. La experiencia es el niño nuevo del vecindario. *Siempre estuvo ahí, pero no tuvimos las habilidades o la honestidad para admitir que todos estábamos operando desde nuestra propia experiencia.* Ahora tenemos las herramientas de la psicología y la guía espiritual —y Google— para ayudarnos a confiar y criticar la fuente de experiencia con la que siempre se opera: nuestra existencia como personas humanas.

Por sobre todo, debemos recordar que el cristianismo en su madurez está supremamente centrado en el amor, no en la información o en el conocimiento; eso se llama "gnosticismo". La primacía del amor permite que nuestro conocimiento sea mucho más humilde y paciente, y nos ayuda a reconocer que otras tradiciones y otras personas tienen mucho que enseñarnos, y también hay mucho que podemos compartir con ellas y ellos. Esta postura de autoconocimiento honesto e interioridad más profunda, donde la cabeza (Biblia), el corazón (Experiencia) y el cuerpo (Tradición) operan como uno solo, está ayudando a muchos y muchas a ser más honestos y a estar más integrados en su propia experiencia real de Dios.

Otros puntos de vista

Algo que también estamos aprendiendo de otras culturas es que no solo "conocemos" o contemplamos permaneciendo sentados en silencio o en una postura disciplinada, algo que podríamos haber "sobreaprendido" de nuestros amigos budistas y monásticos. Después de todo, ¡Jesús no habló ni una vez de la postura! En su libro *Joy Unspeakable*, Barbara Holmes nos muestra de qué manera las experiencias afrodescendiente y esclava guiaron a entendimientos muy diferentes de la mente contemplativa.[3] Ella lo llama "contemplación de crisis". La iluminación o el conocimiento de Dios no puede depender de que las personas estén dispuestas a sentarse erguidas sobre una esterilla durante periodos prolongados (o el 99% de la humanidad nunca conocería a Dios). Barbara enseña cómo la experiencia afrodescendiente de quejarse juntos, de realizar cánticos espirituales que conducen a una intensa conciencia interna, de participar en liturgias de lamentación y en la resistencia no violenta produjo una mente contemplativa cualitativamente diferente —pero profunda—, que vemos en personas como Fannie Lou Hamer, Harriet Tubman, Martin Luther King Jr., Howard Thurman, y Sojourner Truth.

---

3 Barbara Holmes, *Joy Unspeakable; Contemplative Practices of the Black Church*

Luego están los meditadores caminantes, como el Peregrino Ruso, que caminó toda su vida recitando la oración de Jesús, el Peregrino de la Paz Americana, que caminó por todo los Estados Unidos desde 1953 hasta su muerte en 1981, y ahora sus sucesores modernos, como Jonathon Stalls y Andrew Forsthoefel, que enseñan la sabiduría profunda de caminar sin metas o "vivir la vida a tres millas por hora". Cuando era joven, mi guía espiritual jesuita me dijo que a las personalidades Tipo A, como yo, les iría mejor caminando que sentándose al momento de meditar. Muchos otros llegan a la mente contemplativa a través de actividades como la música, la danza, o al correr. Se trata sobre todo de cuál es tu meta e intención interna, y lo que sea que te aquiete en cuerpo, mente y corazón. Como lo expresa el antiguo chiste: ¡Está prohibido fumar mientras se ora! ¡Pero es maravilloso y meritorio orar mientras se fuma!

La contemplación nos permite *ver* las cosas en su totalidad y, por lo tanto, con respeto (recuerda: *respeto* significa ver las cosas por segunda vez). *Hasta que Richard reconozca y, de alguna manera, compense su forma perjudicial de ver el momento, todo lo que Richard tenderá a ver en cada situación nueva es su propia vida emocional y su agenda.* Esta es la lección "A.1" de la Contemplación, aunque para la persona promedio no se siente mucho como "orar", que es probablemente la razón por la que muchos y muchas desisten demasiado pronto y nunca conocen al otro de verdad (mucho menos al Otro). Simplemente, siguen conociéndose a sí mismos una y otra vez. En la lección "A.2" de Contemplación, comienzas a ver que hay una correlación entre cómo haces algo y cómo haces todo lo demás, lo cual te hace considerar el momento que tienes enfrente con más seriedad y respeto. Por así decirlo, te descubres a ti mismo por el rabillo del ojo, y tus juegos del ego quedan expuestos y reducidos.

Tal conocimiento no se contradice con lo racional, pero es mucho más holístico e inclusivo. Va hacia donde la mente racional no puede, pero luego regresa a honrar también lo racional. En la *Living School* llamamos a esto "epistemología contemplativa". *La contemplación es en realidad el cambio que cambia todo; especialmente, y antes que nada, al observador.* Si intento "co-

---

[*Gozo indecible; Prácticas Contemplativas de la Iglesia Negra*] *(Mineapolis: Fortress Press, 2004).*

nocer" o entender el estado presente de, por ejemplo, las políticas estadounidenses, lo único que lograré será desanimarme y rabiar, y hacer declaraciones absolutas que no ayudan a nadie. Si "lo someto a oración", como solemos decir, recibo la información en una pantalla mucho más grande y amable que la mía, que siempre está llena de irritantes cargas estáticas y eléctricas.

¿Por qué tanto hablar de Sufrimiento y Muerte?

Asumo que el mensaje totalmente contraintuitivo de Jesús en la "cruz" tuvo que ser enviado a la tierra como un suceso de impacto dramático y divino, porque Dios sabía que haríamos todo lo posible para negarlo, evitarlo, suavizarlo o convertirlo en una teoría (que es exactamente lo que hicimos). Aun así, este es el mensaje de Jesús que no podemos, y no debemos, permitir que pase a segundo plano: creemos en un Jesús que es el modelo de Cristo, un Dios que no nos presentará solamente una visión cósmica y celestial sino que sufrirá junto a la humanidad hasta las últimas consecuencias. *Si Cristo representa el estado resucitado, entonces Jesús representa el camino crucificado/ resucitado para llegar allí. Si Cristo es la fuente y la meta, entonces Jesús es el camino desde esa fuente hacia la meta de la unidad divina con todas las cosas.*

No es menor que los cristianos escogieran la cruz o el crucifijo como su símbolo central. Al menos de manera inconsciente, reconocemos que Jesús habló mucho acerca de "perder la vida". Tal vez, la distinción de Ken Wilber entre "religiones escaladoras" y "religiones descendentes" nos resulte útil. Tanto él como yo confiamos mucho más en la forma descendente de la religión, y creo que Jesús también. Aquí, el vocabulario principal es desaprender, dejar ir, rendirse, servir a otros, y *no el vocabulario de autodesarrollo que suele estar detrás de nuestras nociones populares de "salvación"*. Debemos ser honestos acerca de esto. A menos que seamos cuidadosos, volveremos a transformar la religión descendente de Jesús en una nueva forma de religión escaladora, como hemos hecho tanto en el pasado.

"Benditos son los pobres de Espíritu" son las primeras palabras en el Sermón del Monte (Mateo 5:3). Y aunque Jesús lo dejó bastante claro a lo largo de su vida, todavía solemos transformar al cristianismo en una religión en la que la agenda operativa es algún perfeccionismo de la moral personal, lograr algún tipo de salvación, "ir al cielo", convertir a otros más que a nosotros mismos, y adquirir más salud, bienestar y éxito en este mundo. En esa búsqueda, terminamos alineándonos en gran medida con los imperios, las guerras y la colonización del planeta, en vez de con Jesús o los desamparados. Tanta escalada y tan poco descenso nos trajo sus consecuencias en el siglo XXI.

Los budistas hablan mucho del sufrimiento y de la muerte, haciendo de esto su propio tipo de religión "descendente" (incluso de forma más directa que Jesús y sin tantos rodeos). "La vida es sufrimiento" es una de las Cuatro Nobles Verdades. Pero, en el marco budista, el sufrimiento no es una exigencia para seguir a Jesús, no es un camino para ganar mérito para la eternidad, no es el proverbial "cargar la cruz" hacia la salvación ni el "sin dolor, no hay ganancia". En lugar de eso, el sufrimiento es visto como *la práctica y el precio real para dejar ir la ilusión, el falso deseo, la superioridad y la separación.* El sufrimiento también es destacado como el precio que pagamos por *no* dejar ir, que tal vez es una mejor forma de enseñar sobre este tema.

Cada vez que te rindes a un pensamiento, palabra o comportamiento negativo, acusador, compulsivo o egoísta, ¡los budistas lo describen como "morir"! El poder, la imagen personal y el control no se dan por vencidas sin pelear, y esta es la primera de las verdades dentro de nuestras mentes, donde empiezan las ilusiones. Tan solo observa a un niño de dos años que está aprendiendo a decirles "no" a sus padres. La batalla comienza temprano, vuelve con toda su fuerza durante la adolescencia y juventud, y en realidad nunca se detiene. A un nivel práctico, muchos budistas entendieron muy bien las palabras de Jesús: *"A menos que un simple grano de trigo caiga al suelo, sigue siendo un solo grano. Pero si muere, dará mucho fruto"* (Juan 12:24). De hecho, ¡tal vez entendieron este mensaje mejor y antes que nosotros los cristianos! Tal "sufrimiento necesario" y diario, es el precio tanto de la iluminación para el "yo" como de la compasión para los y las demás. Esto es lo que todos los maestros espirituales quieren decir con "morir antes de morir" o "practicar la muerte". En verdad, no confío en ningún guía espiritual que no sea directo y completamente honesto acerca del necesario camino de descenso.

Tanto el cristianismo como el budismo sostienen que *el* esquema de transformación, *el modelo* que conecta, *la* vida que la Realidad nos ofrece no es el escape de la muerte, sino *la muerte que transforma*. En otras palabras, el único modelo de transformación espiritual digno de confianza es muerte *y* resurrección. Los cristianos y las cristianas aprenden a someterse a las pruebas porque Jesús nos dijo que debemos "cargar la cruz" con él. Los budistas lo hacen porque Buda dijo muy directamente que "la vida es sufrimiento", pero el objetivo real es escoger hábilmente el sufrimiento necesario por sobre el sufrimiento que generalmente resiente y se proyecta. En eso, Buda era un genio espiritual, y nosotros los cristianos podríamos aprender mucho de él y de sus seguidores maduros. Para los cristianos, claramente, el objetivo es el amor divino y no la superación del sufrimiento. Sin embargo, observa cuántos budistas se vuelven seres humanos altamente compasivos.

Ambos grupos dicen que la muerte y la vida son dos caras de la misma moneda, y no puedes tener a una sin la otra. Cada vez que ofreces rendición, cada vez que confías en morir, tu fe es llevada a un nivel más profundo y descubres un "Yo" Mayor subyacente. Tú decides no ponerte al principio de la fila, y algo mucho mejor sucede en la parte de atrás. Dejas ir tu enojo narcisista, y encuentras que empiezas a sentirte mucho más feliz. Dejas ir tu necesidad de controlar a tu pareja, y finalmente la relación florece. Aun así, cada ocasión es una elección (y cada ocasión es una especie de muerte).

Los místicos y los grandes santos fueron quienes aprendieron a confiar y aceptar este modelo, y, de hecho, solían decir: "¿Qué perdí cada vez que morí?". Prueba con la famosa frase de Pablo: "Para mí, vivir es Cristo y morir es ganancia" (Filipenses 1:21). Hoy, los estudios científicos, incluso aquellos sobre experiencias cercanas a la muerte, revelan el mismo patrón universal. Las cosas pueden cambiar y crecer al morir a su presente estado, pero cada vez que sucede es un riesgo. "¿Funcionará esta vez?" es siempre nuestra pregunta. Así que muchas disciplinas académicas confluyen, cada una a su manera, para decir que en este mundo hay un movimiento constante de pérdida y renovación que opera a todo nivel. Parece ser el patrón de todas las cosas que crecen y evolucionan. Estar vivos significa rendirse a este flujo inevitable. Es el mismo patrón en cada átomo, en cada relación humana y en cada galaxia.

Los pueblos nativos, la escritura hindú, Buda, Moisés, Mahoma y Jesús lo vieron en cada historia humana y lo nombraron como alguna especie de "muerte necesaria".

Si este patrón es verdadero, ha sido cierto en todo tiempo y lugar. Tal visión no empezó hace dos mil años. Todos nosotros somos viajeros y, cada uno a nuestro modo, eventualmente tenemos que aprender a dejar ir algo más pequeño para que suceda algo más grande. Pero esa no es una religión; es una verdad altamente visible. Es el modo en que Funciona la Realidad.

Si, estoy diciendo:

Que *el modo en que funcionan las cosas* y Cristo son uno y el mismo.

Esta no es una religión a la que unirse fervientemente o rechazar con enojo.

Es un viaje en un tren que ya está en movimiento.

Las huellas son visibles en todas partes.

Puedes ser un viajero o viajera voluntaria y feliz,

O no.

17
MÁS ALLÁ DE LA MERA TEOLOGÍA: DOS PRÁCTICAS

Decir no es entrenar.
—Consejo ofrecido por *coaches* ejecutivos

De algún modo, me has permitido caminar contigo a través de este viaje de Cristo, y te agradezco por haber confiado. Creo que ha sido un acto de humilde confianza de tu parte. Pero, tal vez, te estés preguntando "¿Y qué diferencia hace todo lo dicho? ¿Es solo más teoría y teología? ¿Otro conjunto de ideas para poner en el estante? ¿Otro paseo religioso bien camuflado?".

Estas preguntas críticas apuntan a un argumento importante: a menos que la conciencia del Misterio de Cristo *te vuelva a conectar* en los niveles físico, neurológico y celular —a menos que puedas verlo y experimentarlo de una manera nueva—, esto seguirá siendo otra teoría o ideología. Otro libro que tienes que leer y considerar, y luego olvidar conforme pasen las semanas. Me tomó la mayor parte de mis setenta y cinco años empezar a ver y disfrutar mi fe cristiana a este nivel experimental de conciencia. Mi esperanza es que puedas ahorrarte alguno de esos años, y ayudarte para que comiences a disfrutar más temprano de una Conciencia Crística real. Y como dice el epígrafe de este capítulo, decirles cosas a las personas es muy ineficaz si no hay un entrenamiento verdadero en *cómo reconfigurar nuestras respuestas en la práctica*. En este capítulo quiero ofrecer dos prácticas encarnadas que enseñamos en el Centro para la Acción y la Contemplación. Primero, déjame contarte algunas cosas de la práctica en sí.

La práctica es pararte sobre el flujo, mientras que la teoría y el análisis es observarlo a distancia. La práctica es mirarte a ti mismo; el análisis es mirar hacia atrás, como si fueras un objeto. Tal vez, a través del análisis puedas aprender algo intelectualmente, pero al hacerlo, en realidad podrías estar creando una desconexión con tu más profunda experiencia interna. Hasta que no sepas cómo se siente tu propio *flujo*, ni siquiera sabrás que existe. También debes aprender a reconocer cómo se siente la *resistencia*. ¿Toma forma de culpa, enojo, miedo, evasión, proyección, negación, una necesidad imperiosa de fingir? Lo que tienes que hacer es detectar las formas más inteligentes en las que, en lo personal, resistes la realidad diaria, o arruinarán tu vida y nunca las detectarás. Creerás que estás "pensando" o "eligiendo", cuando en realidad solo estarás actuando acorde al programa. Salir de tu programación es una gran parte de lo que queremos decir con estar "conscientes".

Si no encontramos una forma de oración que realmente *invada nuestro inconsciente* a nivel fundamental, todo permanece igual. En general, será algún tipo de oración para centrarnos, meditación en movimiento, prácticas internas para dejar ir y soltar, trabajo de sombras, o un periodo voluntario de silencio prolongado (como hice mientras escribía los primeros esbozos de este libro: treinta y cinco días de soledad y quietud). Lo que sea que elijas, sentirás que estás desaprendiendo en lugar de aprender, que estás rindiéndote en lugar de cumplir. Es probable que esta sea la razón por la que tantas personas se resisten a la contemplación. *Porque se siente más como un derramamiento de pensamientos generales que como el arribo a nuevas o mejores ideas. Más como soltar que como lograr algo.* ¡Lo cual es contraintuitivo para nuestras mentes naturalmente "capitalistas"! Esta es nuestra resistencia milenaria a las religiones descendentes.

La necesidad humana por prácticas físicas y encarnadas no es nueva. A lo largo de la historia cristiana, los "Sacramentos", como los llaman tanto ortodoxos como católicos, siempre han estado con nosotros. Antes de que surgiera la era de la alfabetización, en el siglo XVI, cosas como la peregrinación, los rosarios, postrarse, las reverencias y las genuflexiones, "bendecirse a uno mismo" con el signo de la cruz, las estatuas, rociar cosas con agua bendita, las obras de teatro y liturgias, el incienso y las velas permitieron que el alma se conozca a sí misma a través del mundo externo, que en este libro nos hemos atrevido a llamar "Cristo". Estas imágenes externas sirven como espejos del Absoluto, que a menudo es capaz de puentear a la mente. *Cualquier cosa es un sacramento si sirve como un Atajo al Infinito, pero siempre estará oculto en algo que es muy finito.*

En 1969 fui enviado como decano para trabajar en el Pueblo de Acoma, hogar de una antigua comunidad americana nativa en el oeste de Nuevo México. Cuando llegué, me asombré al descubrir que muchas prácticas católicas tenían contrapartes directas en los pueblos nativos. Vi altares en medio de las mesetas cubiertas de montones de palos de oración. Noté cómo, en los funerales, los acoma esparcían polen de maíz tal como nosotros hacemos con el agua bendita, y cómo lo que nosotros recientemente llamábamos "danza litúrgica", para ellos era la norma en cada día festivo. Observé la forma en que las madres les enseñarían a sus hijos a saludar en silencio al sol de la mañana, justo como nosotros aprendemos a "bendecirnos" con la señal de la cruz, y cómo el ungimiento con salvia humeante era casi exactamente lo que hacíamos con el incienso en nuestras Altas Misas Católicas. Todas estas prácticas tienen algo en común: son expresiones del espíritu *interpretadas, imitadas y corporizadas*. El alma las recuerda a un nivel casi preconsciente porque están alojadas en nuestra memoria muscular y tienen un impacto visual. A las versiones tardías del protestantismo racional le costó mucho entenderlo.

Entonces, hagamos algo: intentemos realizar una práctica que conduce al conocimiento encarnado. Descubrí una especialmente buena en *The Book of Privy Counseling*, un no tan conocido clásico escrito por el autor de *Nube del desconocimiento*. Me gusta esta práctica en particular porque es muy simple, y me resulta efectiva incluso en el medio de la noche, cuando despierto y no puedo volver a dormir durante la llamada "hora del lobo", entre las 3 y las 6 a. m., cuando la psiquis está más indefensa (¡otras personas solo le dicen "insomnio"!). Te advierto algo: empeora a medida que envejeces, ¡así que te harías un favor en aprender las siguientes prácticas lo antes posible! He resumido las palabras exactas del autor a nuestros fines prácticos. Esta es mi paráfrasis:

Práctica I: Simplemente lo que eres

Primero, "toma a Dios al pie de la letra, tal como es. Acepta su bondadosa gracia, como lo harías con una compresa suave cuando estás enfermo. Aférrate a Dios y presiónalo contra tu 'yo' no saludable, tal como estás".

Segundo, identifica la manera en que tu mente y tu voluntad juegan sus partidos:

"Deja de analizar a Dios y de analizarte a ti. Puedes hacerlo al dejar de gastar tanta energía en decidir si algo es bueno o malo, si es dado por gracia o conducido por el temperamento, si es divino o humano".

Tercero, ten ánimo:

"Ofrece tu ser simple y desnudo al ser gozoso de Dios, porque ustedes dos son uno en la gracia, aunque separados por naturaleza".

Y por último: "No te enfoques en lo que eres, ¡sino en que, simplemente, eres! Cuán desesperadamente estúpida tendría que ser una persona si no pudiera darse cuenta de que simplemente es".

Sostén la compresa suave y cálida de estas palabras amorosas contra tu "yo" corporal, elude la mente e incluso los afectos del corazón, y deja ir al análisis de lo que eres o de lo que no eres.

"¡Simplemente, eres!".

Esta práctica me gusta porque se puede convertir en una experiencia muy corporal acerca de lo que estuvimos hablando en todo este libro. Tu propio cuerpo —en su desnudez, sin ningún "hacer" involucrado— se vuelve un lugar de revelación y descanso interno. Cristo se "desespiritualiza".

Práctica II: Toda realidad física como un espejo

*Luego de observar los objetos del universo,
encuentro que no hay ninguno, ni siquiera una partícula de ellos,
que no haga referencia al Alma.*
—Walt Whitman

Como digo a menudo, la salvación no es una pregunta de *si*, sino de *cuándo*. Una vez que mires con los ojos de Dios, verás todas las cosas y disfrutarás de ellas desde una perspectiva adecuada y completa. Algunos posponen esto hasta el momento de la muerte o incluso después ("purgatorio" era nuestra extraña palabra). La salvación, para mí, simplemente es tener la "mente de Cristo" (1 Corintios 2:16), que Pablo describe como "el mundo, la vida, la muerte, el presente y el futuro. Todo es de ustedes, y ustedes son de Cristo, y Cristo es de Dios" (1 Corintios 3:22-23).

Al final, todo encastra, pertenece, y tú eres parte.
Este conocimiento y este gozo son una buena descripción de la salvación.

Quiero cerrar este libro con una extensa Meditación Espejo que escribí una vez. El objetivo de esta meditación es reconfigurar tanto tu mente como tu cuerpo para ver todas las cosas en Dios, y a Dios en todas las cosas. Creo que si practicas este tipo de visión de forma regular, pronto se volverá toda una manera de ver la vida en la cual el mundo natural o físico puede funcionar como un espejo diario que revelará partes de ti mismo que quizás no conocerías de otra forma; también revelará el profundo patrón de las cosas, y de casi todo, y te mostrará que todo lo que decimos de Cristo es verdad: el mundo externo es un sacramento de Dios.

Tómate tiempo para leer esta meditación; léela en partes o como un todo. Si notas que una línea en particular te habla, haz una pausa y reflexiona en ella hasta que el sentimiento pase. No creas que esta sensación son tus propios pensamientos o que es mera química cerebral. Recíbela como el flujo del Amor Divino.

EL ESPEJO DIVINO

Un espejo recibe y refleja lo que ve.
No juzga, ajusta ni escribe un comentario.
Nosotros somos los que hacemos eso.
Un espejo simplemente revela.
E invita a la responsabilidad.

Un espejo, el sol, y Dios son todos lo mismo.
Están allí, brillando plenamente.
Su propia naturaleza es la luz, el amor y la infinita generosidad.
No puedes ofenderlos ni hacer que dejen de brillar.
Solo puedes elegir dejar de recibir y de disfrutar.
Tan pronto como mires, ¡verás que están ahí!
Y plenamente radiantes.
Como siempre lo han sido.
Su mensaje es permanente, bueno y dador de vida.
Solo existen quienes ven y quienes no,
quienes reciben y quienes no reciben.

*Cuando aprendemos a amar a alguien o a algo,
es porque de algún modo, aunque sea por un momento,
nos han reflejado sincera y compasivamente a nosotros mismos.
¡Y nos hemos aferrado a ello!
¿Por qué no habríamos de hacerlo?
En esta resonancia, literalmente "volvemos a la vida".
Pero no tengas duda, tenemos que dar nuestro consentimiento.
A tal Presencia pura y sin filtro,
solo se accede a cambio de estar presentes.
No se necesita nada más.
La Presencia viene a nosotros desde el lado de Cristo,
y entonces la presencia de nuestro lado sabe lo que necesita saber.*

*Si ese espejo es retirado por algún motivo,
nos produce tristeza, vacío, o incluso ira.
Normalmente nos desorientamos,
incluso nos desanimamos por un tiempo.
Morimos, en algún sentido. Pero ¿por qué?
Porque solo nos conocemos a nosotros mismos
en los ojos de alguien más,
recibimos nuestra identidad —toda
— buena y mala, de otro.
El otro nos crea y salva.
"Nadie es una isla, completo en sí mismo",
dice el poeta John Donne.
¡Esto es lo que llamamos el don puro de la santidad!
O, si prefieres, la plenitud.
Siempre somos un dar, una resonancia,
nunca una posesión de nosotros mismos.*

*El universo es relacional a todo nivel, e incluso entre niveles.
La relación es el corazón y el aspecto
fundamental de la Realidad,
que refleja a nuestro Dios Trinitario (Génesis 1:26-27).
Todo objeto sirve como espejo, otro tipo de presencia.
Puedes encontrar estos espejos en toda la naturaleza,
en los animales,*

en tus parientes, amantes, niños, libros, cuadros, películas,
e incluso en lo que algunos llaman "Dios".
Recuerda, "Dios" es solo una palabra para Realidad,
¡la Realidad con Rostro!
Y, ocasionalmente, Interfaz
(que algunos llaman "oración" o "amor").

Dios es un espejo lo suficientemente grande para recibir todo
y cada parte de ti,
tal como es; no rechaza nada, ni ajusta nada,
muchas veces
por el bien de un amor aún más profundo.
Experimentaremos una especie de Perdón Universal.
Una Simpatía Divina por toda la Realidad.
O lo que algunos han llamado la "Piedad Divina".
E incluso caerá sobre nosotros.
Lo que sea recibido en este Espejo es,
por ese mismo hecho, "redimido".
Y todo es recibido, lo creamos o no.
No tienes que mirar al sol para saber que aún está brillando.

Si tu Espejo Divino no puede recibirte de este modo,
entonces, seguro no es Dios.
Recuerda que lamentarse no beneficia a nadie.
La vergüenza es inútil.
La culpa es una pérdida de tiempo.
Todo el odio es una táctica de distracción, un callejón sin salida.
Dios siempre ve y ama a Dios en ti.
Parece que no tiene opción.
Este es el contrato eterno y unilateral de Dios con el alma.
Si no puedes permitirte ser reflejado por completo
de esta manera,
nunca sabrás plenamente quién eres,
y mucho menos disfrutarás de quien eres.
Tampoco conocerás el corazón de Dios.

*Cualquier mirada amorosa que podamos atrevernos a recibir
es capaz de iniciar el flujo:
la Creación, los animales, los humanos,
todos son la mirada divina.
Si se los permitimos.
"El conocimiento que una vez tuve fue imperfecto,
pero entonces sabré totalmente como soy conocido"
(1 Corintios 12:12b).
Un día, el espejo reflejará en ambas direcciones,
Y veremos allí lo que fue permitido aquí.
Esto es acceso completo a ver y a ser vistos:
la mayoría lo ha llamado "cielo",
y comienza ahora mismo.
Deja que este Espejo Divino te reciba completamente.
Todo de ti.*

Y nunca más necesitarás estar solo.

EPÍLOGO PARA LA NUEVA EDICIÓN

Juro que no tenía nada más que escribir luego de este libro, pero poco después sentí la necesidad de publicar un libro más bien pequeño, aunque denso, sobre la naturaleza del pecado y el mal,[1] y cómo los dos no son lo que la mayoría de nosotros pensamos. Trato de explorar los paralelos entre la naturaleza social y compartida de la salvación como se despliega en los primeros Padres de Oriente y la naturaleza social y compartida del mal, extraída en gran parte de las cartas de Pablo. La historia, y mentes más místicas que la mía, tendrán que determinar si esto puede ser verdad, pero al escribir ambos libros, he llegado a convencerme de que:

Sea lo que sea que estemos viviendo, estamos juntos en eso. No hay una competencia. Somos buenos por la bondad de los unos por los otros; somos pecadores por los pecados de unos hacia los otros. En otras palabras, tanto el amor como el pecado son altamente contagiosos.

El individualismo escabroso prácticamente ha diezmado el poder transformador del Evangelio. El individuo solo y frágil no puede más que temer a Dios en este mundo y en el próximo, cuando en realidad la intención del Evangelio es unirnos en una comunión de santos y pecadores en este mundo, donde llevamos la carga de la vida juntos. "Somos uno en el Espíritu, uno en el Señor",[2] como proclama el himno cristiano.

Entonces, el llamado nos redirecciona más hacia la solidaridad universal con todo el viaje de Cristo que a nuestros hábitos cotidianos de contar, pesar o medir la posesión o carencia de merecimiento. Este es un mensaje muy diferente que debería crear una noción distinta de la iglesia y el Evangelio.

En estos momentos, estoy trabajando en otro pequeño libro sobre el tópico del dinero, y probablemente también debería escribir uno sobre sexo. El dinero y el sexo, en mi opinión, podrían ser las dos áreas donde el

---

[1] Richard Rohr, *What Do We Do with Evil? The World, the Flesh, and the Devil* (Albuquerque, NM: CAC Publishing, 2019).
[2] Peter Scholtes, *They'll Know We Are Christians* (TN: F.E.L. Church Pub., Ltd., 1966).

cristianismo ha sido menos efectivo en extraer algún tipo de síntesis práctica entre la materia y el espíritu (a lo cual, en este libro, llamo *cosmovisión encarnacional*). Ambos, dinero y sexo, han mantenido su autonomía en el ámbito de lo profano y todavía parecen ser vistos como el escenario principal de escándalo, vergüenza y pecado. El dinero y el sexo son retratados como el corazón de la maldad en la mayoría de los cuentos y películas, pero ¿realmente lo son? Sospecho que son más síntomas de una división profunda en el alma que causas de la maldad en sí mismas.

Por alguna razón, a todas las religiones les cuesta tener una teología positiva, saludable y honesta tanto del dinero como del sexo. Estas son dos espadas, en mi opinión, sobre las cuales un vasto número de cristianos cayeron y "perdieron su alma" (me abstengo de realizar un veredicto sobre el siguiente mundo, pero tengo una intuición fuerte de que nadie esté más allá de la persuasión y del abrazo total del Amor eterno).

El filósofo Jacob Needleman, en su libro *Money and the Meaning of Life* [El dinero y el sentido de la vida], hace una declaración más bien dramática, que solo personas de su calibre podrían hacer: "*Todo lo que se interponga en el camino de un contacto consciente entre lo espiritual y lo material de la vida humana, solo eso es el verdadero mal*" (énfasis mío).[3] Cuando lo leo, desearía haber usado esa cita en la primera edición de este libro, como base para un significado útil y comprensible tanto del Cristo como del arquetipo que Juan el evangelista nos dio para identificar al Anticristo:

> En esto pueden discernir quién tiene el Espíritu de Dios: Todo espíritu que reconoce que Jesús el Cristo ha venido en cuerpo humano es de Dios; y todo espíritu que no reconoce a Jesucristo no es de Dios, sino del Anticristo. (1 Juan 4:2-3)

Quizás el Anticristo es mucho menos una persona que una actitud; y, desafortunadamente, ¡una actitud que es bastante común entre muchos cristianos y cristianas! A mi entender, aquí Juan está diciendo que el Cristo es el Símbolo Permanente y Universal para lo que la mayoría de las personas con sus mentes dualistas encuentran difícil de imaginar o

---

3 Jacob Needleman, *Money and the Meaning of Life* (New York: Doubleday, 199), 115.

incluso de apreciar: *Materia y Espíritu se reflejan entre sí, y una revela en profundidad a la otra*. Para el alma realmente no pueden separarse, y solo son distinguibles de manera lógica para la mente. En la tradición católica, este se volvió el "principio sacramental" base de los siete Sacramentos y de miles de "sacramentos" más pequeños como las medallas, las cruces, los íconos y el agua bendita. El Cristo eterno y el Jesús temporal demuestran, funcionan y nos son de ayuda a los humanos para realizar "un contacto consciente entre lo espiritual y lo material de la vida humana", tal como escribió Needleman. *Cristo de manera cósmica y Jesús de manera personal hacen que lo increíble sea creíble y que lo impensable sea deseable.* ¡Jesucristo es un Sacramento de la Presencia de Dios para todo el universo!

Ahora, volviendo al dinero y al sexo. En sus formas comunes y no integradas, con frecuencia operan como el Anticristo en el imaginario colectivo y los medios de comunicación del mundo, *precisamente porque ambos se mantienen separados del significado y la importancia espiritual*. En los años por venir debemos deshacer esa división.

Cuando encontremos una actitud realmente sana y santa hacia las cosas "mundanas" como el dinero y el sexo, el Misterio de la Encarnación finalmente tendrá su victoria definitiva, y "la nueva Jerusalén habrá descendido a la tierra desde los cielos […] preparada como una novia hermosamente vestida para su prometido" (Apocalipsis 21:2). Y en palabras de Pablo, "Jesucristo habrá hecho de los dos [materia y espíritu] uno solo, y habrá derribado el muro que solía mantenerlos separados" (Efesios 2:14).

Esto me lleva a cerrar con un pensamiento espectacular de San Agustín, que espero que todavía pueda resolver muchos de nuestros problemas de unidad y diversidad, y alentar a todo entendimiento ecuménico e interreligioso en un futuro lejano. Lee y relee mi paráfrasis de la cita de Agustín hasta que la recibas y hasta que toque todo lo que alguna vez consideraste profano:

Cristianos, ustedes son Cristo… porque solo hay un Único Hijo de Dios.

—Richard Rohr
Abril del 2020
Mientras toda la humanidad en todo el mundo
se enfrenta a la misma pandemia

PALABRAS FINALES: EL AMOR DESPUÉS DEL AMOR

*Nuestra mirada descubierta recibe y refleja el brillo
de Dios hasta que gradualmente nos convirtamos
en la imagen que reflejamos.*
—2 Corintios 3:18

Descubrí el poema de Derek Walcott "El amor después del amor" el mismo día que el poeta de la India del Este murió: 17 de marzo de 2017, justo cuando yo comenzaba a escribir este libro. A principios de la década de 1970, el lugar de nacimiento de Walcott, la isla de Santa Lucía, fue el primer lugar fuera de los Estados Unidos continentales al que fui invitado a predicar el Evangelio. De hecho, lo conocí en mi conferencia, ¡a la que asistió humildemente! Desde la New Jerusalem Community, en Cincinnati, pronto enviamos a cuatro de nuestros jóvenes miembros a trabajar entre los pobres en Santa Lucía, dos afroamericanos y dos blancos, dos mujeres y dos hombres. Cambió sus vidas. La hermosa isla y sus personas siempre me parecieron mágicas, y todavía están en mi memoria. Ahora conocerán otra razón:

EL AMOR DESPUÉS DEL AMOR
*Llegará el día
en que, exultante,
te saludarás a ti mismo al llegar
a tu propia puerta, en tu propio espejo,
cada cual sonreirá ante la bienvenida del otro,*

y dirá, siéntate aquí. Come.
Amarás de nuevo al extraño que fuiste.
Dale vino. Dale pan. Devuélvele el corazón
a ti mismo, a ese extraño que te ha amado
toda tu vida, a quien ignoraste
por otro, a quien te conoce de memoria.

Quita las cartas de amor de los estantes,
las fotos, las notas desesperadas,
arranca tu propia imagen del espejo.
Siéntate. Date un festín con tu vida.

Espero que este libro te haya ayudado a experimentar —y *a saber*— que el Cristo, tú, y cada "extraño" son todos la misma mirada.

APÉNDICES
MAPEANDO EL VIAJE DEL ALMA A DIOS

En los dos apéndices que siguen, presento esquemas que pueden ayudar a quienes todavía se preguntan cómo enmarcar y entender al Cristo Universal descrito en este libro.

El Apéndice I examina la importancia de las cosmovisiones, presentando cuatro fundamentales en su forma simplificada, y una explicación de por qué opto por ellas.

El Apéndice II describe el proceso universal de la transformación espiritual, incluyendo tanto la deconstrucción como la reconstrucción. Incluso dentro de una cosmovisión encarnacional, crecemos al ir más allá de algún orden perfecto, a través de un proceso generalmente doloroso y aparentemente innecesario de desorden, hacia un reordenamiento iluminado o "resurrección".

APÉNDICE I
LAS CUATRO COSMOVISIONES

Cada uno de nosotros y nosotras operamos desde una cosmovisión implícita, un conjunto de supuestos que, en general, no son conscientes, y por lo tanto son difíciles de observar y evaluar. Tu cosmovisión no es lo que buscas. Es *desde dónde observas o a través qué lo haces*. Por lo tanto, está dada por hecho, es ampliamente inconsciente, y en gran parte condiciona todo lo que ves (y todo lo que no ves). Si tu cosmovisión implícita del mundo es que solo existe el universo externo y material, verás las cosas naturalmente de esa forma sin ninguna capacidad de crítica. Si tu cosmovisión es exclusivamente cristiana metodista, vas a superponer ese metodismo a todo sin darte cuenta, algo que podría beneficiar tu experiencia pero también podría limitarla. Lo importante es que sepas cuáles son tus preferencias y sesgos, porque no existe una cosmovisión imparcial. Cuando reconoces tus filtros, puedes compensarlos.

He concluido que hay cuatro cosmovisiones básicas, aunque tal vez estén expresadas de muchas maneras, y no están necesariamente separadas por completo. Algunas personas representan lo mejor de todas ellas, o de alguna manera combinan varias, permitiéndose cruzar límites religiosos, intelectuales y técnicos. Las cuatro tienen buenos elementos, y ninguna de ellas es errónea o acertada del todo, pero hay una que es, por mucho, la más útil.

Quienes sostienen una *cosmovisión material* creen que el universo visible y externo es el mundo "real" definitivo. Las personas de este tipo de cosmovisión nos han dado la ciencia, la ingeniería, la medicina y mucho de lo que ahora llamamos "civilización". Es obvio que la cosmovisión material ha producido muchas cosas buenas, pero en los últimos siglos se ha vuelto tan dominante en la mayoría de los países desarrollados que, en general, es presumida como la única y más adecuada. La cosmovisión material tiende a crear culturas competitivas y muy orientadas al consumo, que a menudo están preocupadas por la escasez, ya que los bienes materiales son siempre limitados.

La *cosmovisión espiritual* caracteriza a muchas formas de religión y algunas filosofías idealistas que reconocen la primacía y carácter definitivo del espíritu, la conciencia, y el mundo invisible detrás de toda manifestación. Se puede ver en el pensamiento platónico; varias formas de gnosticismo (el cual postula que la salvación viene a través del conocimiento); algunas escuelas de psicología; en las formas de espiritualidad llamadas "esotéricas" o "nueva era"; y en las muchas formas de todas las religiones espiritualizadas o centradas en lo interno, incluida gran parte del cristianismo. Esta cosmovisión también es parcialmente buena, porque mantiene la realidad del mundo espiritual que muchos materialistas niegan. Pero, llevada al extremo, se vuelve etérea e incorpórea, ignora las necesidades humanas comunes y niega la necesidad de una buena psicología o antropología, o los problemas sociales de paz y justicia. La cosmovisión espiritual, tomada demasiado en serio, se preocupa poco por la tierra, el prójimo o la justicia, porque en gran medida considera este mundo como una ilusión.

Quienes sostienen una *cosmovisión sacerdotal* son generalmente personas y tradiciones sofisticadas, capacitadas y experimentadas, que sienten que su trabajo es ayudarnos a unir la materia y el Espíritu. Son quienes sostienen la ley, las escrituras y los rituales; incluyen gurús, ministros, terapeutas y comunidades sagradas. Las personas de la cosmovisión sacerdotal nos ayudan a realizar buenas conexiones, no siempre obvias, entre los mundos materiales y espirituales. Pero la desventaja es que esta visión asume que los dos mundos están separados y necesitan a alguien para que los vuelva a unir (que es el significado de la palabra "religión": *religio*, o *re-ligar*, y también raíz del término "*yoga*"). Tal necesidad de reunión es parcialmente real, claro, pero creer en ella genera diferencias de estatus y, a menudo, más codependientes y consumidores religiosos que buscadores sinceros. Describe lo que la mayoría consideramos religión organizada y gran parte del mundo de la autoayuda. Suelen involucrarse en la compra y venta en el templo, para usar una metáfora del Nuevo Testamento. No es sorpresa que los consumidores de esta cosmovisión caigan en un continuo de muy saludable a no tan saludable. Sus "sacerdotes" varían entre excelentes mediadores y meros charlatanes.

En contraste a estas tres, está la *cosmovisión encarnacional*, en la cual se entiende que la materia y el Espíritu nunca han estado separados. La materia y el espíritu se revelan y manifiestan entre sí. *Esta visión se apoya más en despertar que en unirse, más en ver que en obedecer, más en el crecimiento de la conciencia y el amor que en el clero, los expertos, la moral, las escrituras o los rituales. La palabra clave que uso en todo este libro para referirme a esta cosmovisión es "Cristo".* Quienes más pelean contra esta cosmovisión tienden a ser adherentes de las otras tres, aunque por tres razones diferentes.

En la historia cristiana, vemos la *cosmovisión encarnacional de manera* más pronunciada en los primeros Padres Orientales, la espiritualidad celta, muchos místicos que combinaron oraciones con un intenso compromiso social, el franciscanismo en general, muchos místicos de la naturaleza y en la ecoespiritualidad contemporánea. En general, la *cosmovisión materialista* es sostenida en el mundo tecnocrático y en las áreas que sus seguidores colonizan; la *cosmovisión espiritual* es sostenida por todo el espectro de personas apasionadas y esotéricas; y la *cosmovisión sacerdotal* es casi toda la religión organizada.

Cada una de las cuatro cosmovisiones posee una pieza del rompecabezas cósmico de la realidad, e incluso la cosmovisión encarnacional puede ser entendida de manera simplista e ingenua y, por lo tanto, también puede estar "equivocada". Lo he visto entre muchos católicos progresistas, los principales protestantes liberales y los de la nueva era. Cuando alguien dice "todas las cosas son sagradas" o "Dios está en todos lados" demasiado rápida y elegantemente, no significa necesariamente que haya *deseado* y que haya *hecho lugar* para esta conciencia, ni que haya integrado de verdad una comprensión tan sorprendente. Esta es la razón por la que debemos balancear la Conciencia de Cristo con el Jesús encarnado. La encarnación no se puede volver un otro sistema de creencias mentales, aceptado con soltura porque es fácil y moderno. Solo los buscadores sinceros y pacientes experimentan la satisfacción profunda de una cosmovisión encarnacional. No cae del cielo. Tienes que conocer su profundo significado y buscar el Espíritu en la materia y a través de ella. En verdad, creo que tienes que aprender a amar la materia en todas sus manifestaciones a través del tiempo.

La cosmovisión encarnacional basa la santidad cristiana en la realidad objetiva y ontológica en lugar de hacerlo únicamente en el comportamiento moral. Esta es una gran recompensa. Aun así, este es el salto importante que la mayoría aún no realizó. Aquellos que sí lo hicieron pueden sentirse tan santos en una cama de hospital como en una taberna o una capilla. Pueden ver al Cristo en lo desfigurado y quebrantado tanto como en lo llamado perfecto o atractivo. Pueden amarse y perdonarse a sí mismos y a todas las cosas imperfectas, porque todas portan el *Imago Dei* por igual, aun de manera imperfecta. La Conciencia Encarnacional de Cristo normalmente se moverá hacia implicaciones sociales, prácticas, inmediatas y directas. Nunca es una abstracción o una teoría. No es una mera ideología gratificante. Si de verdad es cristianismo encarnado, siempre es una religión "práctica" y no únicamente esoterismo, sistemas de creencias o mediación sacerdotal.

Mientras estudiaba los dos mil años de cristiandad, noté cómo la mayor parte de nuestras peleas y divisiones históricas fueron a causa del poder o de la semántica: "¿Quién mantiene los símbolos o tiene el derecho de representarlos? ¿Quién utiliza las palabras correctas? ¿Quién sigue los protocolos, a menudo arbitrarios, de la iglesia, de manera fiel con la Escritura? ¿Cómo se realizan apropiadamente los rituales?", y otros elementos no esenciales (esto sucederá siempre que no conozcas lo esencial). Y todo esto sustituye —aunque seguramente, desea— una experiencia profunda de Dios o lo Infinito.

El Evangelio esencial de la *unión amorosa de Dios con toda la creación desde el principio* rara vez fue creído, y generalmente la mayor parte del clero lo negaba o ignoraba adrede. Me pregunto, y no con cinismo, si los mayores motivos no habrán tenido que ver con la seguridad de mantener un trabajo. Nosotros, el clero, fuimos los mediadores y comerciantes necesarios en las otras tres cosmovisiones, pero, de igual manera, en la visión encarnacional. Por lo tanto, gran parte del clero no considera a la naturaleza como la "Primera Biblia", sino que enfatiza en la versión mucho más posterior, escrita en el último nanosegundo del tiempo geológico y luego llamada la única palabra de Dios. Sin embargo, esas mismas Escrituras dicen que la "Palabra" fue "desde el principio" (Juan 1:1) y esa Palabra fue identificada siempre con "Cristo", que, a su tiempo, "se hizo carne y vivió entre nosotros" (1:14). San Buenaventura creía que *cada creatura es una palabra de Dios*, y que ese fue el primer libro de "la Biblia".[4]

Si mi tesis subyacente en este libro es verdad y Cristo es un término para la Gran Línea Histórica, ¡entonces la cosmovisión encarnada sostenida con madurez es precisamente la Buena Noticia!

Con todo, no precisas nombrar esta manifestación universal como "Cristo" para vivir dentro de ella plenamente y disfrutar de sus inmensos frutos.

---

4 Buenaventura, *Breviloquium* 2, 5.1, 2 ed. Dominic V. Monti, O.F.M. *Colected Works of St. Bonaventure* (St. Bonaventure, NY: The Franciscan Institute, 2005), 72-73.

APÉNDICE II
EL PATRÓN DE LA TRANSFORMACIÓN ESPIRITUAL

Incluso dentro de una cosmovisión encarnacional, crecemos al ir más allá del orden perfecto, a través de un desorden usualmente doloroso y aparentemente innecesario, hacia un reorden iluminado o "resurrección". Este es el "patrón que conecta" y solidifica nuestra relación con todo lo que nos rodea.

La trayectoria de transformación y crecimiento, según las veo trazadas en las grandes tradiciones religiosas y filosóficas, utiliza muchas metáforas para este patrón. Podemos señalar el clásico "Viaje del Héroe" delineado por Joseph Campbell; las Cuatro Estaciones o las Cuatro Direcciones de la mayoría de las religiones nativas; los relatos épicos del éxodo y la Tierra Prometida del pueblo Judío, seguidos por la narración de la cruz, la muerte y la resurrección del cristianismo. Aquí, ofrezco una síntesis que podría ayudarte a ver todas estas trayectorias de manera común y muy simple (casi demasiado). Cada uno de estos "mitos", y cada uno a su manera, nos dice que el crecimiento sucede en esta secuencia completa. Para crecer hacia el amor, la unión, la salvación o la iluminación (uso estas palabras casi como sinónimos), debemos movernos del *Orden* al *Desorden* y, finalmente, al *Reorden*.

> **ORDEN**: En esta primera etapa, *si se nos concede (y no a todos les pasa)* nos sentimos inocentes y a salvo. Básicamente, todo es bueno, todo significa algo, y nos sentimos cómodos con lo que se ve normal y parecemos merecer. Es nuestra "primera inocencia"; eso explica todo, y por lo tanto se siente como si viniera directamente de Dios, es sólido y para siempre. Quienes intenten permanecer en esta primera explicación satisfactoria de cómo son y deberían ser las cosas, tenderán a rechazar y evitar cualquier confusión, conflicto, inconsistencia, sufrimiento u oscuridad. No les gusta el desorden

en ninguna de sus formas. Incluso, a muchos cristianos y cristianas no les gusta nada que se asemeje a "llevar la cruz" (hemos pagado un alto precio por limitarnos a *agradecerle* a Jesús por lo que hizo en la cruz, en lugar de *imitarlo*). El ego cree que hay que evitar el desorden o el cambio, así que simplemente me atrinchero y simulo que *mi statu quo* es completamente bueno, que debería ser bueno para todos y que es invariablemente "verdadero" e, incluso, la única verdad. Pero la residencia permanente en este estadio tiende a crear gente voluntariamente ingenua o monstruos del control, y, muy a menudo, una combinación de ambas. He descubierto que siempre opera desde una cosmovisión de escasez y casi nunca desde la abundancia.

DESORDEN: *Si eres honesto u honesta,* en algún momento tu universo ideal y ordenado —tu "proyecto de salvación personal", como lo llamó Thomas Merton— deberá decepcionarte. Tal como expresa Leonardo Cohen, "hay una grieta en todo, así es como entra la luz". Tu esposa muere, tu padre pierde el trabajo, fuiste rechazado en el parque en tu infancia, descubres que tienes necesidades y que eres un ser sexual; desapruebas el examen de una codiciada certificación, o finalmente caes en la cuenta de que muchas personas no tienen la posibilidad de vivir tu propia y merecida "vida, libertad y búsqueda de felicidad". Esta es la etapa del desorden o, como la llamamos desde Adán y Eva, la historia de la "caída". Si va a haber crecimiento real, es *necesario que, de algún modo, suceda*; pero algunos de nosotros encontramos esta etapa tan incómoda que tratamos de huir de regreso a nuestro primer orden creado, incluso si nos está matando. En la actualidad, hay otras personas que parecen haberse dado por vencidas y decidieron que "no hay un orden universal", o al menos ningún orden al que someterse. Esa es la instancia posmoderna, que desconfía de todas las grandes narrativas, de las ideologías, de la globalización, de cualquier noción de razón, de una naturaleza humana en común, del progreso social, de las normas humanas universales, de la verdad absoluta y de la realidad objetiva. Mucho del caos que reina en la cultura y el gobierno estadounidense en estos días es el resultado directo de tales "sociedades de la posverdad". La permanente residencia en este estadio tiende a hacer que las personas sean bastante negativas y cínicas, que en general estén enojadas y sean más bien obstinadas y dogmáticas sobre una forma de corrección política u otra, a medida que buscan un terreno sólido. Algunas acusan a las personas religiosas de ser demasiado dogmáticas, aunque esta posición obstaculizada adora el desorden en sí mismo, como si fuera un dogma. Parecen decir "rechazo toda explicación universal excepto una: ¡no hay explicaciones universales!". Tal cinismo y escepticismo universal se vuelven su explicación universal, su religión operativa, y también su vulnerabilidad más grande.

REORDEN: Cada religión, a su manera, habla sobre llevarte a la etapa de reorden. Varios sistemas lo llamaron "iluminación", "éxodo", "nirvana", "cielo", "salvación", "primavera" o incluso "resurrección". Es la vida después de la muerte, la victoria luego del error, la alegría después de los dolores de parto. Es una instancia para *atravesar, no para eludir por abajo, por arriba o por el costado*. No existen vuelos sin escalas hacia el reorden. Para llegar allí, debemos soportar, aprender e incluir la etapa de desorden, trascender el primer orden ingenuo, *¡pero también incluirlo!* Es lo mejor de los conservadores y lo mejor de los liberales. Se aferra a lo que era bueno acerca del primer orden pero también ofrece correcciones muy necesarias. Las personas que han alcanzado este estadio, como los profetas judíos, podrían llamarse "tradicionalistas radicales". Aman su verdad y a su grupo lo suficiente como para criticarlo. Critican lo suficiente para mantener su propia integridad e inteligencia. Estos sabios han renunciado a sobrerreaccionar y también a sobredefender. En general, son la minoría de las personas.

Basado en años de guía espiritual, con personas tanto de los Estados Unidos como de otros países, he observado que las implicaciones de este viaje son diferentes para quienes se identifican o como conservadores o como liberales. Los conservadores deben dejar ir su ilusión de que pueden ordenar y controlar el mundo a través de la religión, el dinero, la guerra o la política. Este suele ser su verdadero sistema de seguridad; a menudo, su intenso lenguaje religioso se muestra como pretexto y portada para su política conservadora. La verdadera entrega del control a Dios se mostrará más como compasión y generosidad, y menos como un mantenimiento de los límites.

Por el otro lado, los liberales deben rendir su creencia en el desorden permanente, y su horror al liderazgo, a la sabiduría de los ancianos, o a la autoridad, y encontrar qué hay de bueno, saludable, y profundamente cierto en su orden fundamental. En general, será una experiencia de moverse hacia la humildad y comunidad verdadera. Deben dejar de reaccionar en contra de toda autoridad y tradición, y reconocer que son necesarias para la continuidad en una cultura mientras, al mismo tiempo, se conserva una salud mental básica (esto les permite pertenecer a algo además de a ellos mismos).

Para moverse hacia una mayor plenitud, ambos grupos, cada uno a su manera, *debe dejar ir su falsa inocencia*. Tanto los liberales como los conservadores buscan separarse y ser superiores, solo que de diferentes modos. En mi lenguaje, de alguna manera ambos deben ser "heridos" antes de soltar estas ilusiones básicas. El Movimiento de la Recuperación lo llama el "Paso 1": admitir la impotencia.

Este viaje desde el orden al desorden y luego al reorden debe suceder en todos y todas; no se trata de admirarlo en Abraham, Moisés, Job o Jesús. Nuestro rol es escuchar, permitir y, al menos, cooperar un poco con esta progresión casi natural. *Todos y todas llegamos a la sabiduría pagando el alto precio de nuestra inocencia y control.* Lo que significa que muy pocas personas van por voluntad propia. Normalmente, el desorden se nos debe imponer. ¿Por qué alguien lo escogería? Yo no lo haría.

Quiero repetir que no existen vuelos sin escalas desde el orden hacia el reorden, o desde el desorden hacia el reorden: debes sumergirte en lo que sea que haya sido bueno y útil, pero también limitado, de las presentaciones iniciales del "orden" e incluso en las tragedias o heridas del "desorden" (de lo contrario, te pasarás una buena parte de tu vida rebelándote, reaccionando y sofocándote). No estoy seguro de por qué Dios creó al mundo de esta forma, pero tengo que confiar en el mito y en las historias universales. Entre el principio y el fin, las Grandes Historias revelan inevitablemente un conflicto, una contradicción, una confusión; una mosca en la sopa de nuestro paraíso autocreado. Esto pone el drama en movimiento y le da dinámica y humildad. Por supuesto, al principio todos y todas buscan la "felicidad", pero la mayoría de los libros que he leído parecen ser una versión de cómo el sufrimiento perfecciona, enseña y forma a las personas.

Mantener el orden inicial no es la felicidad. Debemos anticipar y esperar una "segunda ingenuidad", que no es tanto creada o diseñada por nosotros, sino más bien *otorgada*. La felicidad es la consecuencia lógica y el resultado del crecimiento y la madurez plenos, y es por eso que lo llamo "reorden". Eres dirigido a la felicidad; eres incapaz de encontrar tu camino con fuerza de voluntad o inteligencia, ¡aunque todos y todas lo intentamos! Parece que somos insistentes en no reconocer este patrón universal de crecimiento y cambio. Los árboles crecen fuertes gracias a los vientos y a las tormentas. Los barcos no están destinados a vivir para siempre en el muelle o en el puerto. Los animales bebés deben ser educados por sus madres en las difíciles formas de supervivencia, o casi siempre mueren jóvenes. Parece que cada uno de nosotros y cada una de nosotras debemos aprender por nuestra cuenta, con mucho pataleo y llanto, lo que está bien escondido, y al mismo tiempo, a la vista.

BIBLIOGRAFÍA

Alfeyev, Hilarion. *Christ the Conqueror of Hell: The Descent into Hades from an Orthodox Perspective*. New York: St. Vladimir's Seminary Press, 2009.

Alison, James. *Knowing Jesus*. London: SPCK, 2012.

Allies, Mary H., trans. *St. John Damascene on Holy Images*. London: Burns and Oates, 1898.

Athanasius. *On the Incarnation*. Traducido por Olivier Clément. *The Roots of Christian Mysticism: Texts from the Patristic Era with Commentary*. New York: New City Press, 2015.

Augustine. *The Retractions*. Traducido por Hermana M. Inez Bogan, R.S.M. *The Fathers of the Church*, Vol. 60. Washington, DC: Catholic University of America, 1968.

Bailie, Gil. *Violence Unveiled: Humanity at the Crossroads*. New York: Crossroad, 1995.

Balswick, Jack O., Pamela Ebstyne King, and Kevin S. Reimer. *The Reciprocating Self: Human Development in Theological Perspective*. Downers Grove, IL: InterVarsity Press, 2016.

Barfield, Owen. *Saving the Appearances: A Study in Idolatry*. Middletown, CT: Wesleyan University Press, 1988.

Barnhart, Bruno. *The Future of Wisdom: Toward a Rebirth of Sapiential Christianity*. New York: Continuum, 2007.

———. *Second Simplicity: The Inner Shape of Christianity*. Mahwah, NJ: Paulist Press, 1999.

Bass, Diana Butler. *Christianity After Religion: The End of Church and the Birth of a New Spiritual Awakening*. New York: HarperOne, 2012.

Benedict XVI. *The Faith*. Huntington, IN: Our Sunday Visitor, 2013.

Berry, Thomas. *The Christian Future and the Fate of Earth*. Maryknoll, NY: Orbis Books, 2009.

———. *The Dream of the Earth*. San Francisco: Sierra Club Books, 1988.

Berry, Wendell. "The Wild Geese", *Collected Poems, 1957–1982*. Berkeley, CA: North Point, 1984.

Berthold, George C., (ed). *Maximus Confessor: Selected Writings*. Mahwah, NJ: Paulist Press, 1985.

Boff, Leonardo. *Jesus Christ Liberator: A Critical Christology for Our Time*, Maryknoll, NY: Orbis Books, 1978.

Bonaventure. *Breviloquium* 2, 5.1, 2. Editado por Dominic V. Monti. *Collected Works of St. Bonaventure*. St. Bonaventure, NY: The Franciscan Institute, 2005.

Bonhoeffer, Dietrich. *Christ the Center*. Traducido por Edwin H. Robertson. New York: Harper & Row, 1960.

Bourgeault, Cynthia. *The Holy Trinity and the Law of Three: Discovering the Radical Truth at the Heart of Christianity*. Boston: Shambhala, 2013.

———. *The Meaning of Mary Magdalene: Discovering the Woman at the Heart of Christianity*. Boston: Shambhala, 2010.

———. *The Wisdom Jesus: Transforming Heart and Mind—a New Perspective on Christ and His Message*. Boston: Shambhala, 2008.

Bowen, Elizabeth. *The Heat of the Day*. New York: Anchor, 2002.

Browning, Elizabeth Barrett. *Aurora Leigh*. New York: C.S. Francis, 1857.

Bruteau, Beatrice. *Evolution Toward Divinity: Teilhard de Chardin and the Hindu traditions*. Wheaton, IL: Theosophical Publishing House, 1974.

———. *God's Ecstasy: The Creation of a Self-Creating World*. New York: Crossroad, 1997.

———. *Radical Optimism: Practical Spirituality in an Uncertain World*. New York: Crossroad, 1996.

Buhlmann, Walbert. *The Coming of the Third Church: An Analysis of the Present and Future of the Church*. Maryknoll, NY: Orbis Books, 1977.

Burnfield, David. *Patristic Universalism: An Alternative to the Traditional View of Divine Judgment*. CreateSpace Independent Publishing Platform, 2016.

Cannato, Judy. *Radical Amazement: Contemplative Lessons from Black Holes, Supernovas, and Other Wonders of the Universe*. Ave Maria Press: Sorin, 2006.

Carroll, John E. y Keith Warner, eds. *Ecology and Religion: Scientists Speak*. Quincy, IL: Franciscan Press, 1998.

Chesnut, Robert A. *Meeting Jesus the Christ Again: A Conservative Progressive Faith*. Eugene, OR: Wipf & Stock, 2017.

Chryssavgis, John y Bruce V. Foltz, eds. *Toward an Ecology of Transfiguration: Orthodox Christian Perspectives on Environment, Nature, and Creation*. New York: Fordham University Press, 2013.

Clarke, Jim. *Creating Rituals: A New Way of Healing for Everyday Life*. Mahwah, NJ: Paulist Press, 2011.

Clendenen, Avis. *Experiencing Hildegard: Jungian Perspectives*. Wilmette, IL: Chiron, 2012.

Cousins, Ewert H., ed. *Bonaventure: The Soul's Journey into God, The Tree of Life, The Life of St. Francis*. Mahwah, NJ: Paulist Press, 1978.

———. *Christ of the 21st Century*. New York: Continuum, 1998.

Crossan, John Dominic. *How to Read the Bible and Still Be a Christian: Struggling with Divine Violence from Genesis Through Revelation*. New York: HarperOne, 2015.

Crossan, John Dominic y Sarah Sexton Crossan. *Resurrecting Easter: How the West Lost and the East Kept the Original Easter Vision*. New York: HarperOne, 2018.

Davies, Paul. *God and the New Physics*. New York: Simon & Schuster, 1984.

Dawkins, Richard. "Richard Dawkins en Skavlan, diciembre del 2015", *Skavlan*. YouTube. 4 de diciembre del 2015. 14:12. https://www.youtube.com/watch?v=e3oae0AOQew.

Delio, Ilia. *Christ in Evolution*. Maryknoll, NY: Orbis Books, 2008.

———. *The Emergent Christ: Exploring the Meaning of Catholic in an Evolutionary Universe*. Maryknoll, NY: Orbis Books, 2011.

———. *From Teilhard to Omega: Co-Creating an Unfinished Universe*. Maryknoll, NY: Orbis Books, 2014.

———. *The Unbearable Wholeness of Being: God, Evolution, and the Power of Love*. Maryknoll, NY: Orbis Books, 2013.

Deseille, Placide. *Orthodox Spirituality and the Philokalia*. Wichita: Eighth Day Press, 2008.

Dowd, Michael. *Thank God for Evolution: How the Marriage of Science and Religion Will Transform Your Life and Our World*. Tulsa: Council Oak, 2007.

———. "When Religion Fails, Economics Becomes Demonic", *Huffington Post*. 22 de mayo del 2015. https://www.huffingtonpost.com/rev-michael-dowd/when-religion-fails-econo_b_7347568.html.

Edinger, Edward F. *The Christian Archetype: A Jungian Commentary on the Life of Christ*. Toronto: Inner City Books, 1987.

Edwards, Denis. *Ecology at the Heart of Faith*. Maryknoll, NY: Orbis Books, 2006.

———. *The God of Evolution: A Trinitarian Theology*. Mahwah, NJ: Paulist Press, 1999.

———. *How God Acts: Creation, Redemption, and Special Divine Action*. Minneapolis: Fortress Press, 2010.

———. *Human Experience of God*. Mahwah, NJ: Paulist Press, 1983.

———. *Jesus and the Cosmos*. Mahwah, NJ: Paulist Press, 1991.

Elgin, Duane. *Awakening Earth: Exploring the Evolution of Human Culture and Consciousness*. New York: William Morrow, 1993.

Enns, Peter. *The Sin of Certainty: Why God Desires Our Trust More than Our "Correct" Beliefs*. New York: HarperOne, 2016.

Everson, William. *The Crooked Lines of God: Poems 1949–1954*. London: Forgotten Books, 2018.

Ferwerda, Julie A. *Raising Hell: Christianity's Most Controversial Doctrine Put Under Fire*. Lander, WY: Vagabond Group, 2011.

Fox, Matthew. *The Coming of the Cosmic Christ*. New York: HarperCollins, 1988.

———. *Original Blessing: A Primer in Creation Spirituality*. Santa Fe, NM: Bear & Company, 1983.

Fox, Matthew, Skylar Wilson, y Jennifer Berit Listug. *Order of the Sacred Earth: An Intergenerational Vision of Love and Action*. New York: Monkfish Book Publishing, 2018.

Francis I. *Laudato Si'*. Carta Encíclica, 24 de mayo del 2015. http://w2.vatican.va/content/francesco/en/encyclicals/documents/papa-francesco_20150524_enciclica-laudato-si.html.

Galloway, Allan D. *The Cosmic Christ*. New York: Harper & Brothers, 1951.

Gilson, Etienne. *The Spirit of Mediaeval Philosophy*. Notre Dame: University of Notre Dame Press, 2012.

Girard, René. *The Girard Reader*. Editado por James G. Williams. New York: Crossroad Herder, 1996.

Goetz, Joseph, Bernard Rey, Edouard Pousset, André Derville, Aimé Solignac, Robert Javelet, y Albert Ampe. *A Christian Anthropology*. Traducido por Mary Innocentia Richards. St. Meinrad, IN: Abbey Press, 1974.

Green, Harold J. *The Eternal We*. Chicago: Loyola University Press, 1986.

Gregory of Nyssa. *The Life of Moses*. Traducido por Abraham J. Malherbe y Everett Ferguson. Mahwah, NJ: Paulist Press, 1978.

Gulley, Philip y James Mulholland. *If Grace Is True: Why God Will Save Every Person*. New York: HarperCollins, 2003.

Gutleben, Christine, ed. *Every Living Thing: How Pope Francis, Evangelicals and other Christian Leaders Are Inspiring all of Us to Care for Animals*. Canton, MI: Front Edge, 2015.

Hanson, Rick. *Hardwiring Happiness: The New Brain Science of Contentment, Calm, and Confidence*. New York: Harmony, 2013.

Hardin, Michael, ed. *Reading the Bible with René Girard: Conversations with Steven E. Berry*. Lancaster, PA: JDL Press, 2015.

Haught, John F. *What is God?: How to Think about the Divine.* Mahwah, NJ: Paulist Press, 1986.

Hayes, Zachary. *"Christ, Word of God and Exemplar of Humanity",* The Cord 46, no. 1 (1996): 317.

Hillesum, Etty. *Etty: The Letters and Diaries of Etty Hillesum, 1941–1943.* Editado por Klaas A. D. Smelik. Traducido por Arnold J. Pomerans. Grand Rapids: Eerdmans, 2002.

Holmes, Barbara A. *Joy Unspeakable: Contemplative Practices of the Black Church.* Minneapolis: Fortress Press, 2004.

———. *Race and the Cosmos: An Invitation to View the World Differently.* Harrisburg, PA: Trinity Press International, 2002.

Ingham, Mary Beth. *Scotus for Dunces: An Introduction to the Subtle Doctor.* St. Bonaventure, NY: The Franciscan Institute, 2003.

Johnson, Elizabeth A. *Creation and the Cross: The Mercy of God for a Planet in Peril.* Maryknoll, NY: Orbis Books, 2018.

Johnston, William. *The Mysticism of The Cloud of Unknowing.* New York: Desclee, 1967.

Julian of Norwich. *Showings.* Traducido por Edmund Walsh y James Walsh. Mahwah, NJ: Paulist Press, 1978.

Jung, C. G. *Letters of C. G. Jung: Volume 2, 1951–1961.* Editado por Gerhard Adler con Aniela Jaffé. Traducido por R. F. C. Hull. Princeton, NJ: Princeton University Press, 1976.

———. *Psychology and Religion: West and East (The Collected Works of C. G. Jung, Volume 11).* Editado y Traducido por Gerhard Adler y R. F. C. Hull. London: Routledge, 1969.

Kazantzakis, Nikos. *Report to Greco.* Traducido por P. A. Bien. New York: Simon & Schuster, 1965.

King, Ursula. *Christ in All Things: Exploring Spirituality with Teilhard de Chardin.* Maryknoll, NY: Orbis Books, 1997.

Küng, Hans. *The Beginning of All Things: Science and Religion.* Traducido por John Bowden. Grand Rapids: Eerdmans, 2007.

LaChance, Albert J. y John E. Carroll, eds. *Embracing Earth: Catholic Approaches to Ecology.* Maryknoll, NY: Orbis Books, 1994.

Lanza, Robert, y Bob Berman. *Biocentrism: How Life and Consciousness are the Keys to Understanding the True Nature of the Universe.* Dallas: BenBella Books, 2009.

Lash, Nicholas. *Believing Three Ways in One God: A Reading of the Apostles' Creed*. London: SCM, 1992.

Laszlo, Ervin y Allan Combs. Thomas Berry, *Dreamer of the Earth: The Spiritual Ecology of the Father of Environmentalism*. Rochester, VT: Inner Traditions, 2011.

Leclerc, Eloi. *The Wisdom of the Poor One of Assisi*. Traducido por Marie-Louise Johnson. Pasadena, CA: Hope Publishing House, 2009.

Lonergan, Anne y Caroline Richard. *Thomas Berry and the New Cosmology*. Mystic Court, CT: Twenty-Third Publications, 1987.

Loy, David. *Nonduality: A Study in Comparative Philosophy*. Amherst, NY: Humanity Books, 1988.

Lubac, Henri de. *A Brief Catechesis on Nature & Grace*. San Francisco: Ignatius Press, 1984.

———. *Catholicism: Christ and the Common Destiny of Man*. San Francisco: Ignatius Press, 1988.

MacNutt, Francis. *Healing*. Notre Dame: Ave Maria Press, 1974.

Maximo el Confesor. *On the Cosmic Mystery of Jesus Christ*. Traducido por Paul M. Blowers y Robert Louis Wilken. New York: St. Vladimir's Seminary Press, 2003.

McFague, Sallie. *The Body of God: An Ecological Theology*. Minneapolis: Augsburg Fortress Press, 1993.

McGilchrist, Iain. *The Master and His Emissary: The Divided Brain and the Making of the Western World*. New Haven: Yale University Press, 2010.

McLuhan, T. C. *The Way of the Earth*. New York: Touchstone, 1994.

Meilach, Michael D., ed. *There Shall Be One Christ*. Saint Bonaventure, NY: The Franciscan Institute, 1968.

Merton, Thomas. *Conjectures of a Guilty Bystander*. New York: Doubleday, 1966.

———. *New Seeds of Contemplation*. New York: New Directions, 1972.

Meyendorff, John. *Christ in Eastern Christian Thought*. New York: St. Vladimir's Seminary Press, 1975.

———. *St. Gregory Palamas and Orthodox Spirituality*. New York: St. Vladimir's Seminary Press, 1974.

Miller, William R. y Janet C' de Baca. *Quantum Change: When Epiphanies and Sudden Insights Transform Ordinary Lives*. New York: Guilford, 2001.

Moltmann, Jürgen. *The Crucified God: The Cross of Christ as the Foundation and Criticism of Christian Theology*. Minneapolis: Fortress Press, 1974.

———. *The Way of Jesus Christ: Christology in Messianic Dimensions.* Minneapolis: Fortress Press, 1995.

Mooney, Christopher E. *Teilhard de Chardin and the Mystery of Christ.* New York: Image Books, 1968.

Moore, Sebastian. *The Contagion of Jesus: Doing Theology as If It Mattered.* Maryknoll, NY: Orbis Books, 2008.

———. *The Crucified Jesus Is No Stranger.* New York: Seabury Press, 1977.

Morgan, Michael L. *The Cambridge Introduction to Emmanuel Levinas.* New York: Cambridge University Press, 2011.

New Zealand Catholic Bishops Conference. "*Creating New Hearts: Moving from Retributive to Restorative Justice.*" 30 de agosto de 1995. https://www.catholic.org.nz/about-us/bishops-statements/creating-new-hearts/.

Newman, John Henry. *An Essay on the Development of Christian Doctrine.* London: James Toovey, 1845.

Nolan, Albert. *Jesus Before Christianity.* Maryknoll, NY: Orbis Books, 2001.

Nothwehr, Dawn M. *Franciscan Theology of the Environment: An Introductory Reader.* Quincy, IL: Franciscan Press, 2002.

O'Connor, Flannery. *The Habit of Being: Letters of Flannery O'Connor.* Editado por Sally Fitzgerald. New York: Farrar, Straus and Giroux, 1979.

Oliver, Mary. "Wild Geese." *Owls and Other Fantasies: Poems and Essays.* Boston: Beacon Press, 2003.

O'Murchu, Diarmuid. *In the Beginning Was the Spirit: Science, Religion, and Indigenous Spirituality.* Maryknoll, NY: Orbis Books, 2012.

Palmer, Parker J. *A Hidden Wholeness: The Journey Toward an Undivided Life.* San Francisco: John Wiley & Sons, 2004.

Panikkar, Raimon. *Christophany: The Fullness of Man.* Maryknoll, NY: Orbis Books, 2004.

———. *The Rhythm of Being: The Gifford Lectures.* Maryknoll, NY: Orbis Books, 2010.

Panikkar, Raimundo. *The Unknown Christ of Hinduism.* Maryknoll, NY: Orbis Books, 1981.

Pannenberg, Wolfhart. *Toward a Theology of Nature: Essays on Science and Faith.* Louisville: Westminster John Knox Press, 1993.

Parsons, John Denham. *Our Sun-God: Christianity Before Christ.* San Diego: Book Tree, 2007.

Placher, William C. *Narratives of a Vulnerable God: Christ, Theology, and Scripture.* Louisville: Westminster John Knox Press, 1994.

Polkinghorne, John. *Exploring Reality: The Intertwining of Science and Religion*. New Haven: Yale University Press, 2005.

Rahner, Karl. *Foundations of Christian Faith*. New York: Seabury Press, 1978.

———. *The Trinity*. New York: Crossroad, 1999.

Richard, Lucien. *Christ: The Self-Emptying of God*. Mahwah, NJ: Paulist Press, 1997.

Richo, David. *When Catholic Means Cosmic: Opening to a Big-Hearted Faith*. Mahwah, NJ: Paulist Press, 2015.

Rinpoche, Sogyal. *The Tibetan Book of Living and Dying*. San Francisco: Harper San Francisco, 1993.

Rohr, Richard. *Adam's Return: The Five Promises of Male Initiation*. New York: Crossroad, 2004.

———. *Breathing Under Water: Spirituality and the Twelve Steps*. Cincinnati: St. Anthony Messenger Press, 2011.

———. *Falling Upward: A Spirituality of the Two Halves of Life*. San Francisco: Jossey-Bass, 2011.

———. *Great Themes of Paul: Life as Participation*. Cincinnati: Franciscan Media, 2012. 11 compact discs; 10.5 hours.

———. *Immortal Diamond: The Search for Our True Self*. San Francisco: Jossey-Bass, 2013.

———. *The Naked Now: Learning to See as the Mystics See*. New York: Crossroad, 2009.

———. *Quest for the Grail*. New York: Crossroad, 2000.

Rohr, Richard with Mike Morrell. T*he Divine Dance: The Trinity and Your Transformation*. New Kensington, PA: Whitaker House, 2016.

Roszak, Theodore. *The Voice of the Earth: An Exploration of Ecopsychology*. New York: Touchstone, 1993.

Schillebeeckx, Edward. *Christ: The Experience of Jesus as Lord*. New York: Crossroad, 1981.

Seed, John, Joanna Macy, Pat Fleming, y Arne Naess. *Thinking Like a Mountain: Towards the Council of All Beings*. Philadelphia: New Society, 1988.

Rohr.

Sells, Michael A. *Mystical Languages of Unsaying*. Chicago: University of Chicago Press, 1994.

Shore-Goss, Robert E. *God is Green: An Eco-Spirituality of Incarnate Compassion*. Eugene, OR: Cascade Books, 2016.

Shuman, Joel James y L. Roger Owens, eds. *Wendell Berry and Religion: Heaven's*

Earthly Life. Lexington: University Press of Kentucky, 2009.

Smith, Amos. *Healing the Divide: Recovering Christianity's Mystic Roots*. Eugene, OR: Resource Publications, 2013.

Smith, Paul R. *Integral Christianity: The Spirit's Call to Evolve*. St. Paul, MN: Paragon House, 2011.

———. *Is Your God Big Enough, Close Enough, You Enough? Jesus and the Three Faces of God*. St. Paul, MN: Paragon House, 2017.

Smoley, Richard. *Inner Christianity: A Guide to the Esoteric Tradition*. Boston: Shambhala, 2002.

Starr, Mirabai. *The Interior Castle: Saint Teresa of Avila*. New York: Riverhead, 2003.

Stendahl, Krister. "The Apostle Paul and the Introspective Conscience of the West". Harvard Theological Review 56, no. 3 (1963): 199–215.

Stern, Karl. *The Flight from Woman*. New York: Paragon House, 1965.

Stoner, Gabrielle. "The Alternative Orthodoxy of the Christian Contemplative Tradition". Manuscrito sin publicar. Última modificación 11 de abril del 2018. Archivo de Microsoft Word.

Sweeney, Jon M. *Inventing Hell: Dante, the Bible, and Eternal Torment*. New York: Jericho Books, 2014.

———. *When St. Francis Saved the Church: How a Converted Medieval Troubadour Created a Spiritual Vison for the Ages*. Notre Dame: Ave Maria Press, 2014.

Tarnas, Richard. *Cosmos and Psyche: Intimations of a New World View*. New York: Plume, 2007.

Taylor, Barbara Brown. *The Luminous Web: Essays on Science and Religion*. Cambridge, MA: Cowley, 2000.

Teihard de Chardin, Pierre. *The Divine Milieu*. New York: Harper & Row, 1965.

———. *The Heart of Matter*. Glasgow, UK: William Collins Sons, 1978.

———. *Human Energy*. Traducido por J. M. Cohen. New York: Harcourt Brace Jovanovich, 1962.

———. *Hymn of the Universe*. New York: Harper & Row, 1961.

Toben, Carolyn W. *Recovering a Sense of the Sacred: Conversations with Thomas Berry*. Whitsett, NC: Timberlake Earth Sanctuary Press, 2012.

Treston, Kevin. *Who Do You Say I Am? The Christ Story in the Cosmic Context*. Eugene, OR: Wipf & Stock, 2016.

Tucker, Mary Evelyn y John Grim. *Thomas Berry: Selected Writings on the Earth Community*. Maryknoll, NY: Orbis Books, 2014.

Van Ness, Daniel W. y Karen Heetderks Strong. *Restoring Justice: An Introduction* to Restorative Justice. New Providence, NJ: Matthew Bender, 2010.

Vann, Gerald. *The Pain of Christ and the Sorrow of God: Lenten Meditations*. New York: Alba House, 1994.

Visser, Frank. *Ken Wilber: Thought As Passion*. Albany, NY: State University of New York Press, 2003.

von Balthasar, Hans Urs. *Dare We Hope: That All Men be Saved?* San Francisco: Ignatius Press, 2014.

———. *The Scandal of the Incarnation: Irenaeus Against the Heresies*. Traducido por John Saward. San Francisco: Ignatius Press, 1981.

Walcott, Derek. "Love after Love." *Collected Poems, 1948–1984*. New York: Farrar, Straus & Giroux, 1986.

Watts, Alan. *Behold the Spirit: A Study in the Necessity of Mystical Religion*. New York: Vintage, 1971.

Weil, Simone. *Waiting for God*. New York: Harper Colophon, 1973.

Whitman, Walt. "Starting from Paumanok", *Walt Whitman: The Complete Poems*. London: Penguin, 1986.

Wilber, Ken. *Integral Spirituality: A Startling New Role for Religion in the Modern and Postmodern World*. Boston: Integral Books, 2006.

———. *A Sociable God: Toward A New Understanding of Religion*. Boston: Shambhala, 2005.

Wilson, David Sloan. *Darwin's Cathedral: Evolution, Religion, and the Nature of Society*. Chicago: University of Chicago Press, 2002.

Wink, Walter. *Engaging the Powers: Discernment and Resistance in a World of Domination*. Minneapolis: Fortress Press, 1992.

———. *The Human Being: Jesus and the Enigma of the Son of Man*. Minneapolis: Fortress Press, 2002.

———. *Naming the Powers: The Language of Power in the New Testament*. Minneapolis: Fortress Press, 1984.

———. *Unmasking the Powers: The Invisible Forces That Determine Human Existence*. Minneapolis: Fortress Press, 1986.

Wilson-Hartgrove, Jonathan. *Reconstructing the Gospel: Finding Freedom from Slaveholder Religion*. Downers Grove, IL: IVP Books, 2018.

Woodruff, Sue. *Meditations with Mechtild of Magdeburg*. Santa Fe, NM: Bear & Company, 1982.

Wright, Wendy M., ed. *Caryll Houselander: Essential Writings*. Maryknoll, NY: Orbis Books, 2005.

Yoder, John Howard. *The Politics of Jesus*. Grand Rapids: Wm. B. Eerdmans, 1994.

www.ingramcontent.com/pod-product-compliance
Lightning Source LLC
Chambersburg PA
CBHW031103080526
44587CB00011B/803